URBANIZATION INNOVATION OF
YANGTZE RIVER ECONOMIC BELT

长江经济带城镇化创新

李志刚　周婕　郭炎　等◎著

中国建筑工业出版社

图书在版编目（CIP）数据

长江经济带城镇化创新/李志刚等著 .—北京：中国建筑工业出版社，2017.6
 ISBN 978-7-112-20813-5

Ⅰ.①长… Ⅱ.①李… Ⅲ.①长江经济带－城市化－研究 Ⅳ.①F299.275

中国版本图书馆CIP数据核字（2017）第102471号

责任编辑：杨　虹　吴越恺
责任校对：李欣慰　李美娜

长江经济带城镇化创新
李志刚　周婕　郭炎　等◎著
*
中国建筑工业出版社出版、发行（北京海淀三里河路9号）
各地新华书店、建筑书店经销
北京嘉泰利德公司制版
北京云浩印刷有限责任公司印刷
*

开本：787×1092毫米　1/16　印张：16$\frac{1}{2}$　字数：360千字
2017年11月第一版　2017年11月第一次印刷
定价：48.00元
ISBN 978-7-112-20813-5
（30475）

版权所有　翻印必究
如有印装质量问题，可寄本社退换
（邮政编码100037）

"长江经济带城镇化创新"序言

区域发展一直是中国国家建设的重要命题。中华人民共和国成立以来，国家一直按照现实需求和战略目标划分区域，逐步形成行政区、经济协作区和跨省经济区。区域划分不仅是国家发展和治理的基本要求，也是区域战略的基础，所构建的区域格局是区域空间的总体框架和综合性、概括性的空间反映，也是指导和制定区域开发、利用、保护和改造政策的空间依据。我国的区域发展总体格局的演变由沿海、长江的"丁形轴线"，沿海、长江、陇海—兰新"干形轴线"，沿海、长江、陇海—兰新、京广"井形轴线"，到当下的京津冀、一带一路、长江经济带三个支撑带的新轴线。京津冀、一带一路、长江经济带这三个支撑带所形成的新格局把国内的发展格局与国际联系起来，向外延伸、双向开放，成为中国实现全面开放的新框架；同时，三个支撑带提供了中国海外投资的重要通道，将国内的产业结构调整、产业转移、消减过剩产能与全球经济联系起来，进一步推动了全球经济一体化。

区域发展战略的根本是处理区域发展效率和公平以及国家国防安全等特殊需求。回顾我国区域发展战略，其演变可分为四个阶段：①社会主义建设初期（20世纪50年代后期—20世纪70年代），国家区域发展战略基于区域公平原则，主要集中在均衡发展和国防安全问题上。此时的区域划分为三个区域：沿海一线区，鄂西、湘西、豫西以西形成的三线地区，其他地区列为二线地区。②改革开放后（20世纪70年代后期—20世纪末），我国的区域发展战略转向以效率优先为重点、贯彻两个大局的思想重点，实现梯度推进的发展。区域划分为东中西三大地带：从辽宁到广西的沿海省市为东部地带；黑龙江到湖南的9省区为中部地带；新疆维吾尔自治区到西藏自治区9省区为西部地带。③21世纪初至2012年，依托"西部大开发"、"中部崛起"、"东北振兴"等战略，我国的区域发展战略强调区域协调发展，坚持效率优先、兼顾公平的基本原则，将区域划分为东、中、西、东北四大板块。同时，以经济发展、沿海开发、综合改革、两型社会、生态保护、地区振兴、扶贫等为主要目标的各类战略性区域遍及4大板块，进一步促进了区域发展的均衡化。④2012年至今，国家新的区域发展战略（京津冀协同发展、一带一路和长江经济带），提出了"双向开放、国内国际"两大布局的新要求，形成4大板块与3个支撑带的"4+3"格局。

长江是世界长河中长度第三、流域人口最多、密度最高、经济总量最大、城市发育最快的流域经济带。无论从开拓国际合作领域、整合国家对外开放战略的角度，还是从实施国家功能区规划、推进新型城镇化的东中西部主要城市群开发建设和新兴产业发展的角度，都需要一个国家发展战略将东中西部连接起来，长江是实现这种连接的最好纽带。因此，长江经济带具有重要的战略意义和特殊性。长江经济带的概念源自20世纪80年代的长江产业密集带，发展到20世纪90年代初的产业带，再发展到20世纪90年代的经济带。至2014年，长江经济带的面积占国土面积的20%，其总人口、城镇人口和GDP都占全国的40%以上，处于国家总体格局中的东西主轴地位，是上海、昆明两个重要窗口和桥头堡所形成的"双向开放"格局的重要轴线。长江经济带也是全国重要的产业带、工业带和城市带。它集中了一大批产业集聚区和特大型企业，其中汽车产量占全国的40%，家电占60%，计算机占80%，钢材占30%，建材占40%。

总体而言，长江经济带是我国自然、经济、社会、文化最具多样性的区域，但其现状发展还不尽理想，整体经济增长速度不如沿海地区。1978—2013年的35年间，长江经济带GDP和人口从占全国比重的43.5%和45.7%，下降为41.2%和42.9%，二产和三产的比重也有所下降。与此同时，沿海地区的GDP和人口占全国的比例则从50%和37%，增加至超过55%和40%。与中西部其他中心城市发展相比，长江中上游的武汉等中心城市的地位尚未得到应有显现，同时存在长江沿江区段发展不平衡、水运能力未充分发挥等问题，整体经济增长速度不如沿海地区。

从长江经济带发展战略来看，经历了从以开发为重点到以保护为重点的过程。1949年以来，长江经济带以开发为重点。除20世纪50年代末到20世纪60年代初上游的破坏性开发的特殊情况外，从"一五"起，长江干流沿岸一直是钢铁、石油、化工、电力、船舶等重工业布局的重点。进入20世纪90年代，长江经济带纳入国家战略，但重在发挥上海的作用，依托沿岸中心城市建设长江经济带。21世纪初起，更迎来"沿江开发"的高潮，加快了沿江地区的产业尤其是重化工业布局。2014年，提出"依托黄金水道，建设长江经济带"的口号，以期为中国经济发展提供重要支撑。但是，大开发导致的后果是资源受损、环境污染、水体变色，环境保护与经济发展的矛盾严重。因此，习近平总书记2016年1月在推动长江经济带发展座谈会上，提出的"涉及长江的一切经济活动都要以不破坏生态环境为前提，共抓大保护，不搞大开发"是一个具有历史意义的、非常及时的战略性方针。至此，长江经济带的发展战略从大开发转向大保护。当然，大保护不是不搞经济建设，而是"不搞大开发"、"不大干快上"，是在"保护的前提下发展"，是要遵守"生态优先，绿色发展"的基本原则。这也是长江经济带区域战略有别于其他区域的最重要要求。

从长江经济带城镇空间格局来看，长江经济带具有城镇分布密集的区域特征，全带共9071个城镇，城镇密度达44.25个/万平方公里，超出全国城镇密度一倍多，并形成了各种城镇空间组织形式，主要有城镇群、城镇带和跨江组群。长江经济带沿江城镇发展仍面临诸多问题。

首先，城镇群是长江经济带发展的核心，是新型城镇化发展的主体。现已形成的6大城镇群，包括长三角、江淮、长江中游、成渝、黔中、滇中城镇群，占长江经济带土地的45.3%，人口的71%，GDP的82.85%，固定资产投资的77.75%，总人口、城镇人口、GDP、固定资产投资均占全国30%左右。目前城镇群发展的问题，除了城镇群范围的划定有一定的任意性以外，主要有：①群体之间发展不平衡，且群内城镇之间发展也不平衡；②各群及群内之间竞争大于合作，如建设项目、中欧国际货运班列、港口运输的竞争等；③上下游之间的污染问题等。解决这些问题的关键是：①建立群间的产业分工和转移，设施（快速交通）联通和生态补偿机制。②通过立足全局的规划编制、建立互利的建设协调机制、环境共保联治制度、互惠公平的财政分摊制度等，达到共同发展、一体发展的目的。

其次，贯通长江干流沿江高速铁路建设的滞后，是长江经济带发展的重要瓶颈。长江干流沿岸城市有26个，目前已基本形成城镇带的是下游（上海—池州段）、中游（武汉—武穴段）。未来有条件形成的是池州—九江—武汉段和宜昌—枝江段。南京至武汉中下游两大中心城市之间，仅有南京—合肥有高铁，合肥至武汉仍为时速200km左右的动车。沿江向南，武汉—九江—池州铁路尚未贯通。长江下游南京以下的北沿江铁路尚未建设。同样，武汉以下至黄石、武穴，以上至宜昌也缺乏高铁。沿江高速铁路建设的滞后严重影响中心城市的发展、沿江城镇带的建设、腹地经济的开发、长江水运能力的发挥以及长三角世界城市群的打造。因此，沿江铁路（尤其是高铁）建设应当放在长江经济带建设的重要位置，尽快进行。

再者，跨江组群的发展要因地因时制宜、有序推进。关键是跨江通道条件，比如江苏省呼应长江江阴大桥，建立第一个江阴—靖江跨江组群，同时江苏省城镇体系规划中苏南的跨江三个城镇组群也和通道开通密切相关，并由此形成长三角世界级城市群的重要发展轴线。

综上所述，长江经济带生态地位重要、综合实力较强、发展潜力巨大，但也面临生态环境形势严峻、区域发展不平衡突出、产业转型升级任务艰巨、区域合作机制尚不明确等诸多困难和问题。长江经济带发展是一个系统工程，是一项长期任务。长江经济带研究更是复杂多样、任重道远，需要各方共同努力，通过全面规划、统筹安排、先保后建、有序有度，真正把长江经济带建设成一条具有国际水平的经济建设与生态环境相适应，生产与生活相协调，城市与乡村相融合的人间乐园。党中央、国务院对于推动长江经济带发展十分重视。2016年3月25日，中共中央政治局召开会议，审议通过《长江经济带发展规划纲要》。推动长江经济带发展，是党中央、国务院主动适应、把握和引领经济发展新常态，科学谋划中国经济新棋局，作出的既利当前又惠长远的重大决策部署。建设长江经济带已被纳入国家战略，推进"新型城镇化"被确立为长江经济带发展的重要任务之一。如何优化区域空间格局、打造立体交通走廊、建设智慧城市、营造和谐社区、促进产业协同发展，成为亟待探讨和解决的问题。

"长江经济带城镇化创新学术研讨会"于2016年11月18日-20日在武汉召开，会议促进了国内外专家、学者对于长江经济带创新与推进城镇化方面的学术交流与合作。本书集此次学术研讨会中优秀研究成果编制而成，主题涉及长江经济带区域开发、城镇群发展、智慧城市建设、区域与城市交通发展、城市化研究、人口、社会、住房、社区规划与建设、城乡规划教育与学科发展等关乎长江经济带发展的多重角度，可为长江经济带的发展提供借鉴与指导。

崔功豪

南京大学教授　博导

003 /	成渝城镇群的"新区域主义"	钱紫华
014 /	基于重力模型的武汉 8+1 城市圈空间结构体系研究	周婕 肖颖颖
028 /	基于信息流的长江中游城市群区域空间层级关系研究	周婕 胡健 谢波
039 /	基于区位熵的鄂西圈旅游产业集聚度研究	李军 吕庆海
050 /	长江经济带发展的时空演进研究	霍伟 李超 于波 王梦然
061 /	区域市场一体化与城市化的互动机制研究——基于长三角 16 个城市的实证	王磊 李成丽
073 /	基于非合意产出 DEA 模型的长三角产业能源效率及影响因素研究	孙智君 刘蕊涵
086 /	长江经济带沿线主要省市政策应对比较与问题分析	赵倩 付帅
095 /	基于企业互投及人口迁徙数据的长江经济带城市联系分析	蔡玉蘅 李颖
109 /	新经济背景下长江中游地区城市多规合一路径探索	魏伟 夏俊楠 张帅权 王兵

专题一
长江经济带城市群发展

001

119

专题二
长江经济带大都市区发展

121 /	市场化机制下的大武汉都会区构筑——以湖北省属联投集团参与长江中游城市群建设为例	鲍颖
129 /	武汉城市圈交通流与城市流耦合研究	黄俊 李军 周恒
142 /	就地城镇化视角下中部小城镇城乡一体化规划研究——以武汉市新洲凤凰镇为例	李军 宋彦杰
156 /	高铁影响下武汉市及其城市圈空间形态演变探析	鲁晨 杜宁睿
167 /	武汉市建设用地空间扩张特征与机理研究	马莉莎 詹庆明
179 /	长江经济带背景下万州城镇化发展趋势研究	肖磊 赵倩
188 /	基于多要素聚类分析的武汉大都市区范围研究	吴昊 刘凌波 焦洪赞 李志刚
200 /	基于长江经济带网络社会空间格局的荆门城市定位研究	宋靖华 张超

目录

217 / 大数据视角下的城市微型公共空间布局方法研究
　　　　　　　　　　　　　　　　　　　焦洪赞　吴昊　彭正洪　李志刚

226 / 长江经济带城镇化与生态发展水平耦合关系的实证
　　　　　　　　　　　　　　　　　　　　　　　邓明亮　吴传清

242 / 基于城市规模与集聚的城市圈碳排放研究——以湖北为例
　　　　　　　　　　　　　　　　　　　　　　　张思齐　陈银蓉

专题三
长江经济带城市生态、居住空间研究

215　　　　　　　　　　　　　　　　　　　　　　**255**

后记

长江经济带城市群发展

专题一

成渝城镇群的"新区域主义"
基于重力模型的武汉 8+1 城市圈空间结构体系研究
基于信息流的长江中游城市群区域空间层级关系研究
基于区位熵的鄂西圈旅游产业集聚度研究
长江经济带发展的时空演进研究
区域市场一体化与城市化的互动机制研究——基于长三角 16 个城市的实证
基于非合意产出 DEA 模型的长三角产业能源效率及影响因素研究
长江经济带沿线主要省市政策应对比较与问题分析
基于企业互投及人口迁徙数据的长江经济带城市联系分析
新经济背景下长江中游地区城市多规合一路径探索

成渝城镇群的"新区域主义"

钱紫华

摘　要：伴随着西方"新区域主义"理论的蔓延，当前"城市群"已成为我国经济增长和政府治理的重要地域单元。从规划演变的角度看成渝城镇群的"新区域主义"，区域规划已成为被不断强化的空间规划类型，规划所呈现的综合特征也越发符合西方学者对于"新区域主义"的理解；不同的是，规划具体主导部门话语权的争夺导致了规划的频繁编制，对规划"时效性"的强调则忽视了合理的规划程序与积极民主的规划方法。从治理演变的角度来看，各级政府已成为成渝城镇群区域治理的主导力量，成渝城镇群规划已成为中央政府实施区域治理的一项重要工具，相关私有部门、非盈利部门等在区域治理中尚未能起到类似于西方的强烈作用，区域网络化的治理模式则主要限定在不同层级政府之间。上述中西现象的差异，更多源自于我国各级政府的"强干预"，行政区划已成为区域治理的重要束缚。类似西方学者理解的"新区域主义"如果能完全在我国相关区域发展中实现，区域规划的编制与区域发展的空间版图将会实现巨大变化。

关键词：新区域主义，成渝城镇群，区域规划，区域治理

Neo-Regionalism in Chengdu-Chongqing Urban Agglomeration

Abstract: With the spread of *New Regionalism theory*, *Urban Agglomeration* has become the core geographic units in Chinese economic growth and governance currently. *New Regionalism* in Chengdu-Chongqing Urban Agglomeration was analyzed from the perspective of regional planning. *Chengdu-Chongqing Urban Agglomeration Planning* has been focused on as a specific territorial and spatial planning. A more holistic approach has been taken in the Planning to address problems, which is in line with western scholars' understanding of *new regionalism*. But it is quite different that, in the Planning's evolution, the competition for voice among different departments of the central government led to frequently adjusting of the Planning, and a normative or activist stance was ignored because of demanding on high efficiency. Viewing *New Regionalism* in Chengdu-Chongqing Urban Agglomeration from the angle of regional governance, various levels of governments played the dominant role in the area, and the Planning has been an important tool for the central government in the regional governance, but the private sector and the non-profit sector couldn't play their due role in the regional governance as western countries. At the same time, lacking of other corresponding roles, various levels of local governments established the governance network themselves. The strong intervention of governments resulted in the differences between China and the West in regional planning and governance, and the system of administrative division became to the great obstacle to regional governance. If the western new regionalism got wide and complete acceptance in China, there would be a great change in the formulation of the Spatial Planning and the spatial pattern of the regional development, at least in Chengdu-Chongqing Urban Agglomeration.

Keywords: New Regionalism, Chengdu-Chongqing Urban Agglomeration, Regional Planning, Regional Governance

1 理论框架

1.1 西方"新区域主义"理论

"新区域主义"本身并不是一个新的术语名词，美国北卡罗来纳大学社会学家奥德姆（Howard W. Odum）和埃斯蒂尔（Harry Estill）早在1938年，就以之来描述当时社会文化、政治经济伴随工业化而呈区域化的发展现象[1]。

伴随经济全球化，新的劳动地域分工在世界范围内延伸，城市区域化、区域一体化日益成为全球发展的趋势。与此同时，城市区域特别是大都市区，已成为西方国家提升区域竞争能力的关键功能地域。在这种背景下，"新区域主义"自20世纪90年代中期开始被一些学科广泛使用[2]。

规划学者认为，"新区域主义"的提出主要源于区域规划运动的演进。近些年来，"新区域主义"对过去区域规划理念进行了重构，主要在于：关注特定的区域以及空间规划；试图解决后现代都市区增长和破碎化产生的问题；呈现更综合的规划特征，如整合诸如综合交通、土地利用等专业，涵盖环境、经济、公平等目标；强调物质规划、城市设计、场所感，也强调社会经济规划；规划过程中采取更为积极的、民主的规划方法与规划程序[1]。

政治经济、管理等学科的学者，则倾向于将"新区域主义"运用在区域治理领域。诸多学者（特别是美国学者）认为新区域主义是依托大都市区的发展形成的，其提出试图解决制约区域可持续发展的相关问题[3]。具体而言，"新区域主义"强调在自愿的基础上，政府、私营部门和非营利部门积极参与区域项目；鉴于以往行政区的各自为政，大都市区可以是两个或两个以上的地方辖区联合形成的治理层次；此外，区域治理参与的地方主体间既有竞争也有合作，区域治理的组织则呈网络化形态[4]。

1.2 中国对"新区域主义"的理解

21世纪以来,"区域"、"城市群"逐步成为我国经济增长和政府治理的重要地域单元。特别是"十一五"之后,我国先后颁布了大量以城镇群和经济区命名的区域规划。按照相关要求,各区域规划的实施必须建立在地方统筹协调的基础上;但现实是,区域下层次的各城市以自我为主导、各自快速扩张,对颁布的区域规划形成了显著的冲击,进而造成了地方治理的"破碎化"现象。有学者提出,上述"区域发展一体化、地方治理碎片化"的现象,实际上形成了具有中国特色的"新区域主义"[5]。

中国的"新区域主义",实际上是结合中国国情,对西方学术界区域治理和区域规划领域"新区域主义"理论的综合。一方面,中国的区域规划在不发展演变过程中,受西方"新区域主义"理论的影响,可能会凸显出一些与西方国家类似的发展特征;另一方面,中国的区域规划已成为上级政府实现"自上而下"区域协调发展的重要的区域治理手段,而区域所在的地方政府则以自身发展为导向,形成了"自下而上"相互竞争、难于协调的发展格局。这两股力量在发展过程中互为交织,尽管在不同区域中的具体形式会有差异(图1)。

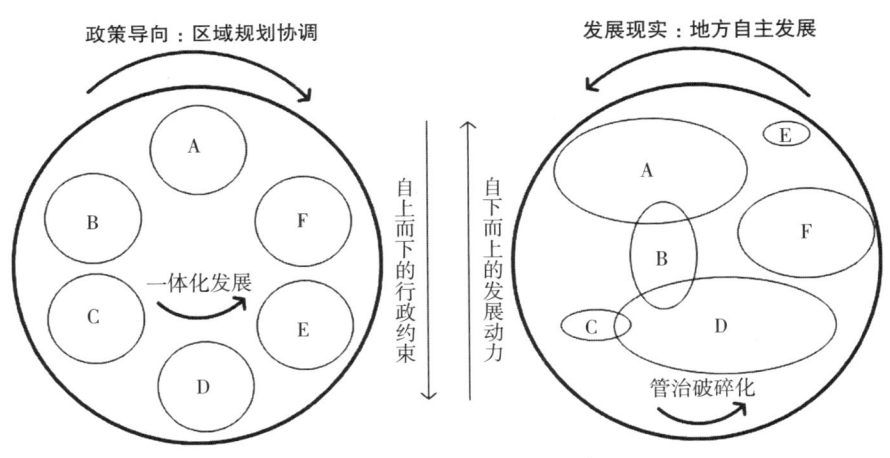

图1 中国"新区域主义"理论框架图示

2010年12月,国务院正式印发了《全国主体功能区规划》。该规划明确,到2020年前全国基本形成"两横三纵"为主体的城市化发展格局。在此格局下,国家确立了环渤海地区等三大优化开发区域、成渝地区等十八个重点开发区域。成渝城镇群作为国家的重点开发区域之一,其发展一直倍受国家重视,近几年国家针对这一区域的发展连续颁布了若干版区域规划;而成渝城镇群在引领西部地区开发开放的过程中,其发展动力结合了外部与内生、全球化与本土化、国家与地方等多种形式。总体上,成渝城镇群是极能体现我国"新区域主义"现象的典型区域。本文试图以成渝城镇群规划为例,结合相关规划的具体实践与发展,探讨"新区域主义"在中国区域规划和区域治理中呈现的状态。

2 成渝城镇群规划的演绎

成渝城镇群的演变可追溯到先秦时期的巴蜀地区[6]。涉及成渝城镇群范畴的区域规划，最早大约是20世纪80年代末期开展的《四川省国土规划纲要》等工作。1997年重庆直辖之后，随着行政区划的调整，川渝两地发展竞争逐步进入"白热化"的境地，国家分别于2007年组织编制了《成渝城镇群协调发展规划》、2011年编制了《成渝经济区区域规划》、2016年编制了《成渝城市群发展规划》三轮区域规划。结合上述规划，厘清规划发展情况，或许更能有助于理解"新区域主义"在我国的发展（图2）。

图2 1989年制定的四川省经济区划图
资料来源：参考文献[9].

2.1 合：20世纪80年代末期的区域规划

1989年重庆还处于"大四川"的行政管辖，当时的四川省计划经济委员会、国土局联合完成了《四川省国土规划纲要》的编制工作。规划明确提出要调整好成渝地区，成都、重庆两个特大城市要与自贡、德阳、泸州及其他附近市、县等中小城市合理分工，实现大、中、小城市之间产业专业化、协作化，总体实现协调发展[7]。规划纲要制定了重点开发和布局的主轴线：以成昆—

宝成、川黔—襄渝铁路为平行，中间由成渝铁路链接的近乎"H"形和长江沿岸分布的格局[8]。

同期，省计划经济委员会、国土局联合开展研究，出版了《四川省国土资源评价及分区研究》《四川省经济区划》等研究成果。按照制定的经济区划，成渝城镇群地域被划分为三个一级区：一是川东区，主要包括重庆、遂宁、涪陵、万县、达县、南充等地区；二是川西区，主要包括成都、德阳、绵阳、广元、雅安、乐山等地区；三是川南区，主要包括自贡、泸州、宜宾、内江等地区[9]。

尽管这一时期成渝城镇群并无单独编制区域规划，但对涉及这一地域的规划成果都显示了"合"的态势：国土规划制定的"H"形开发格局，既凸显了成都、重庆两大中心城市地位，同时强调了两地的连通合作（"H"中间的连接通道）、两地自身腹地的建设（"H"两侧的竖向通道）；经济区划出于分工协作的目的，制定了川东、川西两个经济区，明确了成都南北向的腹地范围，也为重庆划定了遂宁、南充、达县等在当前难以想象的腹地空间。

2.2 分：2000年前后的省域城镇体系规划

1997年重庆直辖，自此以后，两地发展逐步进入相互的强竞争阶段。2003年，按照原建设部的工作要求，四川和重庆两地几乎同时颁布了各自的城镇体系规划。

从编制的成果来看，2003版的《四川省城镇体系规划》制定了"一心"（成都大都市中心）、"四轴"（宝成、成昆、成渝、成达四条城镇发展聚合轴）的城镇空间布局；而《重庆市市域城镇体系规划》则为全市明确了六条空间发展轴，分别是指向四川成都和泸州的西线发展轴、指向四川遂宁和南充的北线发展轴、指向贵阳的南线发展轴、沿着长江的城镇发展轴，以及分别指向渝东北和渝东南两个发展轴。两个规划在空间格局上的同时调整，可以看成是两地空间战略分化的首度强烈体现。一方面，尽管成渝发展轴同时被两地列为重要的空间轴线，但都只是重要的空间轴线之一；另一方面，川东地区已成为成都、重庆两个城市重点争夺的辐射区域，重庆试图自遂宁以东区域悉数纳入自身腹地，而成都则希冀更加强化在达州方向上的统治力。类似这种空间战略与角力一直在持续，到了2007年的《重庆市城乡总体规划》，则体现为重庆更加关注自身的"一圈两翼"区域战略，成渝分化不仅没有弱化、反而在加强（图3）。

2.3 再合：2007年以后的成渝城镇群规划

2007版《重庆市城乡总体规划》批复前夕，原建设部在成都举行了成渝城镇群规划工作座谈会，正式启动了《成渝城镇群协调发展规划》的编制工作（图4）。这项规划的编制跨越了2007、2008两个年度，直到2011年才由住建部联合重庆市政府、四川省政府印发实施（图4）。规划在衔接成都、重庆两地既有城市总体规划的基础上，制定了"两圈、多极、三轴、一带、五区"的区域规划空间结构。其中，规划确定的三条空间发展轴，除绵发展轴是延续四川省域的空间结构外，另外构建的成渝南轴、成渝北轴，均是出于强化两地区域协作、增强

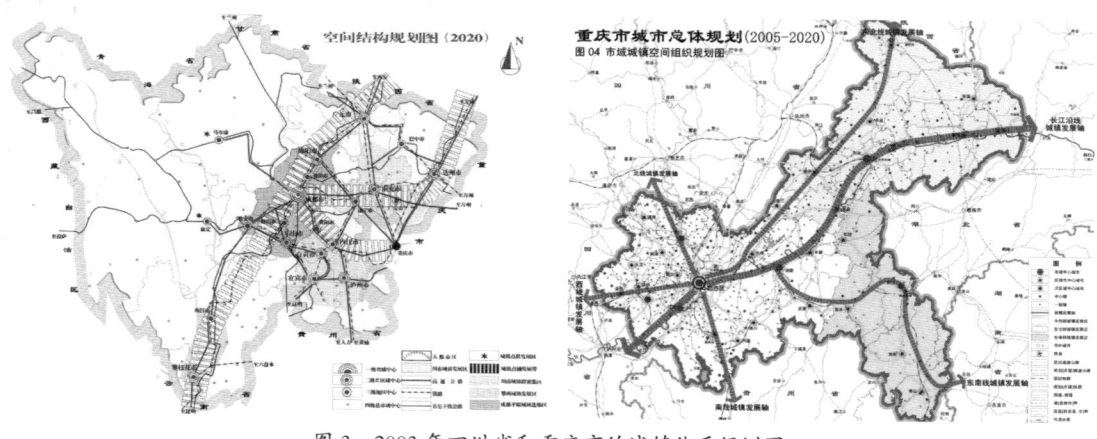

图 3　2003 年四川省和重庆市的城镇体系规划图
资料来源：参考文献 [10-11].

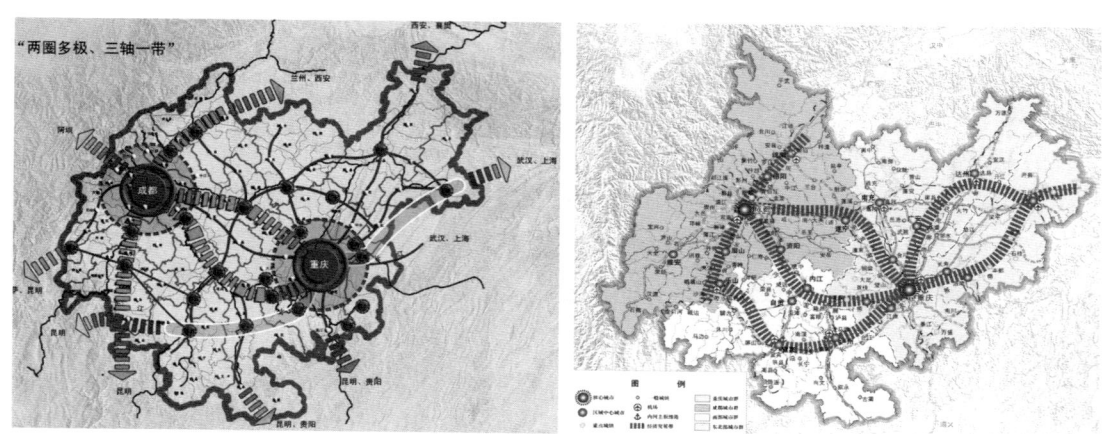

图 4　2007 版《成渝城镇群协调发展规划》和 2011 版《成渝经济区区域规划》
资料来源：参考文献 [12-13].

城市之间联系、促进区域整体发展的目的。

　　《成渝城镇群协调发展规划》2011 年 1 月才印发实施，国家发改委主导的《成渝经济区区域规划》在随后的 5 月就立刻得到了国务院的批复。应该说这版规划与《成渝城镇群协调发展规划》的出发点和空间战略并无大的差异，充其量就是顺应现实情况，将广安纳入了重庆的直接腹地范围；进一步明晰了重庆—广安—达州的空间发展轴线，更加凸显了重庆在川东地区的绝对辐射作用。

　　这之后，到了 2016 年《长江经济带发展规划纲要》印发之际，3 月底国务院常务会议先行通过了与之配套的下位规划《成渝城市群发展规划》（图 5）。这次规划由国家发改委和住建部联合制定，规划提出了"成渝主轴"的空间概念。当然，规划除提出由四川达州和重庆万州共同联合组建达万城镇密集区外，成都都市圈、重庆都市圈和另两个城镇密集区的建设，均未能突破行政界线的束缚。

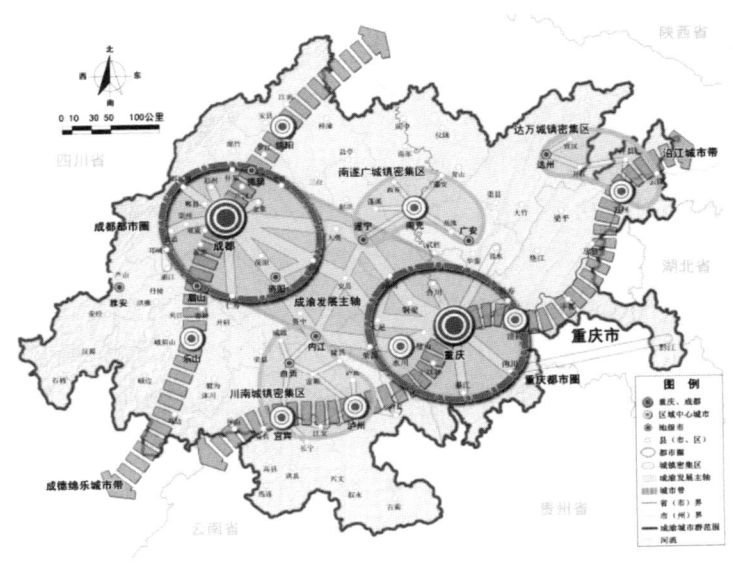

图 5 2016 版《成渝城市群发展规划》
资料来源：参考文献 [14].

3 成渝城镇群"新区域主义"的演绎

"新区域主义"主要存在区域规划和区域治理这两个学科的理解，理解成渝城镇群的"新区域主义"，也必须从这两个视角予以解析。

3.1 规划视角的演绎

3.1.1 特定区域与空间规划的重视

2007 年至今的 9 年时间里，成渝城镇群的相关区域规划已历经三个版本。既有的规划成果既凸显出国家对成渝城镇群这个特定区域发展的重视，也显示出国家不同部门对"空间规划"的注重与强化。尽管各个规划版本对于"成渝城镇群"的区域范围界定不尽相同，但围绕这一区域通过"空间规划"的编制来强化区域整体的竞争力、实现区域内部协调发展，均是历次工作的主线。

3.1.2 区域空间破碎化的应对

"成渝城镇群"下的次区域层级主体众多，各主体发展导向各异以及各主体间的不协调，是区域空间发展破碎化的最主要原因。省一级主要是四川省、重庆市两个行政主体，各自的区域空间战略、区域综合基础设施布局、区域水资源和能源开发与利用、区域生态环境的保护与管控等，形成了各自的核心工作内容；市一级则存在成都、重庆主城区、绵阳、乐山、涪陵、万州等众多的行政主体，使得区域空间呈现更纷繁复杂的局面；此外，各市下辖的县（区）、镇（乡）等作为区域发展的基层行政主体，同样会对区域空间的发展与破碎化产生不同的作用。

尽管应对区域空间破碎化是历版规划编制的主要目的，但在实施主体众多的格局下，各版区域规划至今能起到的协调作用是较为有限的。

3.1.3 综合性规划特征的呈现

历版成渝城镇群规划首先具有强烈的"空间规划"特质，但同时也越来越呈现出超出"空间"的综合属性特征。以2016版《成渝城市群发展规划》为例，规划首先试图强化空间战略，以此进一步强化对相关国家战略的支撑，这也是城市群建设的核心任务。但规划并不止于"空间战略"，规划进一步制定了区域产业发展与布局、区域基础设施互联互通、开放合作平台构建等多项综合内容；规划很强调生态保护，单独制定了区域生态保护、区域环境共治、绿色城市建设、环境影响评价等章节；最后，规划重点强调了后续的实施，单独编制了区域协同机制的篇章，也制定了规划实施的内容。总体上，应对区域发展综合问题、制定综合应对战略、强化规划的实施，已成为规划工作的主要方法。

3.1.4 规划编制组织的转变

成渝城镇群规划工作过程的转变，主要体现在三个方面。

一是编制工作"自下而上"的转变。从早期涉及成渝城镇群范围规划的《四川省国土规划纲要》，到随后四川、重庆两地各自主导的省域城镇体系规划，都是地方主导的空间规划工作。而重庆直辖以后的地方主导的规划工作，逐步加快了两地发展的分化。鉴于无法通过四川、重庆两地自身的规划解决现实的空间破碎化问题，国家试图通过上层次主导的区域规划编制与实施来达到相关目的。相应地，区域规划工作实现了地方主导向国家主导"自下而上"的转换。

二是编制工作主导部门的转变。2011年，国家住建部与发改委同时积极介入成渝城镇群规划的编制与发布，显示出部门之间在区域规划话语权上的竞争与不协调。尽管规划工作的出发点就是"区域协调"，但部门之间的不协调则同样反映到各自的成果内容上。到2016版的《成渝城市群发展规划》，规划由过去的两个竞争部门——国家发改委和住房城乡建设部联合编制。这种转变可以理解为，国家试图通过部门之间的协调，努力实现地方区域规划的协调。

三是编制工作"时效性"的转变。为了强化规划出台的时效性，三版规划的具体工作时间受到了持续的压缩。2007版规划从编制启动到颁布耗时最长，几乎花了近4年的时间；而对于2011版规划，国家发改委为了强化自身话语权，在前一版规划实施后的4个月颁布；2016版规划大约是从2015年年底启动的，编制大约也就耗时半年。规划时间的压缩，可以理解为持续的规划编制积累的结果，但这种转变也可以是为响应国家战略，在一定程度上忽视了应有的规划程序与适宜的规划方法（比如积极民主的规划过程）。

3.2 治理视角的演绎

成渝城镇群规划作为一项重要的国家战略，其具体实施的效果某种程度上也是区域治理的结果。对于成渝城镇群而言，区域治理的主体更多是国家—地方（四川和重庆、相关地级市、相关区县）不同层级的政府，而市场主体（如企业等）在特定的地域也起到了明显的作用。

3.2.1 国家层面

区域规划的编制与实施是国家介入区域治理的重要手段。成渝城镇群规划的制定与实施过程，尽管存在国家部门多头管理、部门利益之争显著的问题，比如不同国家部门主导的成渝城镇群规划的编制，但随着国家政策自上而下地推进、规划中的重大基础设施的实施，区域战略最终还是能得到明确响应。总体来看，国家通过区域规划介入成渝城镇群的区域治理，这一路径是非常明确的，尽管介入的部门主体还有待协调整合。

3.2.2 省级层面

我国区域规划在地方层面的实施，很大程度依靠当地政府具体的行政手段。成渝城镇群规划的"非法定性"，以及规划实施相关约束机制的欠缺，使得省级政府对于规划的实施出现了显著的"选择属性"。规划中对于地方发展的"显性"利好，省级政府会快速通过建设用地指标配备、大项目审批、资金配套、区域基础设施建设等大量行政手段，加快其实施；而对于规划中地方发展的"保护性"甚至是"抑制性"内容，省级政府则倾向于采取暂缓甚至忽视的态度；出于区域发展腹地争夺等复杂的原因，省级政府甚至在某些关键项目的规划、实施方面采取延缓的手段等，近几年闹得沸沸扬扬的渝蓉高速公路，其四川段2009年动工至今未能完工，一定程度上反映出这种现实。从这里来看，省级政府"选择性"的实施机制，很大程度上造成了成渝城镇群规划实施的不完整性。

3.2.3 省际市县层面

川渝两地长期的激烈竞争，实际上给省际邻近区域带来了诸多发展的不便利性，比如区域交通设施的欠通达、产业链的延伸不足、公共服务的无法共建共享等。省际市县层面的跨地域合作，在区域的空间治理中体现出强烈的作用。

一方面，地方政府持续充当了区域治理的重要角色。以四川省广安市为例，过去十多年来，地方政府一直持续推进融入重庆主城区的发展步伐，先后与重庆的各重要市级部门、相邻区县签订了诸多战略合作框架，"十二五"期间还联合重庆编制了《重庆－广安"十二五"区域合作规划》。尽管过去几年四川和重庆两地的区域发展政策均有持续调整，但以市县政府为主导的省际市县的区域合作引导却一直有增无减。

另一方面，顺应省际区域合作的引导，地方的市场机制在区域治理中发挥出更为显著的作用。近几年随着广安加快融入重庆发展的步伐，在市场力的主导下，广安80%的农产品、33%的劳务输出流向了重庆，而广安市旅游人次中的60%则来自于重庆，广安已成为了重庆重要的农产品供应基地和旅游休闲目的地[15]；此外，众多重庆企业顺应市场作用，在广安选址落地。邻水县高滩川渝合作示范园区中，70%的企业投资均来自重庆，80%产品为重庆配套，该园因此被重庆市渝北区授予"重庆空港工业园区配套产业园"，创新了"投资和产品两头在外、财税在内"的发展模式[16]。市场主导的区域合作，呈现了典型的"1小时空间距离"规律，即与重庆主城区高速公路通达1小时范围的邻水县、华蓥市、武胜县等地，均成为产业转移的极大受益者,而广安城区处于高速公路通达 1.5~2 小时范围,与重庆主城区的产业转移关联并不强烈。

4 成渝城镇群"新区域主义"现象及发展设想

4.1 成渝城镇群的"新区域主义"现象

从上述解析不难发现,成渝城镇群"新区域主义"的表征现象对比西方的理解,尚存在一些显著差异。

以规划的视角来看,成渝城镇群这一特定范围的空间规划已成为国家和地方政府实现区域协调发展的重要手段;规划采取了综合规划的方法,试图实现针对区域空间破碎化的应对。这几点都是很符合西方规划学者对于"新区域主义"的理解。不同的是,从成渝城镇群规划的演绎可以发现,规划的主导部门已经实现了从地方向中央的上收;其转变的过程中,因为我国空间规划主导部门的争议性,导致了这一区域规划若干次频繁的编制;同时,基于主导部门话语权的争夺,历版规划的颁布都追求其所谓的"时效性",合理的规划程序与积极民主的规划方法均未能有效运用。

以治理的视角来看,在成渝城镇群的区域治理中,各级政府或重点依托区域规划和相关政策,或重点依托用地指标、设施建设、资金配套等手段,体现出了政府的绝对权威性;市场力量在一些特定区域比如省际地区凸显出其在区域治理中的重要作用,但总体来看,相关私有部门、非盈利部门等尚未能形成类似于西方学者理解的强烈作用;成渝城镇群的区域治理呈现出网络化组织,不过这种网络化组织,更多是因为特定区域范围不同层级政府因为竞争与合作导向差异而形成,参与的主体远不如西方国家那般众多。

4.2 "新区域主义"下成渝城镇群的发展设想

上述中西现象差异,一方面源自于我国各级政府的"强干预"的作用,另一方面则体现了区域治理中其他主体发展相对滞后的现实。从规划上来看,区域规划成为中央政府介入区域治理的重要手段,但主导部门话语权争夺、规划程序的不完整性等现象,更有赖于相关制度的完善、有赖于参与主体的多元化发展;从治理角度来看,尽管市场力量在特定区域凸显作用明显,但各级政府依旧是区域治理的绝对力量。正是上述原因,导致了行政区划始终成为区域治理的重要束缚,也深深地反映到各版规划的成果之中。

可以设想,类似西方学者理解的"新区域主义"如果能够完全在我国广大的区域发展中实现,成渝城镇群的发展中尽管也会存在不同层级政府间复杂的力量交织,但规划将能更大突破现行行政区划的束缚,城镇空间上轴向联动与网络关系的地域尺度将会更加宽泛,而区域规划的编制与发展的空间版图将随之发生巨大改变。对于成渝城镇群的空间规划而言,也许将会呈现如图 6 所示的转变。

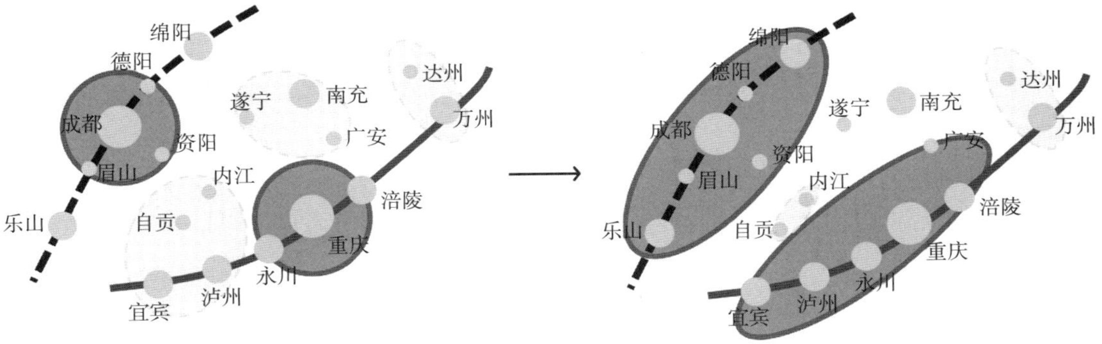

图 6 成渝城镇群规划转变的设想

参考文献

[1] Wheeler S M. The New Regionalism：Key Characteristics of an Emerging Movement [J]. Journal of the American Planning Association，2002，68（3）：267-278.

[2] 吴超，魏清泉. 新区域主义的发展观、方法论及其启示 [J]. 城市规划汇刊，2003，2：89-93.

[3] Norris D F. Prospects for Regional Governance Under the New Regionalism：Economic Imperatives Versus Political Impediments [J]. Journal of Urban Affairs，2001，23（5）：557-571.

[4] 张紧跟. 新区域主义：美国大都市区治理的新思路 [J]. 中山大学学报（社会科学版），2010，50（1）：131-141.

[5] 方伟，赵民. "新区域主义"下城镇空间发展的规划协调机制——基于皖江城市带和济南都市圈的探讨 [J]. 城市规划学刊，2013，1：51-60.

[6] 康钰，何丹. 分与合：历史视角下的成渝地区发展演变 [J]. 现代城市研究，2015，30（7）：45-51.

[7] 四川省国土资源 [R]. 四川省计划经济委员会国土处，1985：635-640.

[8] 黄福宁. 四川省国土规划纲要简介 [J]. 资源开发与保护杂志，1989，5（4）：44-45.

[9] 黄炳康，傅绶宁. 四川省经济区划 [M]. 成都：四川科学技术出版社，1989：34-48.

[10] 四川省城镇体系规划（2001—2020）[R]. 四川省人民政府，2003.

[11] 重庆市城镇体系规划（2003—2020）[R]. 重庆市人民政府，2003.

[12] 成渝城镇群协调发展规划 [R]. 国家住房与城乡建设部，四川省人民政府，重庆市人民政府，2011.

[13] 成渝经济区区域规划 [R]. 国家发展改革委，2011.

[14] 成渝城市群发展规划 [R]. 国家发展改革委，国家住房与城乡建设部，2016.

[15] 川渝合作示范区（广安片区）建设总体方案 [R]. 国家发展改革委，2012.

[16] 川渝合作示范区广安发展规划课题研究 [R]. 重庆市规划设计研究院，2016.

钱紫华：西南交通大学建筑与设计学院 zsuqian@126.com

基于重力模型的武汉 8+1 城市圈空间结构体系研究

周婕　肖颖颖

摘　要：城市空间结构体系的辨识与建构是城市功能定位和规模设定的重要依据和规划的重要内容。本研究基于武汉 8+1 城市圈内 41 个县市的社会经济发展代表性统计数据，运用重力模型，测度其空间联系强度，并以此分析武汉城市圈内部联系状态和分级结构。研究发现，武汉市主城区、鄂州市主城区、黄石市主城区，形成了武汉城市圈的中心主城，呈现"一主两副"的结构。次级核心为武汉东西湖区、孝感孝南区、黄冈黄州区、"天潜仙"中心城区。其他区县为外围新城和远郊农村。从结构体系上来看，武汉 8+1 城市圈整体空间结构存在中心独大、圈层断裂的特征。研究认为：加强交通联系及人口和产业同步向外围的工业新城疏解，强调多中心理念，弱化行政边界及其屏蔽效应，是优化城市圈空间结构体系的重要途径。

关键词：武汉城市圈，重力模型，断裂点，空间结构，层域体系

Research on the Spatial Structure System of Wuhan Metropolitan Area basing on Gravity Model

Abstract: The identification and construction of metropolitan's spatial structure are the important basis and contents of the city's function orientation and scale setting. This study is based on the social and economic development data of 41 counties in the city circle, using gravity model to measure the spatial relation intensity between the cities, thus analysing the internal connection status and classification structure of the urban agglomeration. The study found out that the central-city net is constructed by the main district of Wuhan, E Zhou, Huang Shi, which could be defined as the one main center and two sub centers. The second level cores are constructed of the East West Lake District in Wuhan, Xiao nan District in Xiao Gan . Huang Zhou District in Huang gang, and the main districts of three provincial municipalities named Xiantao, Tianmen, Qianjiang. Other districts are the new towns and the suburban rural areas. The overall spatial structures shows that the Wuhan Metropolitan Area has a overcentralized center and the structure is fractured. Strengthening the communication links between the cities, and evacuating population and industries to the periphery of the new industrial towns, emphasizing the multi-central idea, weakening the administrative boundary and its shielding effect, are rational approaches to optimize the spatial structure of the metropolitan area.

Keywords： Wuhan Metropolitan Area, Gravity Modle, Breaking Point, Spatial Structure, Layer Domain System

引言

根据 2004 年颁布的《武汉 8+1 城市圈规划》，武汉城市圈是以武汉为中心，覆盖周边 8 个大中型城市所组成的城市群。武汉城市圈的成立，旨在借助中部地区最大城市武汉市的辐射带动作用，依托较为完善的交通联系和产业的溢出联动效应，将其打造成中部发展的关键接力点和重要发展极核，以担当起中部崛起战略支点和长江经济带衔接东西的龙头枢纽的作用。

而根据当前武汉城市圈内城镇的社会经济发展数据来看，武汉城市圈明显存在"一强众弱"的情况，而非"一核多强"的局面（图 1）。从整体资源和交通通信条件来看，城市圈整体生态和资源条件良好，城际铁路和高速公路网完善发达，同时具备较为雄厚的产业基础，和密集的科研院所、人才资源优势。而之所以存在城市圈发展滞缓，极化突出的现象，原因在于城市圈层级结构不完善，联系不紧密，城市间产业缺乏明确的分工合作机制。而城市圈的发展壮大，实质上是靠整体成员的协同，关键在于结构的优化。

本文以武汉城市圈所涵盖的 9 个城市为研究对象，采用 2014 年年鉴统计数据（县市级别），对研究对象城市的经济和规模水平进行综合评估。在此基础上，运用重力模型，测度城市间的吸引力水平，并据此反映武汉 8+1 城市圈城市体系的空间联系特征，进行空间结构划分。同时，将量化研究的结果，与现状城市圈内城市之间的社会、经济、交通情况进行联系对比，分析空间结构形成的机制，并提出城市圈空间结构优化的建议。

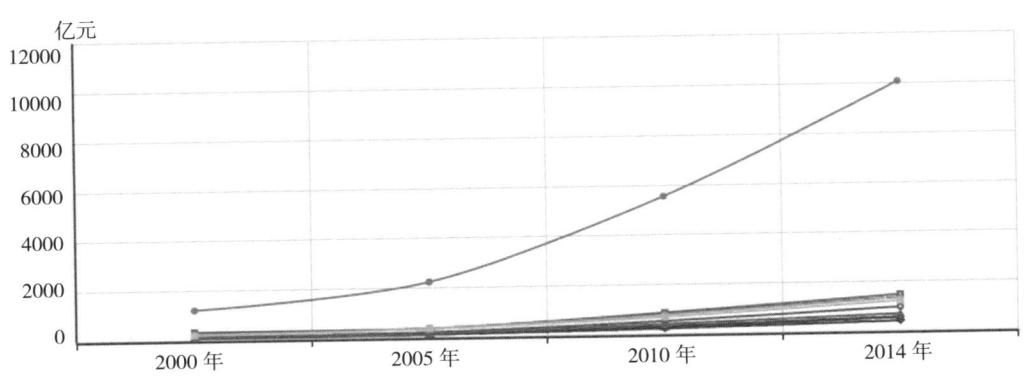

图 1　2000 年以来武汉城市圈各城市 GDP 产值统计图

1 研究综述

1.1 城市群空间结构体系

城市群体系即在较大地域空间范围内,具有跨越行政边界进行社会经济产业一体化协作发展的城镇群体的集合,相当于较大规模范围的城镇体系。对城镇体系的定义,顾朝林将其定义为在一个相对完整的区域中,由一系列不同职能分工、不同等级规模、空间分布有序的城镇所组成的联系密切、相互依存的城镇群体[1]。合理的城市体系构建可以优化城市体系内各个城市的时空资源,加强城市群的集聚效应,推动城市群综合效益的最大化。

目前,国内对城市体系的研究集中于城市体系的等级规模研究[2-3]、空间格局特征研究、形成机制研究等方面[4-7],研究的视角更多地体现于从城市的属性信息到城市之间如何关联的研究、从城市的城市的等级规模研究到城市相互联系的方向和网络研究。在空间格局特征研究方面,程开明等根据中部地区地级市1985—2009年人口数据,估计得到各城市的人口Kernel密度图,运用空间计量模型计算得出中部地区的位序规模特征[6]。赵伟伟基于城市间的航空运量和航线网络数据,定量分析了2000年以来中国城市体系的等级结构和分布特征及其演变特点[5]。吴健生等基于DMSP/OLS夜间灯光指数,运用引力模型测度中国341个城市之间的相互作用关系,再运用二阶段聚类法,分析中国城市体系的等级结构和城市体系[2]。周彬学等利用1995—2005年区间的四个年份长三角城市群县域城市经济发展数据,运用经济规模等级分形理论,探讨了长三角地区城市体系的经济规模的演变规律[8]。在形成机制方面,范剑勇等利用1998—2007年中国地级及以上城市相关的房价数据,将房价水平对差异化产品区位分布的影响关系植入到新经济地理学Krugman-Helpman模型,阐释了抑制城市房价过快上涨对城市体系扁平化发展的意义[4]。伍业春从城市等级规模、空间结构、职能结构三个方面分析了武广高铁对于沿线城市体系发展所产生的影响[9]。唐子来等利用企业关联网络和价值区段的方法,分析了全球化背景下长三角区域的城市体系演化[10]。

当前,学者对武汉城市圈体系的研究,主要集中于城市圈的生态空间结构体系方面[11-14]、产业关联结构体系方面[15-17]、城乡建设用地演变及城镇体系研究方面[18-19]等,对解释武汉城市圈的关联网络体系具有重要的参考意义。本论文作为对武汉城市圈结构体系的研究内容之一,从成员城市的社会经济联系角度出发,采取能够反映各个城市的生产力基础的统计年鉴数据,对武汉城市群的空间结构体系进行研究,从综合的视角,辨识现状武汉城市圈的关联情况和结构体系。

1.2 重力模型

重力模型这一概念最初由牛顿万有引力定律演变而来,用于城市研究中,是重要的测度空间相互作用的研究方法。重力模型法最初由美国地理学家Reilly.W.J用于对商业零售研究方法的探讨[20],此后,随着地理计量学和区域科学的兴起,重力模型的应用范围逐渐扩展到"空间交互作用"和"距离衰减效应中",领域较为广泛。普遍的应用领域为引起空间相关和交互作用的人流(通勤和人口迁移)、交通流、信息流、商贸物流等方面。国内对重力模型的研究和应用始于1980年,2006年以后,随着互联网和城市交通出行等研究的普及,基于重力模型的城市研究逐渐推广。重力模型的研究领域也逐渐在计算机网络流、城市交通出行流、城市经济活动联系流等方面得到应用。在边界效应研究方面,肖海平等运用Barro回归模型,结合重力模型,对苏浙沪2005—2009年的县域边界效应进行实证分析,探讨县域边界效应对苏浙沪一体化的影响作用[21]。郭晓合结合经济增长收敛性模型、Barro回归方程结合重力模型和Head与Mayer修正后的边界效应模型,对边界效应和长三角区域经济一体化模型进行了研究[22]。在交通出行和人口流动研究方面,程锐利用基于交通、经济和人口改进后的复杂重力模型,对中国省际流动人口的关系网络进行了研究,探讨了人口流量的权重网络和中心性特征,以及其与人口、经济的相关性[23]。李斌等运用重力模型,通过VBA编程,在GIS平台上模拟河南省基于公路客运的空间联系[24]。杨天宝等基于铁路OD运量数据,运用改进的重力模型,综合交通出行量和各地区的交通阻抗(距离、时间、费用、服务水平等)对铁路行包运量进行了预测[25]。在城市空间结构研究方面,樊杰应用种类模型对中国的金融中心体系进行研究划定,并结合2000、2005、2010年的情况,对我国金融中心体系的演化特征进行了分析[26]。顾朝林等基于人流、物流、信息流、技术流、金融流等数据,运用重力模型对我国的城市体系和空间层域、经济区划进行了划分[27-28]。王永刚等以工业产值为参数,构建了长三角城市群的工业关联网络的演变模型[29]。吴志强等以长三角41个城市为研究对象,运用引力模型,从城市的创新阶层、创新经济收入、创新文化环境、创新产出四个维度,构建城市创新引力和创新外向度指标,测算长三角城市创新城市群落的组织特征和空间网络[30]。

综合来看,重力模型在城市空间相互联系方面应用十分广泛,但研究对象所处区域一般为国家层面的宏观分析或长三角、京津冀、珠三角等成熟城市群层面的中微观分析,中部区城市群发育较为落后,没有成为学者研究的重点。本文运用重力模型的方法,对武汉城市圈进行空间结构的划分,在理论和方法上,填补了相关的城市空间相互关系研究的空缺,丰富和发展我国城市群空间结构研究的内容;在实践方面,在当前武汉城市圈处于发育的雏形阶段的背景下,模拟城市间的联系,分析城市圈的空间结构现状,是发现现状问题以有针对性地借鉴成熟城市群的经验、提出发展策略的重要途径。

当前,中国城市间的交互关系仍处在一个以生产为主要特征的阶段,城市群的结构体系也主要体现于生产力的地域布局。从"生产力"这一属性维度来展开城市群空间结构体系的研究,城市生产力水平可以用城市的综合实力来反映,特质则反映于各城市的产业基础和资源禀赋。因此,本文运用重力模型,模拟测算城市的经济质量水平,进行城市关联度的测算和城市圈内等级结构网络的构建,并进行经济区结构的划分。

2 研究技术路线设计

本文运用重力模型模拟武汉 8+1 城市圈的联系状态,具体方法如下:

2.1 运用重力模型,生成引力矩阵

依据年鉴中各个城市的社会经济发展水平代表性的统计值,通过运用 spss 主成分分析法,得出城市的综合经济质量评价值。再运用重力模型,进行城市间吸引力大小的量化。公式如下:

$$T_{ij}=k\frac{P_iP_j}{d_id_j}(i\neq j;i=1,2,\cdots,n;j=1,2,\cdots,m)$$

式中　T——城市间引力代表值;
　　　P——城市经济质量;
　　　d——两城市间的距离;
　　　K——引力系数;
　　　b——距离摩擦系数。

K 和 b 可根据不同情况进行取值,依据顾朝林等对 K 和 b 选取的分析,取 $K=1$,$b=1$。

公式中两个关键值的获取,是城市综合质量和城市之间的综合距离。

(1)综合质量的获取(图 2)

图 2　城市综合质量获取流程

从城市统计年鉴中选取对于城市的社会经济发展水平具有重要的代表意义的指标,借以作为判断地区综合经济质量的依据。因子层级关系如图 3 所示。

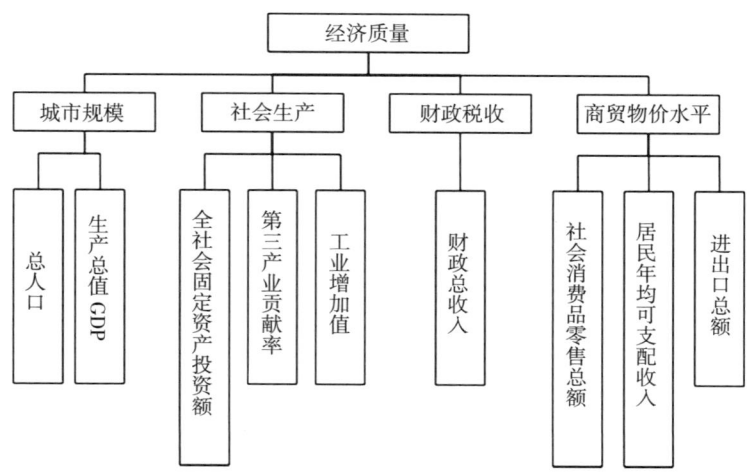

图 3　城市综合质量指标体系

（2）综合距离的获取

地区间联系度的另一大影响因素是综合距离。本次研究基于陆运空间距离来反映地区间的空间阻隔，具体方法为采用公路里程、欧氏距离2个指标的几何均值。即：

$$D = \sqrt[2]{H \times L}$$

式中　D——综合距离；

　　　H——公路里程数；

　　　L——空间欧式距离。

运用重力模型计算各县市的相互吸引力。

2.2　获取最大引力连接线

在城市间引力矩阵的基础上，对各个城市选取最大、二级、三级连接线，并进行图示化。该步骤直观反映出各个节点城市主要于哪个层级发挥作用。

2.3　城市的空间联系和节点等级结构网

结合整体城市圈关联网络分级、城市经济势能分级、城市间最大引力线分布图，判断整个城市圈内城市的节点等级分布和空间联系度强弱。据此对城市圈内各等级的节点进行逐级归并，形成等级结构网，最终汇集于武汉这座核心城市。

2.4　城市圈层域体系的划分

以次级节点或节点组团为中心，运用断裂点法，对城市圈的层域结构体系进行划分，明确城市圈结节区域的分工合作机制，分析其资源禀赋情况和产业基础，并根据各区域的发展条件和城市圈的整体发展需求，提出合理的规划建议。

2.5　技术路线

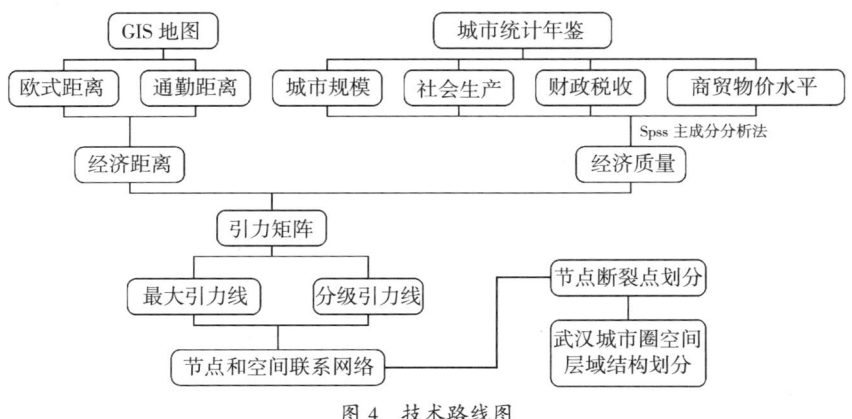

图4　技术路线图

3 研究范围

根据《武汉 8+1 城市圈总体规划》，本文研究对象包括城市圈内 37 个正式成员县市和 4 个观察员城市。其中，为了明确中心城市武汉市的各区向外围辐射对接的具体方式，将武汉市的研究数据细化到主城区和外围 7 个郊区，其他城市到县市级别。具体如下（表1）：

本文研究对象　　　　　　　　　　　　　　　　　　　　　　表 1

城市	所含（武汉市到区级别；其他市到县市级别）
武汉市	主城区，新洲区，黄陂区，东西湖区，蔡甸区，汉南区，江夏区
黄石市	黄石市，大冶市，阳新县
咸宁市	咸宁市，赤壁市，嘉鱼县，通城县，崇阳县，通山县
黄冈市	黄州区，麻城市，武穴市，团风县，红安县，罗田县，英山县，浠水县，蕲春县，黄梅县，龙感湖区
孝感市	孝感市，应城市，安陆市，汉川市，孝昌县，大悟县，云梦县
鄂州市	鄂州市
仙桃市	仙桃市
天门市	天门市
潜江市	潜江市
其他	洪湖市，京山县，广水市，监利县

4 数据分析结果

4.1 城市群空间联系状态和节点分布

通过对经济质量和引力矩阵的计算，图示化结果如图 5、图 6 所示，分级标准为自然断点法。综合以上两图可以发现，城市经济质量等级越高的城市，同时具备高等级连接线越密集的特征，从而在整个城市网络中占据更高的空间支配地位。

根据武汉城市圈内城市的综合实力和所发挥的辐射节点效力，可将武汉城市圈的初步等级体系定位如下：

（1）中心主城呈现"一主两副"的空间分布结构。武汉市主城区明显占据第一层级的中心地位，第二层级的主城为鄂州和黄冈。

（2）次级节点的分布有两大特征，其一是武汉市外向功能较为突出的外围新区，如武汉市东西湖区、江夏区、黄陂区，这些新区与外围城市建立的强联系度网络较为密集；其二是城市圈中其他综合实力和辐射力较强的城市，如城市圈东部的黄石、大冶，西部的孝感、仙桃。

（3）其他区域为外围新城和远郊农村

总结节点分布和网络特征，可以发现，武汉城市圈的整体结构网络存在明显的中心性，主要辐射关联网汇集于武汉主城区，其他两个联系网的次强集结点为"孝感——东西湖"集

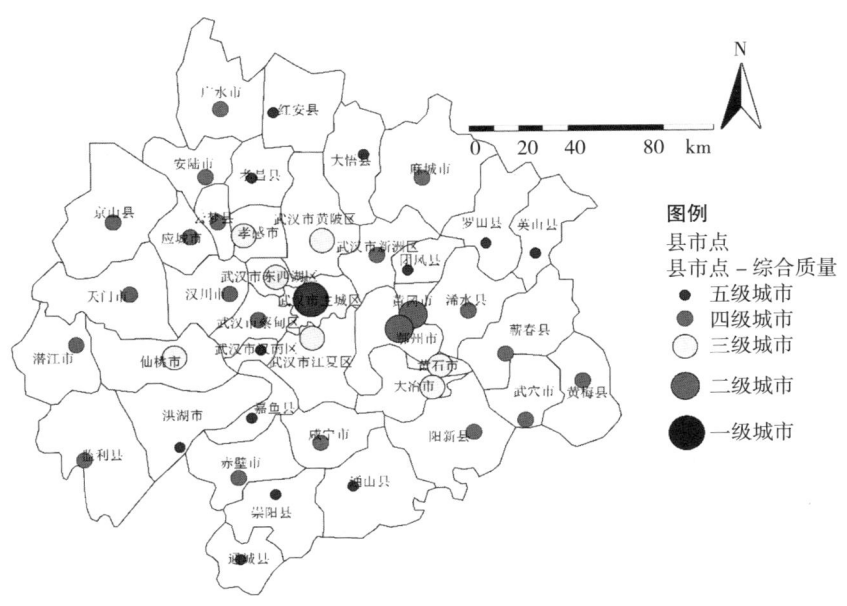

图 5 城市节点等级分布图

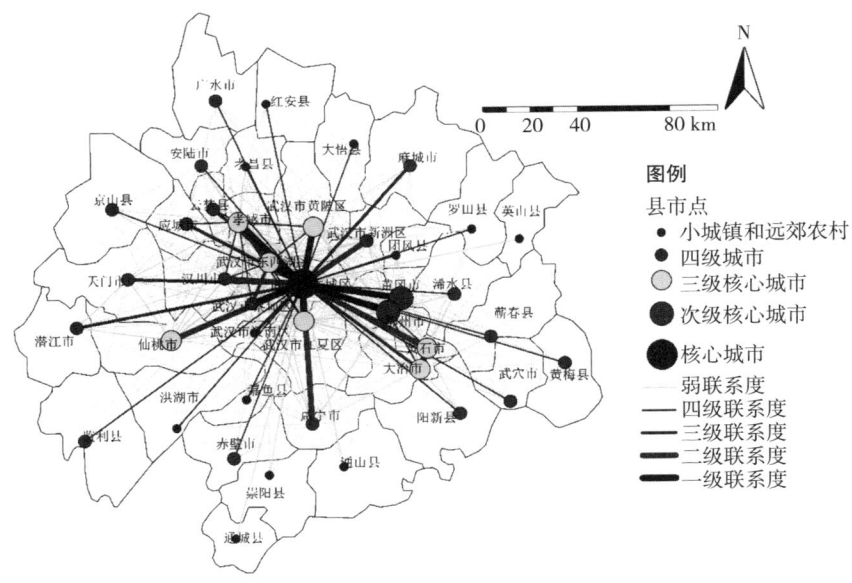

图 6 城市整体联系度分级

结区和"黄冈——鄂州"集节区，但整体集结水平不高，且以"中心放射状"为主，缺乏三级城市间的互动交流。

可见，武汉城市圈基本形成了"一主两副"的空间结构，东部地区的发育也较西部地区更为成熟完善，但却存在极化效应突出、强城市对弱城市的辐射带动不足的问题，在中心城市的辐射带动之外缺乏次级城市间的横向交流。

4.2 城市圈空间结构等级体系

图7～图9所示为城市圈各个城市筛选出最大联系度、第二联系度、第三联系度后的分层显示图。

一级联系度揭示了武汉城市圈十分突出的中心极化现象，武汉市主城区具有超高的首位度。二级联系度图中，次级核心的作用更为凸显，东部中心城市为黄冈和鄂州，次级节点为

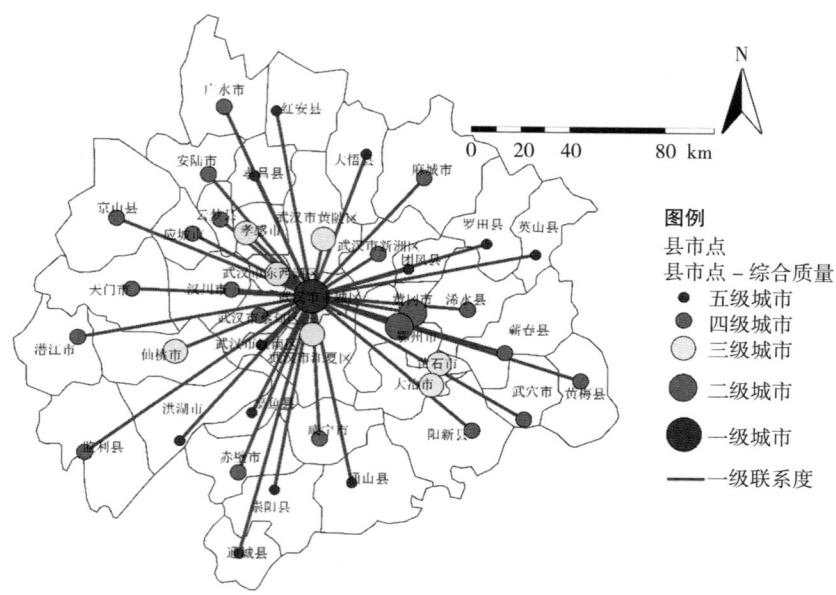

图7 武汉城市圈内各城市一级联系度图

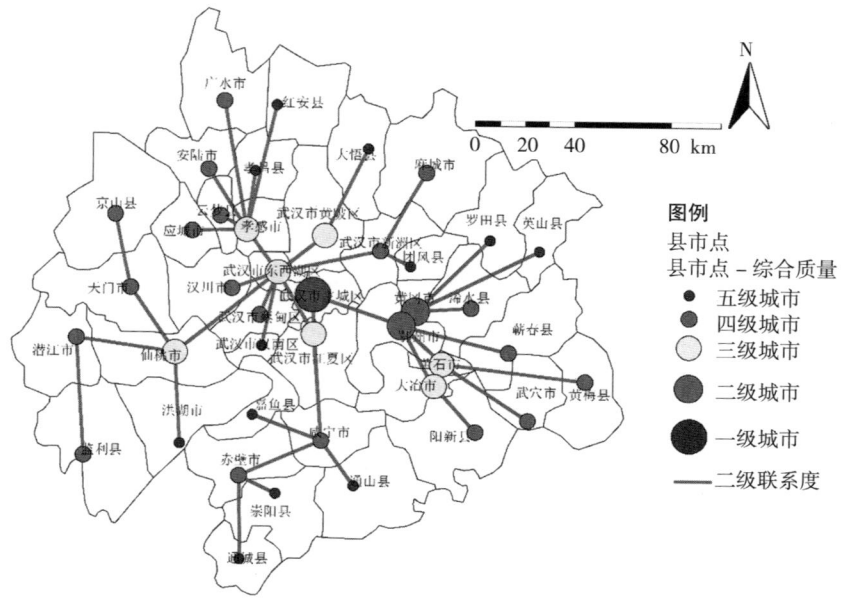

图8 武汉城市圈内各城市二级联系度图

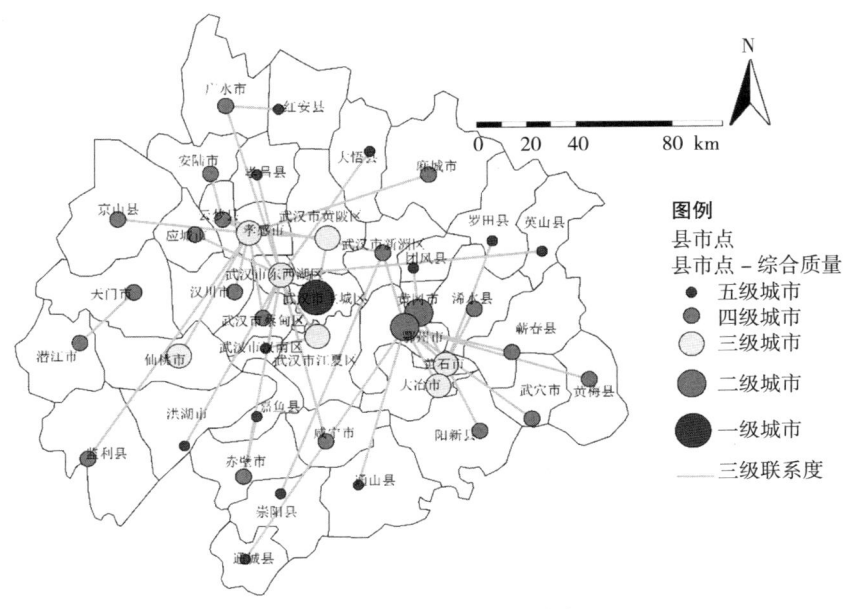

图 9 武汉城市圈内各城市三级联系度图

"黄石——大冶"和咸宁；西部中心城市为"孝感——东西湖"结节区和仙桃，次级节点为天门、潜江；北部武汉市对外辐射的节点是黄陂区、新洲区；南部节点为武汉市江夏区和咸宁市。三级联系度图中，各城市的中心性与二级联系度基本相一致，二级联系度图中的节点城市仍然发挥主要的结节作用。

因此，武汉市城市圈内城市结构体系存在一定的单调性，缺乏同级城市间的横向交流，甚至低等级的强城市对弱城市的联系也不存在实质的带动作用，最终导致城市圈存在圈层断裂、中心独大的现象。

4.3 空间层域结构划分

将上述方法得到的节点城市，结合实际引力作用的分析，武汉城市圈的城市结构体系体现为（图10）：

中心主城：武汉市主城区、鄂州市、黄冈市。

次级核心及其体系：

东部：鄂州、黄冈——黄石、大冶——罗田县，英山县，浠水县，蕲春县，黄梅县，武穴市，阳新县。

西部：①武汉市东西湖区、孝感市——云梦县、广水市——应城市，安陆市，汉川市，孝昌县，红安县，广水市；②仙桃市——天门市、潜江市——武汉市蔡甸区，洪湖市，京山县，监利县。

南部：武汉市江夏区、咸宁市——武汉市汉南区，赤壁市，嘉鱼县，通城县，崇阳县，通山县。

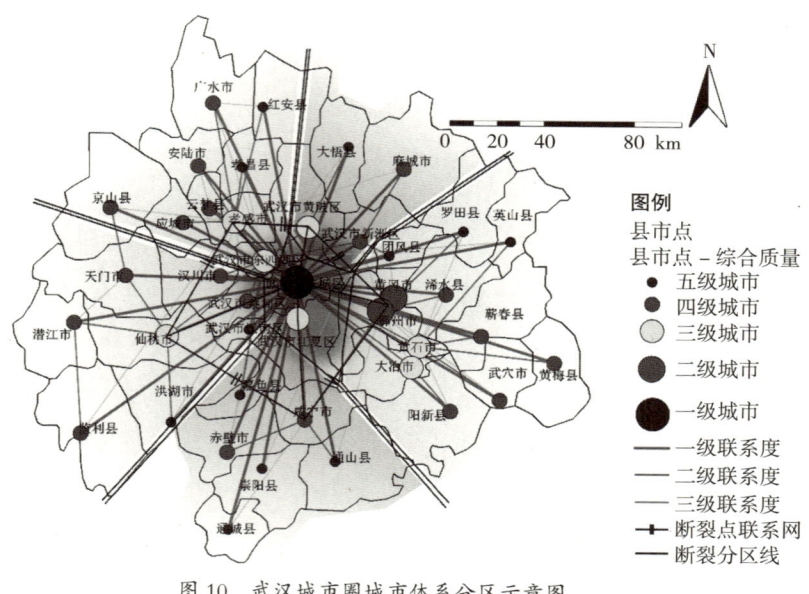

图10 武汉城市圈城市体系分区示意图

北部：武汉市黄陂区、武汉市新洲区——大悟县，麻城市，团风县。

武汉城市圈的核心城市集中于东西两翼，城镇密集程度也较高，南部和北部的城市在等级规模和城镇密集程度上均较低。

结合城市交通网络可以发现，武汉城市圈交通网络和城镇体系结构的地域分布具有高度的一致性，高铁和高速网络通达性高的城市，在城市圈关联网络中也占据更高的层级地位。同时，城市间的合作结节区也呈现出中心化、近域合作的特征，特别是跨市域协作水平明显下降。这也说明城市圈区域合作对交通的依赖，之所以出现跨市域水平低、中心层与外围层断裂的现象，原因之一是行政边界的屏蔽效应，原因之二是由于快速交通网络建设滞后，阻隔了城市间通勤、产业、信息的交流（图11、图12）。

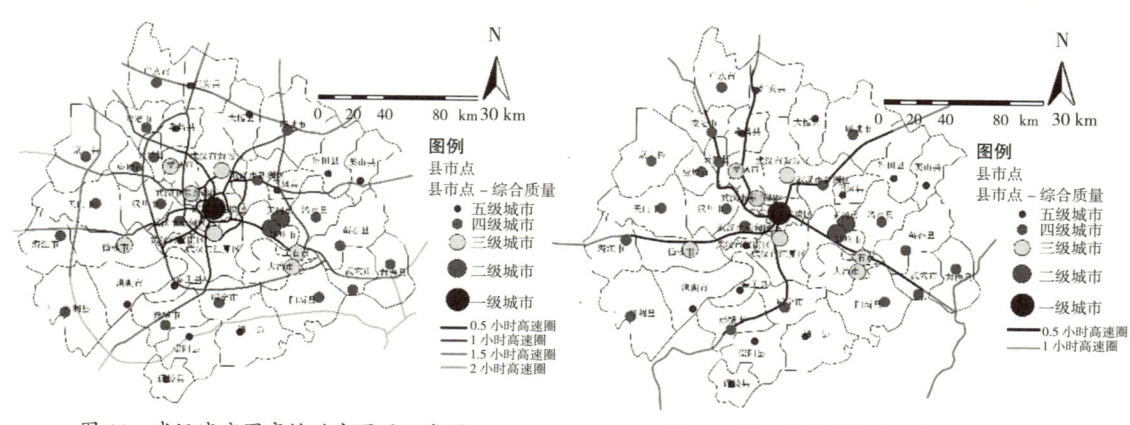

图11 武汉城市圈高铁时空圈层示意图　　　图12 武汉城市圈高速时空圈层示意图

5 促进城市圈协调发展的思考

据分析可知，现状武汉城市圈发育基本仍处于发展初期，结构体系不完善，存在以下问题：

整体城市水平极化悬殊较大，区域联系不完整；协作水平不高，且缺乏同级城市间的横向交流，同时存在强弱城市间的圈层断裂现象。结合武汉城市圈社会经济发展现状，总结上述现象的原因，可以归结为：城市间快速交通联系网络不完善，缺乏横向环线接驳；城市之间跨行政边界的区域竞争；圈内城市产业分工合作机制的不完善。

为促进城市圈的协作发展，从以下两个方面改进城市圈的竞争与合作条件：

（1）完善交通网络体系，提高城市圈生产要素互通效率

基础设施的建设是城市圈交流协作的基础，也是吸引投资和人气的前提。城市圈的有机协作必然要求人流物流的交流互通，对高效的交通网络有要求。

根据现状交通条件，武汉城市圈基本已经搭建起了由中心城市武汉市延伸向外围六个次区域的高铁、高速交通干线，京九铁路和武广铁路形成了"十字形"的对外交通骨架，沿途已开辟石武、合武、武广客运专线。且根据《武汉市综合交通规划（2009—2020）》，武汉城市圈近期规划的武黄、武石、武咸、武孝城际铁路已经投入建设，其中武咸城际铁路已于2013年12月建成通车，大大提高了城市圈内城际交流的效率。远景城际铁路规划甚至会延伸拓展现状城铁，加密辐射网络，增添环线网络。反观现状，城际铁路仅有武咸城铁投入使用，环线交通尚未成型，这也在一定程度上促成了现状城市圈极化发展、城际交流效率低的现象。

（2）强调多中心理念，弱化行政边界，强化城市之间的合作意识

当前武汉城市圈各城市之间仍然是竞争多于合作的关系，区域间各自为政多于协作共进。因此，尽管整个城市圈具备优越的交通、丰富的资源和多样化的产业基础，却由于城市间的合作机制尚未形成，单个城市的资源和资金实力薄弱，难以做大做强，对周边小城的带动力也较弱。一方面造成了自身资源的利用不充分，另一方面也很大程度上影响了武汉城市圈整体实力的提高。

根据对城市圈内九个主导城市的现状产业和自然资源条的梳理，总结城市圈内六个次区域的发展特征如下：①核心城市武汉市，在城市圈处于超强的核心地位，产业基础雄厚，门类齐全，发挥主要的溢出带动作用。②鄂州、黄冈、黄石区域，该区域是武汉城市圈内最大的城镇密集区和经济密集区，包含了武汉城市圈内八大支柱性产业中的钢铁、生物医药、纺织服装、水泥建材等四大类。③"天潜仙"区域。该区域处于武汉城市圈的"西三角"，腹地面积较小且相对分散，目前已经形成了纺织、化工、食品加工等相关关联度较大的产业链。④孝感、东西湖区域。该组团地质资源丰富，同时盛产粮油。产业方面，岩盐和军工优势明显，同时，依托两大经济开发区，开展了电子信息、机电、汽车零部件、盐磷化工、服装、食品加工、建材、纸制品、金属制品加工等。⑤"咸赤嘉"区域。整体发展实力较弱，主要优势是生态旅游、清洁能源和综合区位优势。⑥北部黄陂区、新洲区。旅游业发达，是武汉市的北面门户，

生态环境良好，旅游景点密集，第三产业发达；第二产业以汽车工业、钢材加工、食品、建材、新材料工业为主。

从上述条件可知，武汉城市圈内各城市资源禀赋各异，具备发展各自特色产业、提升比较优势的基础。然而，从各城市的经济势能来看，当前城市圈内除武汉市之外，其他城市的经济规模均较小。因此，为促进城市圈内各个区域产业的规模化和多元特色化发展，各个城市应主动探寻新的圈内定位和产业分工协作关系。

具体来说，各城市要强化城市间的合作意识，弱化行政区的阻隔。中心城市武汉市经济和产业基础雄厚，考虑城市环境和资源的承载力，依托便捷的快速交通网络，可以将一部分产业和人口向外围工业新城疏散，既有利于整个城市的产业环境优化，又形成了对外辐射连接的窗口，更好地发挥在城市圈的产业带动作用。次级节点城市在加强与武汉的沟通，接受带动壮大实力的基础上，要积极探索自身的产业特色化发展之路，并积极联系周边小城，获取资源、资金和腹地的支撑。同时，也能实质性地发挥产业溢出带动作用，为周边小城带来经济发展的支柱性产业和就业机会。

参考文献

[1] 顾朝林. 中国城镇体系 [M]. 北京：商务印书馆，1992：454.

[2] 吴健生，刘浩，彭建 等. 中国城市体系等级结构及其空间格局——基于 DMSP/OLS 夜间灯光数据的实证 [J]. 地理学报，2014：759-770.

[3] 程开明，庄燕杰. 城市体系位序-规模特征的空间计量分析——以中部地区地级以上城市为例 [J]. 地理科学，2012：905-912.

[4] 范剑勇，邵挺. 房价水平、差异化产品区位分布与城市体系 [J]. 经济研究，2011：87-99.

[5] 赵伟伟. 2000 年以来中国城市体系演变特征研究——基于通航城市分布格局的分析 [J]. 中国人口资源与环境，2014：68-75.

[6] 程开明，庄燕杰. 中国中部地区城市体系规模分布及演进机制探析 [J]. 地理科学，2013：1421-1427.

[7] 钟业喜，陆玉麒. 基于铁路网络的中国城市等级体系与分布格局 [J]. 地理研究，2011：785-794.

[8] 周彬学，戴特奇，梁进社 等. 基于分形的城市体系经济规模等级演变研究 [J]. 地理科学，2012：156-161.

[9] 伍业春. 武广高速铁路对沿线城市体系发展的影响研究 [D]. 西南交通大学，2009.

[10] 李仙德. 基于企业网络的城市网络研究 [D]. 华东师范大学，2012.

[11] 王智勇. 快速成长期城市密集区生态空间框架及其保护策略研究 [D]. 华中科技大学，2013.

[12] 吴敏. 武汉城市圈产业结构生态化研究 [D]. 武汉理工大学，2009.

[13] 郭庆宾，刘静，王涛. 武汉城市圈城镇化生态环境响应的时空演变研究 [J]. 中国人口·资源与环境，2016：137-143.

[14] 魏姗.武汉城市圈生态系统服务价值的研究[D]：华中师范大学，2009.
[15] 方创琳.武汉城市群的空间整合与产业合理化组织——方创琳（1）[C]// 中国城市规划学会：黑龙江科学技术出版社，2007：133–140.
[16] 刘承良，田颖，梁滨.武汉城市圈产业经济的系统性分析[J].长江流域资源与环境，2009:1–6.
[17] 余斌，冯娟，曾菊新.产业集群网络与武汉城市圈产业发展的空间组织[J].经济地理，2007：427–432.
[18] 匡兵，卢新海，周敏 等.武汉城市群城市用地结构时空演变特征及其机理[J].经济地理，2016：71–78.
[19] 叶菁，王世桢.武汉城市圈建设用地结构时空演化研究[J].中国国土资源经济，2014：64–68.
[20] Reilly WJ. Methods for the Study of Retail Relationships[M]. [S.l.]：University of Texas，1929：103–107.
[21] 肖海平,谷人旭.沪苏浙边界区县域经济合作与协调发展中的边界效应实证研究[C]//"产业集群、区域创新与区域治理"学术研讨会："产业集群、区域创新与区域治理"学术研讨会，2010.
[22] 郭晓合，王来全.边界效应与长三角区域经济一体化问题研究[J].统计与信息论坛，2012，66–70.
[23] 陈锐.基于改进重力模型的省际流动人口的复杂网络分析[J].中国人口资源与环境，2014：104–113.
[24] 李斌，许立民，秦奋 等.基于重力模型的河南省公路客流空间运输联系[J].经济地理，2010：77–81.
[25] 杨天宝，刘军.应用改进重力模型法预测铁路行包 OD 运量的研究[J].铁道运输与经济，2006：89–92.
[26] 程婧瑶，樊杰，陈东.基于重力模型的中国金融中心体系识别[J].经济地理，2013：8–14.
[27] 顾朝林，庞海峰.基于重力模型的中国城市体系空间联系与层域划分[J].地理研究，2008:3–14.
[28] 顾朝林.中国城市经济区划分的初步研究[J].地理学报，1991：129–141.
[29] 王永刚，吴治忠.基于工业产值的长三角城市群网络关系分析[J].科学发展，2015：99–106.
[30] 吴志强，陆天赞.引力和网络——长三角创新城市群落的空间组织特征分析[J].城市规划学刊，2015：31–39.
[31] Ma LJC，Eds. FW. Restructuring the Chinese City：Changing Society，Economy and Space Reviewed By C. Cindy Fan[J]. Annals of the American Association of Geographers，2007：1（1）：221–222.
[32] Timberlake M. The Polycentric Metropolis：Learning From Mega–city Regions in Europe[J]. Journal of the American Planning Association，2008：16（2006）：384–385.

周婕：武汉大学城市设计学院
肖颖颖：武汉大学城市设计学院 1411405936@qq.com

基于信息流的长江中游城市群区域空间层级关系研究

周健　胡健　谢波

摘　要：基于流空间视角下的城市与区域空间研究是当前研究的前沿与热点，对于认识城市间相互关系、区域网络结构等有重要意义。文章以长江中游城市群 31 个城市为研究对象，基于"58 同城网"一周的 31 个城市中两两城市的商业信息数量，作为城市间的信息流联系强度的依据，通过 C-value 和 D-value 层级分析法、优势流分析等方法，考察长江中游城市群城市间的联系强度以及区域空间的层级关系。研究结果表明：①长江中游城市群以武汉、长沙、南昌为主导型城市，呈现"多中心"的空间结构特征，形成了三个较为明显的信息交流组团，包括武汉城市圈、环长株潭城市群、环鄱阳湖城市群；②省级行政区划限制对城市间的信息流交流影响严重，导致联系强度减弱、区域的协作关系不强；③城市群区域空间关系呈现出多组团化的特征，各城市的第二大信息流以次级主导城市为中心，向区域其他城市辐射；④主导型城市的流空间极化现象明显，中心城市辐射带动能力不强。第三信息流空间分布呈现出次级节点城市数量增加，形成了较为松散的结构形态。

关键词：长江中游城市群，信息流，空间层级关系

A Research on The Regional Spatial Level Relationship of Urban Agglomeration in The Middle Reaches of The Yangtze River Based on Information Flow

Abstract：The research of urban and regional space based on the perspective of flow space is the front and hot spot of the current research, which has important significance for understanding the relationship between cities and regional network structure. Taking 31 cities of urban agglomeration in the middle reaches of the Yangtze River as the research object, based on one week of the amount of commercial information between two cities in 31 cities from "58 city network", serve as the basis of the contact strength of the information flow between cities, by means of C-value and D-value hierarchical analysis method and the preferential flow analysis method etc. To investigate contact strength between cities and hierarchical relationship of regional space of urban agglomeration in the middle reaches of the

Yangtze River. The results show that: ① urban agglomeration in the middle reaches of the Yangtze River as Wuhan, Nanchang, Changsha to be the dominated city, showing spatial structure characteristics of "multi center", has formed three obvious information exchange groups including the Wuhan city circle, ring of Changsha-Zhuzhou-Xiangtan urban agglomeration, ring of Poyang Lake urban agglomeration; ② the restrictions of the provincial city's administrative divisions has a serious effect on the communication of information flow between cities, which leads to the weakening of contact strength and regional cooperation; ③ the regional spatial relationship of urban agglomeration shows group characteristics and the second information flow of each city, based on the secondary leading city as the center, radiates to other cities of the areas; ④ polarization phenomenon of flow space of the dominated city is obvious, and radiating capacity of the central city is not strong. The spatial distribution of third information flow presents the phenomenon of increase of the number of secondary node city, and forms a relatively loose structure.

Keywords: Urban Agglomeration of the Middle Yangtze River, Information Flow, Spatial Hierarchicel Relationship

1 引言

长江中游城市群是以武汉城市圈、环长株潭城市群、环鄱阳湖城市群3个子城市群为主体形成的特大型城市群，承东启西、连南接北，是长江经济带三大跨区域城市群支撑之一，是中国经济发展新增长极。城市群作为一个在特定区域范围内由若干个密集分布的不同性质、类型及等级规模的城市及其腹地通过空间相互作用而形成的"城市——区域"系统，其内部的人流、物流、信息流、技术流、资金流等空间流发生着频繁、双向或多向的流动，促使各种经济社会要素在空间上集聚扩散，并对城市群的空间结构、功能及其空间发展变化产生重要影响[1]。

信息流是社会系统中客观存在的空间相互作用现象，遵循着特定的社会经济规律，"流"是空间相互作用的具体体现[2]，也是认识社会空间的全新模式。在信息技术的快速发展与推动下，区域空间扩散、联系的方式发生了重大改变，并引发了对传统空间观的反思和新空间形式的探讨，其中基于信息化社会的"流空间"成为重要的理论前沿[3]。而通信与信息技术的创新使得主导性的空间形式不再是地方空间，而转变为流动空间，所形成的网络组织成为全球社会经济系统的重要结构元素[3]。沈丽珍、顾朝林、甄峰等探讨了流空间的结构模式和区域空间关系，并基于互联网网络数据开展了实证研究[4-7]。修春亮、董超、高鑫等对流空间的基本内涵和属性进行了诠释，分析了"流空间"的作用机制与区域效应[8-9]。甄峰等采用新浪微博数据研究了网络社会空间的中国城市网络特征[10]。刘卫东、汪明峰等基于互联网数据开展了空间组织和信息网络城市方面的研究[11-12]。董超等采用固定电话通话数据研究了吉林省流空间网络格局[13]。熊丽芳，甄峰，席广亮等基于百度信息流研究了我国三大经济区城市网络变化[14]。由于城市间信息流数据的量过大、搜集周期长以及数据获取的难度，因此国内外学者的相关研究仍以定性为主。

大量研究表明，传统的对区域性网络空间的研究主要关注基于场所空间的城市联系，强调的是地方性；而流空间网络则强调要素的流动，突出的是网络化[13]。网络化的空间代表着一种离散式的存在方式，城市间的联系不再完全取决于地理距离。基于信息流的区域空间研究可以更加深入了解区域各城市间信息相互作用的结构和规律，并建立更有效的信息联系网络，使各地间信息的流通更加通畅，更有效地推动经济发展和社会进步[15]。本文基于信息流对长江中游城市群层级关系进行研究,通过城市间的信息流交互强度,运用C-value和D-value、优势流分析等方法，进而分析长江中游城市群的区域空间层级关系及区域信息网络结构，借助"58同城"的商业信息数据进行实证研究，有助于更深入地认识和理解区域空间层级关系，为促进大数据时代长江中游城市群空间结构的研究提供研究案例。

2 研究范围、研究方法及数据

2.1 研究范围

以武汉、长沙、南昌为中心的武汉城市圈、环长株潭城市群、环鄱阳湖经济圈等中部经济发展地区，包括3省31市（图1），主要为：

湖北省:武汉市、黄石市、鄂州市、黄冈市、孝感市、咸宁市、仙桃市、潜江市、天门市、襄阳市、宜昌市、荆州市、荆门市。

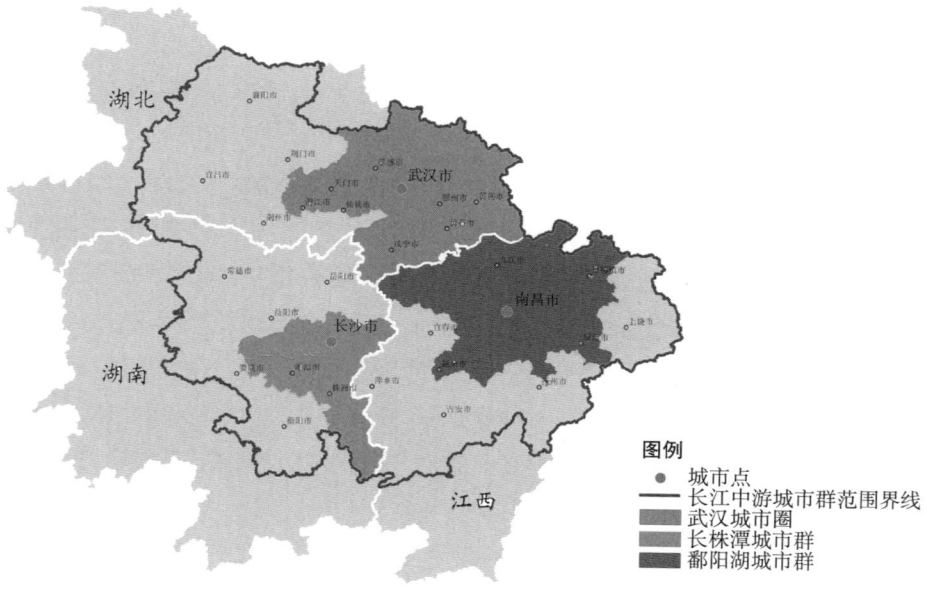

图1 长江中游城市群空间范围

湖南省：长沙市、岳阳市、益阳市、常德市、株洲市、湘潭市、衡阳市、娄底市。

江西省：南昌市、九江市、景德镇市、鹰潭市、新余市、宜春市、萍乡市、上饶市、抚州市、吉安市的部分县（区）。

2.2 数据来源

"58同城"在全国范围内共设立了30家分公司，能够展示全国465个城市产品与服务等商业信息，具体包括各城市的房屋租售、餐饮娱乐、招聘求职、二手买卖、汽车租售、旅游度假、店铺推荐、招商加盟等商业广告方面的信息，能够直观地显示各城市的商业信息值，反映城市间商业信息联系度。

本文采用"58同城网"一周的信息数据，包括研究范围内各城市的"58同城网"上所有商业信息值，以此作为城市间信息流强度的代表值。在某一城市58同城页面搜索关于另一城市的所有商业信息，将所搜索的商业信息数量作为衡量被搜索城市到该城市的信息流联系强度的依据，同时该城市同城网上搜索到的其他所有城市商业信息数量，即可作为衡量该城市节点的总信息量，也可作为衡量该城市在信息网络中的重要程度。

2.3 研究方法

2.3.1 C-value、D-value层级分析法

本文采用James和Ronald研究美国大都市区信息流的方法[16]，引用C-value值、D-value值两项指标，确定各城市在区域流空间格局中的地位和所处的层级。具体公式为：

$$C=\ln \frac{C_c}{C_s}$$
$$D=C_c-C_s$$

式中　C_c——某城市发送的信息量；

C_s——某城市接收的信息量。

将某城市同城网上搜索到的其他所有城市信息数量作为该城市信息接收量或信息发送量；相反，其他所有城市搜索到的该城市信息数量作为该城市的信息发送量或信息接收量。其中C值代表某城市对信息流的控制力，当$C>0$时表明该城市在区域体系中属于控制型城市，$C<0$时表明该城市在区域体系中属于从属型，C-value值越大，控制力越强。D-value值代表某城市对信息流的主导性，接收与发送信息的差值越大，说明该城市在区域体系中的主导性越强。运用D-value模型衡量城市网络信息流流向，进而分析城市的等级体系。若一个城市信息输出量大于城市信息接受量，即$D>0$时，则该城市为信息流网络的控制节点（或城市）；相反，则该城市为附属城市。

2.3.2 优势流分析法

优势流分析法的实质是根据某一城市的最大要素流的流向去判断该城市在区域城市体系

中的地位，同时参照城市的规模，确定该城市在区域层级结构中所处的位置及在空间相互作用中的影响力或主导水平。依据宋伟等[17]将区域城市分为三种类型：主导城市、次级主导型城市与从属城市。

3 基于信息流的长江中游城市群区域空间层级研究

3.1 长江中游城市群城市网络节点（城市）等级体系

根据 C-value、D-value 的研究方法，将 58 同城上获取的数据标准化处理后，计算得出各城市的 C-value 值、D-value 值，并运用 ArcGIS 软件进行分析处理，以此来判定区域各信息活跃城市为主导或控制性城市。

各城市 C-value 值、D-value 值见表1。

城市 C-value、D-value 值　　　　　　　表1

城市	D-value 值	C-value 值	城市	D-value 值	C-value 值
武汉	745090	1.3149	益阳	-50479	-0.5230
长沙	670226	1.5439	吉安	-51995	-0.7387
南昌	177436	0.7235	娄底	-52239	-0.8094
湘潭	47418	0.3389	萍乡	-55385	-0.7493
宜昌	30082	0.4471	荆州	-58299	-0.4565
株洲	19050	0.1557	九江	-61421	-0.4425
抚州	-1939	-0.0450	岳阳	-78207	-0.5024
常德	-17566	-0.1621	新余	-84818	-1.2879
景德镇	-19203	-0.4882	黄石	-97978	-0.8385
上饶	-21076	-0.5964	宜春	-99049	-0.9199
襄阳	-22606	-0.3465	鄂州	-107516	-1.2274
鹰潭	-28288	-0.9307	天门	-117277	-1.7921
衡阳	-28904	-0.3536	潜江	-123284	-1.7846
黄冈	-32868	-0.3949	仙桃	-149758	-1.8248
孝感	-37091	-0.5054	咸宁	-205151	-1.5968
荆门	-48805	-0.6821			

对以上表格进行中 D-value 值图示化可得图2。

运用 ArcGIS 软件，进行空间可视化表达可得图3。

通过计算长江中游城市群31个城市的信息值，可以得出：首先选取 C-value>0 的城市，共有武汉、长沙、南昌、湘潭、宜昌、株洲6个城市，属于城市网络的重要节点或控制性节点；同时按 D-value 值大小排列，可得出武汉、长沙、南昌与区域其他各城市存在显著的差异，

图 2　城市 D-value 值柱形图

图 3　长江中游城市群城市等级体系图

处于绝对的主导地位，其中武汉与长沙的主导性尤为突出；而湘潭、宜昌、株洲也处于明显的优势地位，体现出明显的主导性特征。长江中游城市群流空间的等级体系表现为：以武汉、长沙为主导，南昌为次级主导，湘潭、宜昌、株洲为控制性节点，其他城市为基础层级的流空间等级结构。区域城市的三种类型为：武汉、长沙、南昌为主导型城市，湘潭、宜昌、株洲为次级主导型城市，其他 25 个城市为从属性城市。

3.2 长江中游城市群城市网络信息流空间结构特征

统计 31×31 信息流流向的矩阵和相应的信息流流量，以及前三等级信息流流向及相应信息流流量，基于优势流分析方法，进行空间可视化分析（图4）。

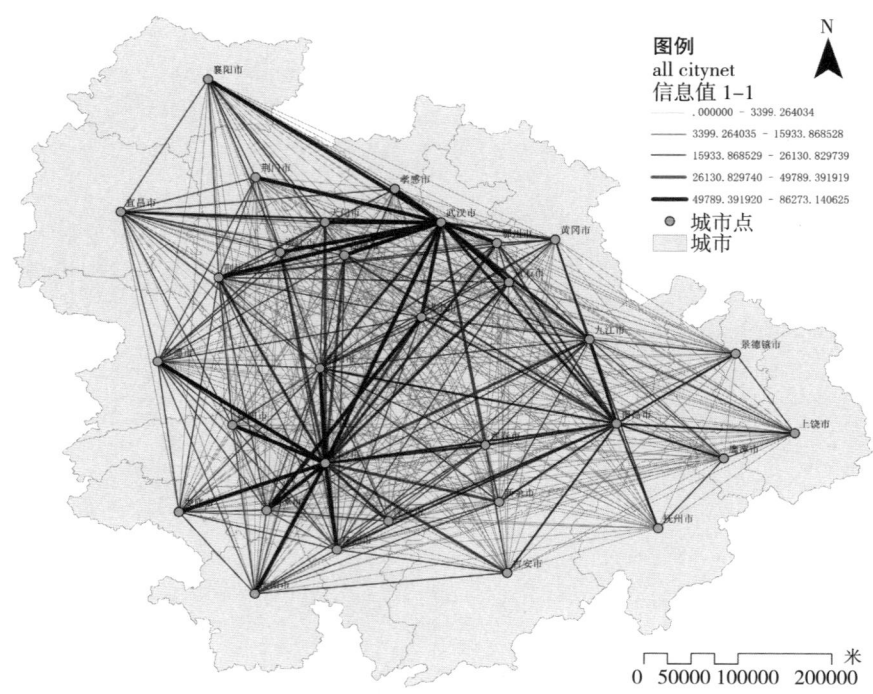

图4 长江中游城市群信息流空间分布

长江中游城市群区域网络中信息流流量呈现出3个显著的集聚区域，即以武汉为中心的武汉城市圈、以长沙为中心的环长株潭城市群及以南昌为中心的环鄱阳湖城市群。其中以武汉与长沙为中心的子城市群的信息联系强度最为显著，空间联系与集聚性尤为突出。同时也表现出跨省级行政界线城市间的联系强度较弱，区域协作关系不强。

基于信息流流向及相应信息流流量，统计各城市的最大优势流、第二大优势流、第三大优势流，分析各大优势流中区域城市网络信息流量的空间结构特征。

3.2.1 最大优势流之区域城市网络空间结构

区域中最大优势流主要局限在省际范围内，分别以各省的省会城市为核心形成城市群，包括武汉城市圈、环长株潭城市群、环鄱阳湖城市群3个区域子城市群，子城市群之间各成体系，缺乏相互联系，区域协作关系不明显（图5）。但武汉与长沙之间的信息联系强度明显，表现出较强的区域协作关系；同时以南昌为中心的环鄱阳湖城市群城市间的信息流流量值明显低于其他两个子城市群，表明其信息联系强度和协作关系在3个子城市群中最弱。在3个主导型城市中，武汉、长沙、南昌汇聚的信息量依次递减。基于流空间视角下长江中游城市群区域城市网络中信息规模最大的城市依次为武汉、长沙、南昌，且三个城市均具有较为明显的流空间极化现象。

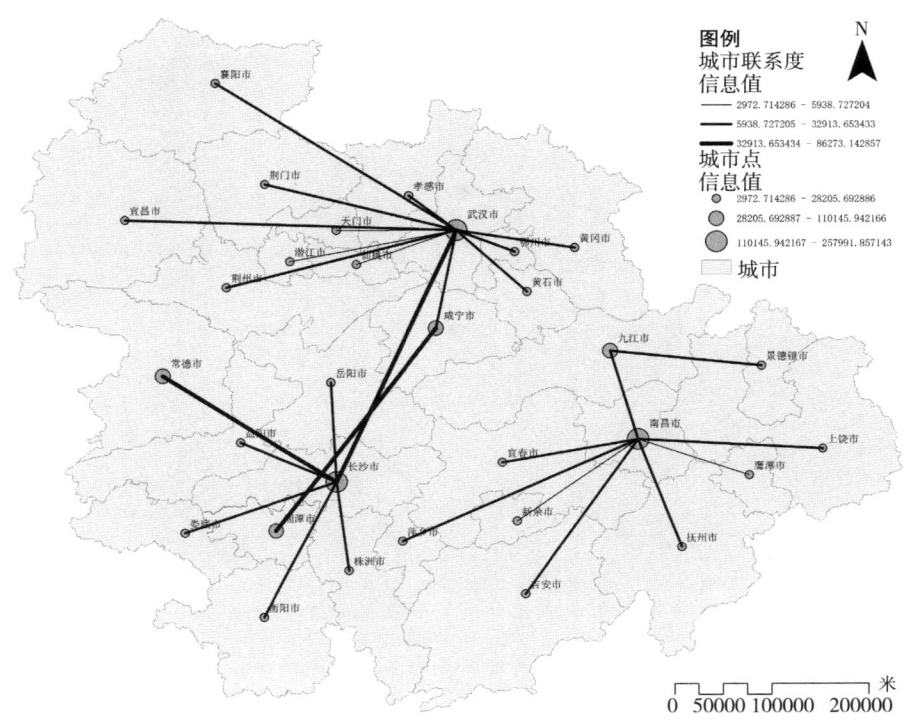

图 5 长江中游城市群最大优势流

3.2.2 第二优势流之区域城市网络空间结构

第二大优势流中的主导型城市有：长沙、武汉、黄石；次级主导型城市有：南昌、宜昌、湘潭、株洲、荆州、吉安；其余城市则均为从属性城市（图6）。其中，长沙信息汇聚量最大，是第二大优势流中信息流强度最大、极化作用最强的城市，形成了一个信息流吸引力较强的极化城市节点。同时还可发现第二大优势流跨省流动的现象较最大优势流明显，但仍以省内流动为主（特别是江西省）。信息流流向为：较大规模城市与省会城市之间的信息流动、较小规模城市信息流流向规模较大城市。其主要特征为：城市群区域空间关系呈现出多组团化的特征，各城市的第二大优势流以城市群区域次级主导城市为中心，向区域其他城市辐射。

3.2.3 第三优势流之区域城市网络空间结构

相对于第三大优势流，其主导型城市有武汉、长沙、益阳与仙桃；南昌、宜昌、荆州、荆门、黄石、株洲、湘潭、衡阳、九江为次级主导型城市；其余城市为从属性城市。城市间信息流跨省流动现象增多（图7）。次级主导型城市的数量与规模较之最大优势流和第二大优势流的次级主导型城市更突显。区域整体空间分布虽呈现出次级节点城市数量增加，但形成了较为松散的空间结构形态，跨省的信息联系强度仍然较低。

3.2.4 前三等级优势流之区域城市网络空间结构

基于前三等级优势流的信息值，进行空间分析可得：长江中游城市群的城市网络空间结构以武汉城市圈、环长株潭城市群、环鄱阳湖城市群为主体的多中心的空间形态，以武汉、长沙、

长江经济带城镇化创新
URBANIZATION INNOVATION OF YANGTZE RIVER ECONOMIC BELT

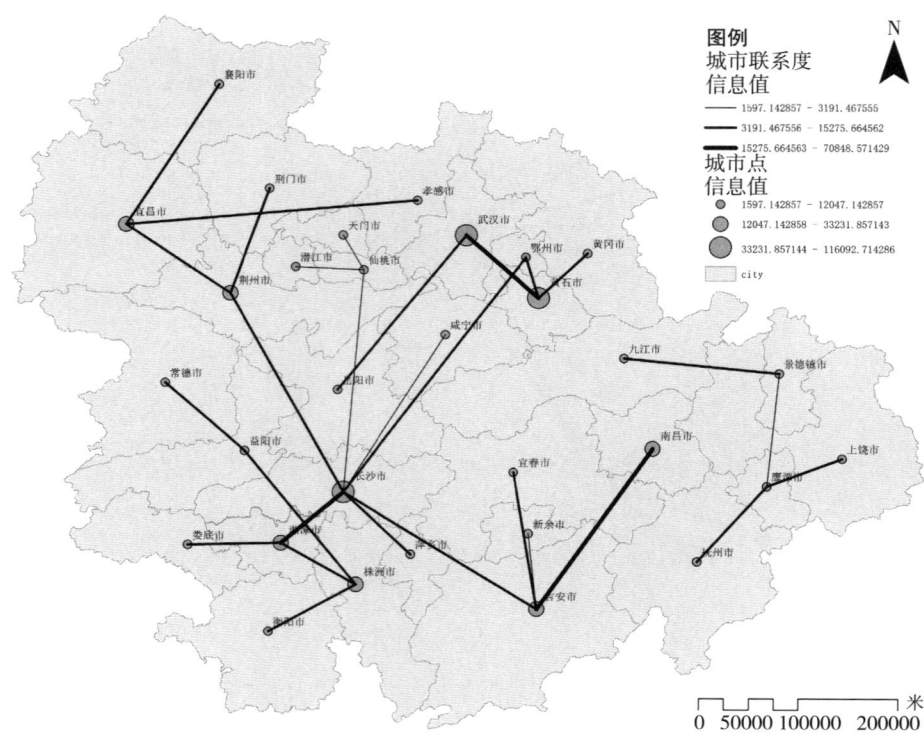

图 6 长江中游城市群第二大优势流

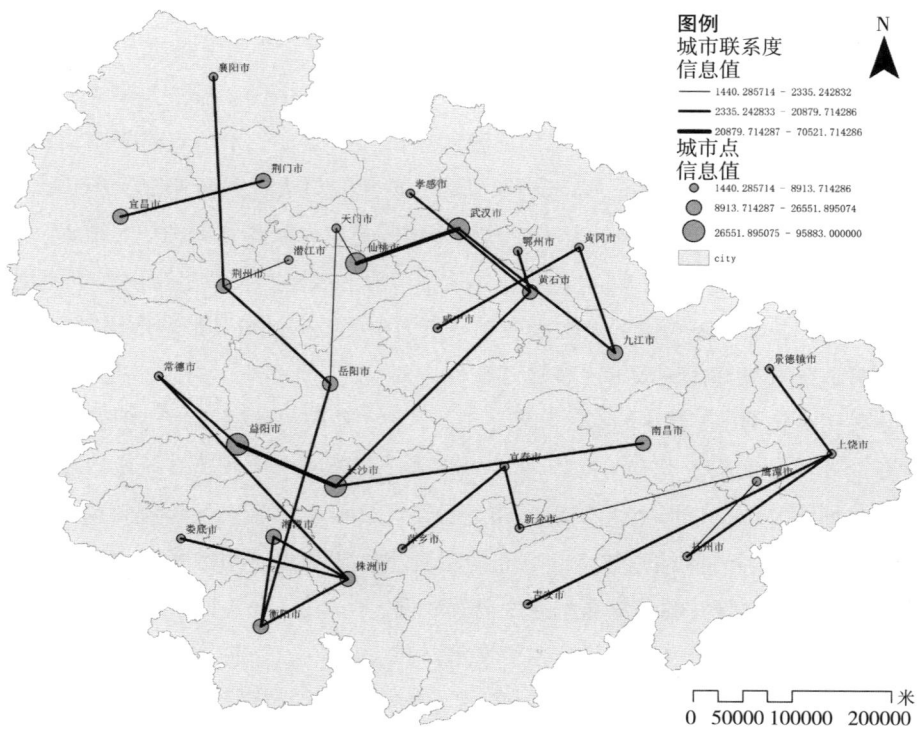

图 7 长江中游城市群第三大优势流

南昌为区域性主导型城市，中心城市极化现象较为明显，辐射带动能力不强。子城市群间的跨省信息联系强度较弱，特别是环鄱阳湖城市群与其他两个城市群的信息联系；区域协作水平较低，一体化现象不明显，城市群一体化发展机制还有待完善。而环长株潭城市群的区域一体化水平较之武汉城市圈与环鄱阳湖城市群更优。

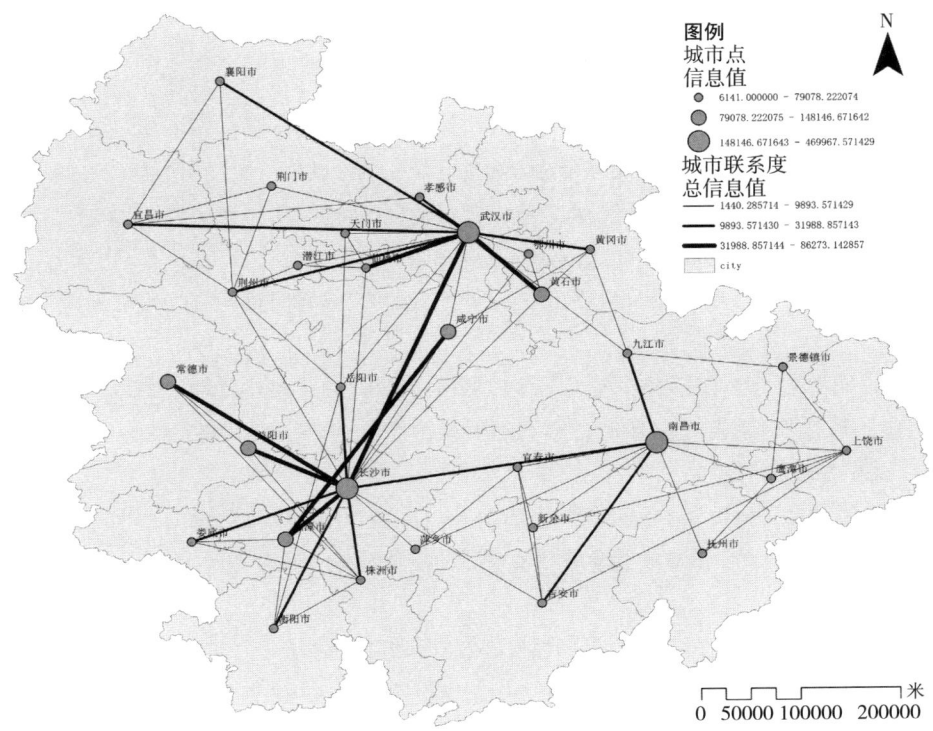

图8 长江中游城市群前三等级优势流

4 结论与讨论

在"长江经济带"全面加快发展的背景下，基于"58同城网"信息流这一新的视角研究长江中游城市群区域空间层级关系，对深入认识长江中游城市群的空间结构是有一定的指导意义。研究发现：①长江中游城市群呈现出明显的空间层级特征，以武汉、长沙、南昌为主导型城市，宜昌、株洲、湘潭为区域次级主导型城市，呈现"多中心"的空间结构特征；并形成三个较为明显的信息交流组团，即武汉城市圈、环长株潭城市群、环鄱阳湖城市群，但无明显的区域次级信息流组团。②长江中游城市群一体化发展机制还有待完善，中心城市辐射带动能力不强。武汉、长沙信息汇聚量大，信息流空间极化现象明显。区域最大优势流基本主要局限于省际范围内，形成了以各省会城市为核心的子城市群，且各成体系，没有形成联系。③省级行政区划限制对流空间的空间格局影响严重，导致跨省城市间的联系强度较弱，区域协作关系不强。区域信息空间格局并没有完全脱离地理空间的制约，对地域因素有一定依赖性。④区域空间关系呈现出多组团化的特征，各城市的第二大信息流以次级主导城市为中心，并向区域其他城市辐射。信息流空间是现实空间的映射和延伸，通过信息流来研究城市群空间关系，能实时、直观地反映信息化时代长江中游城市群的空间层级关系、城市网络特征和空间格局变化。同时对推进长江中游城市群发展、加强区域协作对接以及打破行政区划限制、加快跨区域资源要素整合、增强中心城市辐射带动功能等具有重要指导作用。

参考文献

[1] 李玉江. 城市群形成动力机制及综合竞争力提升研究 [M]. 北京：科学出版社，2009.
[2] 张敏，顾朝林. 近期中国省际经济社会要素流动的空间特征 [J]. 地理研究，2002，3：313–323.
[3] M Castells. The information city[M]. Oxford：Basil Blackwell，1989.
[4] 沈丽珍，甄峰，席广亮. 解析信息社会流动空间的概念、属性与特征 [J]. 人文地理，2012，4：14–18.
[5] 沈丽珍，顾朝林. 区域流动空间整合与全球城市网络构建 [J]. 地理科学，2009，6：787–793.
[6] 沈丽珍，罗震东，陈浩. 区域流动空间的关系测度与整合——以湖北省为例 [J]. 城市问题，2011，12：30–35.
[7] 沈丽珍，顾朝林，甄锋. 流动空间结构模式研究 [J]. 城市规划学刊，2010，5：26–32.
[8] 高鑫，修春亮，魏冶. 城市地理学的"流空间"视角及其中国化研究 [J]. 人文地理，2012，4：32–36，160.
[9] 董超. "流空间"的地理学属性及其区域发展效应分析 [J]. 地域研究与开发，2012，2：5–8，14.
[10] 甄峰，王波，陈映雪. 基于网络社会空间的中国城市网络特征——以新浪微博为例 [J]. 地理学报，2012，8：1031–1043.
[11] 刘卫东. 论我国互联网的发展及其潜在空间影响 [J]. 地理研究，2002，3：347–356.
[12] 汪明峰，宁越敏. 互联网与中国信息网络城市的崛起 [J]. 地理学报，2004，3：446–454.
[13] 董超，修春亮，魏冶. 基于通信流的吉林省流空间网络格局 [J]. 地理学报，2014，4：510–519.
[14] 熊丽芳，甄峰，席广亮 等. 我国三大经济区城市网络变化特征——基于百度信息流的实证研究 [J]. 热带地理，2014，1：34–43.
[15] 甄峰. 信息技术作用影响下的区域空间重构及发展模式研究 [D]. 南京大学，2001.
[16] Wheeler JO, Mitchelson RL. Information Flows Among Major Metropolitan Areas in the United States[J]. Annals of the Association of American Geographers，1989，79（4）：523–543.
[17] 宋伟，李秀伟，修春亮. 基于航空客流的中国城市层级结构分析 [J]. 地理研究，2008，4：917–926.

周婕：武汉大学城市设计学院
胡健：武汉大学城市设计学院 1144310481@qq.com
谢波：武汉大学城市设计学院

基于区位熵的鄂西圈旅游产业集聚度研究

李军　吕庆海

摘　要：鄂西圈经过八年的发展，逐步成为国内知名旅游目的地，应用区位熵模型对鄂西圈八市（州、林区）的现状旅游产业集聚度进行了定量分析，结果表明：2008—2015年，神农架、恩施、十堰、随州四市（州、林区）旅游产业集聚度和专业化水平较高，且逐年增强；而宜昌、荆州、荆门、襄阳四市旅游产业集聚度较低。旅游产业的集聚度水平与经济规模没有明显的正相关。基于区位熵视角，提出鄂西圈旅游产业集聚度提升策略。

关键词：区位熵，旅游产业集聚度，鄂西圈

Research on Concentrative Degree of Tourism Industry on perspective of Location Quotient in the Eco-cultural Tourism Circle of Western Hubei Province

Abstract: In the past eight years, the eco-cultural tourism circle of western Hubei province has developed into a well-known tourism spot inland. This paper is to apply Location Quotient model on the quantitative analysis of concentrative degrees of tourism industrial cluster in eight city (State, and forest) within eco-cultural tourism circle in Western Hubei province. It is shown that: from 2008 to 2015, in Shennongjia, Enshi, Shiyan and Suizhou, concentrative degrees of tourism industrial cluster and level of specialization are relatively higher, and are yearly enhanced; nevertheless, such degrees and level of Yichang, Jingzhou, Jingmen and Xiangyang are lower accordingly. Tourism industry concentration level is not significantly and positively correlated with the economic size. Based on the location quotient perspective, strategies of development on tourism industrial cluster are raised in the eco-cultural tourism circle of western Hubei province.

Keywords: Location Quotient, Tourism Industrial Agglomeration, Eco-cultural Tourism Circle of Western Hubei Province

1 引言

2015年中国国内旅游突破40亿人次，旅游收入过4万亿元人民币，国内旅游、出境旅游人次和国内旅游消费、境外旅游消费均列世界第一。世界旅游业理事会（WTTC）测算表明，到2015年中国旅游产业对GDP综合贡献为10.1%，已成为带动我国整体经济发展的重要产业部门，是国民经济主要增长点之一。2008年湖北省委省政府提出构建"鄂西生态文化旅游圈"（包含有襄阳、荆州、宜昌、十堰、荆门、随州、恩施、神农架等8个市、州、林区，后简称"鄂西圈"），并逐步打造成为国内知名旅游目的地。"鄂西圈"在其龙头作用带动鄂西地区经济和中部旅游业的整体发展的同时，也暴露出各市之间旅游产业发展不平衡。为了厘清该地区旅游产业比较优势，拟对该地区旅游产业集聚度量化研究，并提出针对性的提升策略，促进各市之间旅游产业的错位发展和区域协调，希望为该地区旅游产业的持续健康发展提供依据。

2 相关文献研究

2.1 旅游产业集聚研究

产业集聚现象在世界范围内普遍存在，英国经济学家Marshall提出空间外部性概念以来，经济学和地理学从不同角度开始了产业集聚的研究[1]。美国区域经济学家Hoover提出了个体区位单位的规模经济、单个公司的规模经济和产业区位集聚体三个不同层次的规模经济[2]。20世纪80年代，欧美国家发展出一大批产业集聚区，经济学家利用产业集聚理论研究当时生产空间的组织变化。20世纪90年代以来，经济学家重点研究产业集聚中的技术进步与经济增长，Krugman应用不完全竞争经济学、递增收益、路径依赖和积累因果关系以产业空间集聚的动因做出了相应解释[3]。Michael Porter提出了"钻石"模型和"产业群"概念，强调了产业集聚对一定地区国际竞争力的重要性[4]。针对旅游产业集聚的研究以案例形式较多，国际集群协会（The Cluster Consortium）最早运用产业集聚理论分析了南非卡雅丽莎、鱼之河峡谷、奥利凡茨河谷、马格雷斯堡四个区域的旅游产业集聚现象[5]。Weiermair和Steinhauser在研究奥地利的旅游业时，发现游客需求的多样促使了"山地康体运动"旅游集群的产生[6]。Jackson年提出，"钻石"模型的区域旅游集群是中国培养区域旅游竞争优势的方法[7]。Novelli对英国健康生活方式旅游集群（The UK Healthy Lifestyle Tourism Cluster, HLTC）机构促进中小旅游企业间合作，产生网络集群这一过程进行了分析[8]。国内的产业集聚研究开始于20世纪90年代初，地理学界借鉴西方产业集聚理论研究了长三角、珠三角等区域产业集聚实例，提出产业空间构建和优化模式。近年来，国内学者对旅游产业集聚的研究也有所增加，尹贻梅、麻学锋、王兆峰等分别对旅游产业集聚的界定、形成条件和产生机制、旅游产业集群的结构、类型和竞争优势等方面进行了研究[9-11]。

2.2 鄂西圈旅游产业研究

2008年鄂西圈的构建改变了彼此独立、相互竞争的旅游旧景，旅游产业的发展也得到国内经济学、地理学和城乡规划学的更多关注，谢亚平则以兴山县和巴东县为例，研究了鄂西圈内部区域旅游发展空间，提出昭君文化、纤夫文化的文化发展策略[12]。郭清霞对鄂西圈导入发展社区生态旅游做了相关分析，总结了社区生态旅游发展实践的基本模式，提出了鄂西圈社区生态旅游发展的相关对策[13]。马勇以空间维视角为切入点，依据鄂西圈旅游资源赋存情况、旅游交通发展状况及旅游地的功能等条件，构建"三心、三轴、三圈"的旅游整体布局[14]。郭清霞对鄂西生态文化旅游圈的生态价值、生态潜能，以及所蕴藏的旅游价值进行了分析评价，并就提升竞争力提出了建议与对策[15]。严丽从旅游扶贫的视角，讨论了旅游产业对鄂西乡村经济发展的意义，提出实现旅游脱贫的创新策略[16]。刘畅以鄂西圈为例，分析了旅游规划对区域旅游产业整合和旅游竞争力的提升作用[17]。

2.3 研究述评

国内外学者对旅游产业集聚的研究主要侧重于旅游产业集聚效应的综合优势，将产业集聚作为区域旅游经济发展的路径，对产业集群内部子成员间的竞合关系研究较少。针对鄂西圈的实证研究较多关注于生态文化等资源本底条件。本文立足于鄂西圈内部各市的旅游产业比较优势，对鄂西圈旅游产业发展进行现状评估和提升研究。

3 基于区位熵的旅游产业集聚度研究方法

旅游产业是由可直接接受旅游消费的五大行业即旅游引领接待服务业（旅行社及导游公司等实体从事的行业）、旅游客运接待服务业（水路、公路、铁路及航空客运公司等实体从事的行业）、旅游布景接待服务业（经营管理各风景点的旅游公司从事的行业）、旅游食宿接待服务业（旅馆、宾馆、酒店及饭店等实体从事的行业）和其他接待服务业（能直接服务于旅游的金融、电信、商贸等实体从事的行业）联合形成的第三产业中的一个子产业[18]。从理论上讲，旅游收入是旅游产业各行业取得的涉及旅游的收入之和。因此，旅游收入水平能够代表该区域旅游产业的规模水平。对于旅游产业集聚度的研究，多采用区位熵的研究方法。区位熵（Location Quotient，LQ），又称专门化率或地方专业化指数，该方法适宜于分析城市在不同区域层次中的职能特点和地位，适宜对同一区域内不同城市进行职能结构的对比研究。在衡量区域优势产业上排除了区域规模的差异因素，能真实地代表一个区域的优势、劣势产业及其变动趋势，从而对产业结构、产业布局和区域经济发展做出评价和政策建议，对未来优势产业的规划具有一定指导意义[19]。区位熵计算公式为：

$$LQ = \frac{q_i / \sum_{i=1}^{n} q_i}{Q_i / \sum_{i=1}^{n} Q_i}$$

式中：LQ——城市 i 部门对于高层次地区的区位熵；

q_i——城市 i 部门的有关指标（如从业人数、产值等）；

Q_i——高层次部门的相关指标；

n——部门数量。

本文的研究假设是，若某个城市的旅游收入占第三产业的增加值的比重高于全国或省旅游收入占第三产业增加值的比重，即旅游区位熵大于1，则说明它的旅游产业集聚度较高，旅游产业竞争力较强；相反，若某个城市的旅游收入占第三产业的增加值的比重低于全国或省旅游收入占第三产业增加值的比重，即旅游区位熵小于1，则说明它的旅游产业集聚度较低，旅游产业竞争力较弱。为突出旅游产业对地区第三产业的拉动作用，本文中城市旅游区位熵计算，是通过某城市旅游收入与该城市第三产业增加值的比值除以更高层次地区旅游收入与第三产业增加值的比值。

4 鄂西圈旅游产业集聚度研究

4.1 鄂西圈区域概况

鄂西圈位于长江经济带中游城市群，西与上游成渝经济区重庆市相接，东与武汉市联系紧密，北接河南省，南连湖南省。（见图1、图2）2014年底该区域常住人口为2728.9万人，面积127878平方公里，分别占全省的46.98%和68.77%。鄂西圈是长江经济带中游重要的生态文化资源禀赋区，包含有2个世界级文化遗产（武当山古建筑群、钟祥明显陵）、4个国家级风景名胜区（武当山风景名胜区、神农架风景名胜区、隆中风景名胜区、九宫山风景名胜区）、9个国家自然保护区、35个国家非物质文化遗产以及3个国家级地质公园和多种自然生态群落，汇集了人类起源地的古老文明，楚文化、三国文化、巴土文化等众多的优秀文明，依旧保留着大量土家族、苗族等少数民族习俗和文化，具有依托生态文化旅游资源发展旅游业的

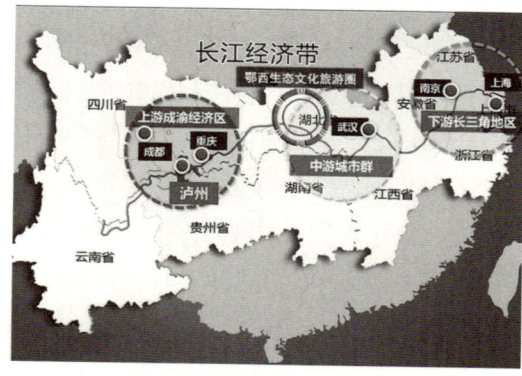

图1 鄂西圈在长江经济带区位

资料来源：在长江经济带战略位置图基础上绘制.

图2 鄂西圈各市成员构成

资料来源：在湖北省地图基础上绘制.

后发优势。(见表1)从2008年起,鄂西圈先后建成十堰至宜昌铁路工程、神农架机场、武当山旅游扩复建工程、清江画廊整体开发项目、神农架生态保护与利用景观建设工程等十余个重点工程,区域交通联系得到加强、旅游服务设施逐渐完善、旅游产品质量提升,新增五A景区6个(武当山景区、神农架景区、三峡人家景区、神农溪景区、恩施大峡谷、长阳清江画廊),投资过亿元的文化旅游市场主体数超过100家,人均GDP世界排名较2008年上升25位。(见表2)

鄂西圈各市(州、林区)旅游资源表概况表　　　　表1

行政区域	旅游资源类型	名称
宜昌	自然旅游资源	长江三峡、清江画廊、柴埠溪、九畹溪、三峡人家、晓峰、后河、车溪、青龙峡、鸣凤山、大老岭、灵龙峡、武落钟离山
宜昌	人文旅游资源	三峡大坝、屈原故里、昭君故里、当阳关陵、玉泉寺、屈原传说、王昭君传说、都镇湾故事、宜昌堂调、沮水呜音(远安县)、薅草锣鼓(宜昌)、长阳山歌、长江峡江号子(宜昌)、兴山围鼓、五峰土家族告祖礼仪、土家族撒叶儿嗬(五峰县)、五峰打溜子、嫘祖庙会、远安花鼓戏、南曲、枝江楠管
恩施	自然旅游资源	恩施大峡谷、腾龙洞、齐岳山、大水井、水杉王、野三河、屏山
恩施	人文旅游资源	鱼木寨、坪坝营、梭布亚、彭家寨、仙佛寺、舍米湖摆手堂、容美土司遗址、燕子坡立谷、满山红纪念园、土家族摆手舞、薅草锣鼓(宣恩县)、喜花鼓(建始县)、利川灯歌(利川市)、建始丝弦锣鼓、长江峡江号子(巴东县)、鹤峰围鼓、土家族撒叶儿嗬(巴东县)、建始闹灵歌、耍耍(宣恩县、恩施市)、地盘子、宣恩土家族八宝铜铃舞、肉连响、地龙灯、傩戏、南剧、恩施灯戏、鹤峰柳子戏、巴东堂戏、恩施扬琴、利川小曲、满堂音、恩施社节、西兰卡普
神农架	自然旅游资源	大九湖、神农顶
神农架	人文旅游资源	黑暗传说、尹吉甫传说、薅草锣鼓、炎帝神农传说、野人传说
随州	自然旅游资源	大洪山、徐家河
随州	人文旅游资源	炎帝神农故里、曾侯乙墓编钟、炎帝神农传说(随州)、随州花鼓戏、打锣鼓
襄阳	自然旅游资源	鹿门山、薤山
襄阳	人文旅游资源	古隆中、襄阳古城、米公祠、习家池、南漳古民居群、黑暗传(保康县)、沮水呜音(保康县、南漳县)、薅草锣鼓(南漳县)、老河口丝弦、端公舞、老河口木版年画、襄阳花鼓戏、赶象、宜城兰花筒、吕家河民歌
十堰	自然旅游资源	武当山
十堰	人文旅游资源	丹江口水库、桃花源、郧县恐龙蛋化石群遗址、牌子锣、郧阳凤凰灯、南剧、山二黄、武当山道教医药、武当山庙会
荆门	自然旅游资源	大洪山、漳河
荆门	人文旅游资源	明显陵、屈家岭、郭店竹简、梁山调
荆州	自然旅游资源	洪湖湿地、乌林温泉
荆州	人文旅游资源	荆州古城、楚纪南城遗址、熊家冢楚墓、张居正故居及墓园、荆州关帝庙、荆州博物馆、瞿家湾、周老嘴、马山民歌、啰啰咚、挑担围鼓、松滋滚灯舞、荆河戏、说鼓子、石首跳三鼓、枝江楠管

数据来源:《鄂西生态文化旅游圈总体规划(2009-2020)》.

鄂西圈 2008-2011 年主要经济增长情况（单位：%） 表2

指标名称	3年来累计增长	3年来年平均递增
地区生产总值	79.32	21.49
四A景区保有量	60.87	17.17
五A景区保有量	500	81.71
旅游从业人员	45.38	13.29
投资过亿元的市场主体	296	58.21
三星酒店保有量	42.59	12.56
四星酒店保有量	77.27	21.03
旅游人次	112.5	28.56
旅游总收入	152.52	36.18
旅游总收入占GDP比重	7.51	2.5
森林覆盖率	1.15	0.38
交通公路总里程	12.98	4.15
高速公路里程	46.95	13.69

资料来源：湖北省鄂西生态文化旅游圈领导小组办公室．

4.2 鄂西圈旅游产业集聚度测算

本文选取的鄂西圈八市（州、林区）旅游收入包括国内旅游收入和国际外汇旅游收入。2008-2014年鄂西圈八市（州、林区）旅游收入、第三产业增加值等数据来自于湖北省统计局官方网站中的各市（州、林区）国民经济和社会发展统计公报；2008-2014年湖北省和全国的旅游收入、第三产业数据来自于国家统计局网站（见表3、表4）。2008-2014年美元兑人民币汇率分别取年终汇率：6.83、6.83、6.62、6.30、6.29、6.10、6.12。为了对鄂西圈八市（州、林区）准确比较和定位，本文计算了鄂西圈八市（州、林区）全国范围的区位熵和省域范围的区位熵（见表5、表6）。

2008—2014 年鄂西圈旅游收入汇总表（单位：亿元） 表3

	2008年	2009年	2010年	2011年	2012年	2013年	2014年
宜昌	65.09	78.5	104.04	141.16	200.38	260.12	336.17
十堰	41.8	62.3	89.3	119.3	161.2	202	242.7
襄阳	46.95	61.1	86.17	116.05	150.7	180.9	221.4
恩施	24.03	29	50.62	86.45	119.55	126.63	200.01
荆州	31.11	34.86	51.19	69.8	91	110.94	137.72
荆门	21.49	30.28	40.22	52.79	75.33	90.61	107.84
随州	18.36	25.67	37.03	52.31	73.95	90.4	97.1
神农架	2.7562	5.5014	7.502	9.954	14.008	18.6466	25.1689
湖北省	743.6186	1004.463	1459.13	1991.02	2629.219	3204.489	3751.807
全国	11535.64	12895.51	15611.96	22361.5	25851	29429.7	33794.28

数据来源：湖北省统计局官方网站中的各市（州、林区）国民经济和社会发展统计公报；国家统计局网站．

2008—2014 年鄂西圈第三产业增加值汇总表（单位：亿元）　　　　表 4

	2008 年	2009 年	2010 年	2011 年	2012 年	2013 年	2014 年
宜昌	338.21	408.96	480.7	604.64	690.61	788.35	923.09
十堰	204.9	229.7	256.9	302.5	344.3	390.6	439.5
襄阳	375.94	425.48	505.4	623.57	716.70	816.10	923.00
恩施	96.7	119.2	142.56	166.77	192.86	167.02	251.34
荆州	224.95	249.06	280.7	329.14	380.68	419.64	473.91
荆门	184.4	206.41	231.84	281.66	319.02	360.783	406.28
随州	102.51	118.85	133.43	170.41	191.85	216.89	242.80
神农架	3.5927	4.1137	6.0229	7.0331	8.0859	9.1357	10.1784
湖北省	4586.77	5006.2	5894.44	7206.13	8210.94	9398.77	11349.93
全国	131339.99	148038.04	173595.98	205205.02	231934.48	262203.79	306739

数据来源：湖北省统计局官方网站中的各市（州、林区）国民经济和社会发展统计公报；国家统计局网站.

2008—2014 年鄂西圈全国区位熵变化表　　　　表 5

	2008 年	2009 年	2010 年	2011 年	2012 年	2013 年	2014 年
宜昌	2.19	2.20	2.41	2.14	2.60	2.94	3.31
十堰	2.32	3.11	3.87	3.62	4.20	4.61	5.01
襄阳	1.42	1.65	1.90	1.71	1.89	1.97	2.18
恩施	2.83	2.79	3.95	4.76	5.56	6.75	7.22
荆州	1.57	1.61	2.03	1.95	2.14	2.36	2.64
荆门	1.33	1.68	1.93	1.72	2.12	2.24	2.41
随州	2.04	2.48	3.09	2.82	3.46	3.71	3.63
神农架	8.73	15.35	13.85	12.99	15.54	18.18	22.44

2008—2014 年鄂西圈全省区位熵变化表　　　　表 6

	2008 年	2009 年	2010 年	2011 年	2012 年	2013 年	2014 年
宜昌	1.19	0.96	0.87	0.84	0.91	0.97	1.10
十堰	1.26	1.35	1.40	1.43	1.46	1.52	1.67
襄阳	0.77	0.72	0.69	0.67	0.66	0.65	0.73
恩施	1.53	1.21	1.43	1.88	1.94	2.22	2.41
荆州	0.85	0.70	0.74	0.77	0.75	0.78	0.88
荆门	0.72	0.73	0.70	0.68	0.74	0.74	0.80
随州	1.10	1.08	1.12	1.11	1.20	1.22	1.21
神农架	4.73	6.67	5.03	5.12	5.41	5.99	7.48

5 鄂西圈八市（州、林区）旅游产业集聚度分析

5.1 鄂西圈整体在全国范围旅游产业比较优势明显

2008—2014 年鄂西圈八市（州、林区）全国区位熵均大于 1，而且呈现出逐年上升的趋势。这表明 2008—2014 年该区域旅游收入占第三产业增加值的比重普遍高于全国水平，鄂西圈八市（州、林区）旅游发展速度和产业专业化程度均高于全国平均水平，具有发展旅游产业的优势。到 2014 年鄂西圈八市（州、林区）区位熵均达 2 以上，说明该区域旅游产业比较优势愈发明显。

5.2 鄂西圈各市（州、林区）间的旅游产业集聚度存在差距

由表 5、表 6 可以看出，鄂西圈八市（州、林区）的旅游产业区位熵差异明显，旅游产业集聚度水平参差不齐。2014 年鄂西圈八市（州、林区）中区位熵从高至低排名依此为神农架、恩施、十堰、随州、宜昌、荆州、荆门、襄阳。神农架全国区位熵、全省区位熵分别是 22.44、7.48，大幅高于其他地区，而襄阳全国区位熵、全省区位熵分别只有 2.18、0.73，神农架的区位熵值是襄阳的 10 倍。这说明鄂西圈各市（州、林区）旅游潜力没能完全发挥，尤其是襄阳和荆州，城市历史悠久，地区人文旅游资源丰富，但在 2008-2014 年间旅游产业发展提速不明显，具有进一步发展的空间。

5.3 鄂西圈各市（州、林区）旅游产业集聚度水平呈两极发展

宜昌、荆州、荆门、襄阳四市 2008-2014 年省区位熵基本小于 1，且无明显的增长趋势，表明这四市的旅游产业专业化程度和集聚度不高，旅游产业产值大、占三产的比重低，城市发展应全面考虑地区产业基础和产业发展环境，以发展成为区域综合性城市作为发展目标。神农架、恩施、十堰、随州四市（州、林区）2008-2014 年省区位熵均大于 1，且呈现出逐年上升的趋势，表明旅游产业专业化程度和集聚度逐步增强，具有发展成区域旅游城市的潜力和趋势，可进一步培育成为鄂西圈发展核心，带动区域旅游产业的整体发展。

5.4 鄂西圈各市（州、林区）旅游产业集聚度与整体经济实力无明显相关性

由表 3、表 4 可以看出，2008-2014 年神农架第三产业增加值在鄂西圈中的排名均为第八，可以看出神农架的整体经济实力最弱，但对比表 5、表 6 发现，其旅游产业集聚度最高。2014 年襄阳第三产业增加值排名第二，GDP 总量以 3129.3 亿元排名全省第三名，旅游产业集聚度却排名第八。2014 年宜昌第三产业增加值全省排名第一，GDP 总量以 3132.21 亿元全省排名第二名，旅游产业集聚度却排名第五。宜昌、襄阳作为湖北省仅有的两个省域副中心城市，其经济整体实力仅次于省会城市武汉，在鄂西圈中的整体经济实力靠前，但旅游产业集聚度却较弱。这说明旅游产业集聚度和整体经济实力没有明显的正相关性，鄂西圈各市（州、林区）旅游产业的发展不过分依赖城市整体经济实力，旅游产业可以作为一个相对独立的产业支撑

城市健康持续发展，即使是整体经济实力较弱的城市，也可以通过科学的规划和合理利用旅游资源发展成为旅游城市。

6 鄂西圈八市（州、林区）旅游产业提升策略

6.1 坚持生态优先、绿色发展，大力保护区域生态环境

独特的原生态自然文化资源是鄂西圈旅游产业持续发展的基础和优势，鄂西圈内现有多个国家级风景名胜区、自然保护区、地质公园和多种自然生态群落，是集炎帝神农文化、楚文化、三国文化、土苗民俗文化、宗教文化和现代科技文化等为一体的"特色文化圈"。旅游产业竞争力的持久，应坚持生态优先、绿色发展的基本原则，在不破坏原有生态环境和文化资源的基础上进行适度开发，保护好原住民的生活环境和生活方式，将原生态的自然山水景观和区域特色文化展现给游客。

6.2 创新开发旅游产品体系，驱动旅游产业转型升级

旅游竞争力的提高不仅要依靠旅游核心资源，还需要创新开发旅游产品体系，发展旅游相关产业予以配合。因此要从产业结构的角度出发，完善旅游产业结构，以旅游资源为核心层，通过产业集聚效应，形成完整的旅游产业链，带动产业升级。鄂西圈旅游产品的开发应着眼于其独特的自然资源和人文资源，以创新精神深度挖掘旅游文化资源内涵，展现地方文化特点，创新旅游产品体系，丰富游客体验。开发以消费者为主体，涉及吃、住、行、游、购、娱，集自然风光、休闲度假、运动休闲、保健养生、生态探险、科普教育等综合性旅游产品体系（图3）。

6.3 加快构建综合立体交通走廊，实现鄂西圈全方位开放格局

交通便利是旅游发展的加速器，综合立体交通走廊建设对鄂西圈旅游产业竞争力的提升具有重要意义。以内联外通思路，加快鄂西圈铁路、公路、水路、航空交通的综合发展，一方面大力发展鄂西圈内部高速铁路和公路，形成快速便捷、区域一体化的交通网络，消除地区壁垒，实现真正意义上的互联互通互惠；另一方面，加强鄂西圈对外联系水平，外推鄂西圈旅游品牌，发挥长江黄金水道作用，以长江经济带中部生态文化旅游核心地位，吸引中部省市的客源市场，远期规划旅游航空港吸引、日本、韩国、东南亚等国潜在客源。

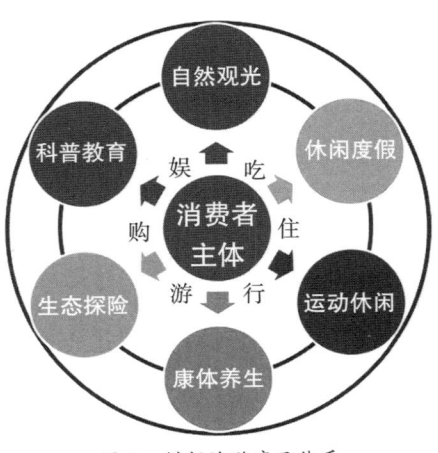

图3 创新旅游产品体系
资料来源：作者自绘.

6.4 协调区域旅游产业发展，打造世界级旅游产业集群

针对鄂西圈内城市旅游产业集聚度与城市整体经济实力关联性弱，旅游产业集聚并未切实转换成经济发展动力这一现象，在产业发展定位中应看到差异避免同质化发展，协调规划好各城市的主导产业链模块和空间发展职能，形成世界级旅游产业集群，以期将鄂西圈打造成国内乃至全世界的生态文化旅游圣地。可重点培育神农架、十堰、恩施等生态文化旅游资源高地，充分发挥旅游产业集聚度高优势，加强旅游目的地建设和重点景区建设，发展成为国内首屈一指的生态文化旅游城市；以宜昌、襄阳为首的城市，在加大开发已有生态文化旅游资源的同时，应充分发挥经济规模优势，依托先进制造业和生产性服务业发展旅游产品生产、旅游集散、旅游传媒等相关行业，提高旅游产业在第三产业中的比重。

参考文献

[1] 韩峰，柯善咨. 追踪我国制造业集聚的空间来源：基于马歇尔外部性与新经济地理的综合视角 [J]. 管理世界，2012，10:55-70.

[2] 周兵. 基于产业集群的区域经济增长研究 [D]. 重庆大学，2004.

[3] （美）克鲁格曼，蔡荣. 发展、地理学与经济理论——国际经济学译丛 [M]. 北京大学出版社，2000.

[4] 李春梅，李荣华. 基于钻石模型的产业集群发展路径分析 [J]. 商业经济研究，2009，36:96-97.

[5] The Cluster Consortium.Tourism clustering activities & lessons local cluster initiative[R].The Cluster Consortium Strategy in Action Report，1999：96-108.

[6] Weiermair K，Steinhauser C.New tourism clusters in the field of sports and health，the case of Alpine Wellness[R].12th International Tourism and Leisure Symposium，Barcelona，2003：1-17.

[7] Jackson Julie.Developing regional tourism in China：The potential for activating business clusters in a socialist market economy[J].Tourism Management，2006，27（4）：695-706.

[8] Novelli M，Schmitz B，Spencer T.Networks，clusters and innovation in tourism：A UK experience ［J］. Tourism Management，2006，27（6）：1141-1152.

[9] 尹贻梅，刘志高. 旅游企业集群：提升目的地竞争力新的战略模式 [J]. 福建论坛·人文社会科学学报，2004，8：22-25.

[10] 麻学锋，张世兵，龙茂兴. 旅游产业融合路径分析 [J]. 经济地理，2010，30（4）:678-681.

[11] 王兆峰. 旅游交通对旅游产业发展影响的实证分析——以张家界为例 [J]. 财经理论与实践，2009，30（4）:112-116.

[12] 谢亚平，廖勇红. 区域旅游资源与鄂西生态文化旅游圈建设——以湖北兴山县与巴东县为例[J]. 三峡大学学报（人文社会科学版），2010，32（2）:21-24.

[13] 郭清霞，秦张平，马勇. 鄂西生态文化旅游圈社区生态旅游的开发研究 [J]. 经济地理，2010，30（9）:1569-1573.

[14] 马勇,何莲.鄂西生态文化旅游圈区域旅游发展模式的空间维解构[J].湖北大学学报（哲学社会科学版）,2010,37（5）:65-69.

[15] 郭清霞,鲁娟.鄂西生态文化旅游圈生态竞争力分析[J].经济地理,2012,1:168-170,176.

[16] 严丽,程丛喜,刘保丽.基于扶贫开发视角的特色乡村旅游发展策略研究——以湖北省为例[J].武汉轻工大学学报,2015,04:92-96.

[17] 刘畅.区域旅游规划对区域旅游竞争力影响研究——以鄂西生态文化旅游圈为例[J].江苏商论,2016,3:48-50.

[18] 郭庆广.旅游收入的实用统计方法研究[J].浙江大学学报（理学版）,2010,37（03）:354-361.

[19] 邢珏珏,李业锦,赵明.我国城市国际旅游竞争优势特征及其影响因素分析[J].经济地理,2005,05:712-715.

李军：武汉大学城市设计学院
吕庆海：武汉大学城市设计学院 2012282090101@whu.edu.cn

长江经济带发展的时空演进研究

霍伟 李超 于波 王梦然

摘 要:"点-轴"渐进开发理论暨我国国土开发的"T"型发展战略已经提出了30年的时间,30年来,长江中下游流域以其雄厚的经济实力、飞快的经济发展速度一直走在全国区域发展的前列。本文运用归纳演绎法、趋势外推法等研究方法,首先将"T"型战略中的长江沿岸经济轴与目前的长江经济带进行简单分析与对比;其次从经济发展、城镇化发展、国土开发这样几个维度试着对长江中下游流域30年来的区域发展情况进行总结与分析;再次总结出长江中下游流域现状面临的优势与劣势、机遇与挑战;最后根据对长江中下游流域区域发展的过去与现状分析,推断出长江经济带未来的发展趋势,并提出长江经济带区域发展的一些优化对策。

关键词:"T"型发展战略,长江经济带,时空演变,区域发展,优化对策

Spatial temporal evolution of regional development in the middle and lower river basin of the Yangtze River

Abstract:"Point – axis" theory of progressive development and China's land development "T" –type development strategy has been proposed for 30 years,30 years, the Yangtze River Basin with its strong economic strength, rapid economic development has been walking in the country The forefront of regional development. In this paper, using the method of inductive deduction and trend extrapolation, this paper firstly analyzes and compares the economic axis of the Yangtze River along the Yangtze River economic belt in the "T" type strategy. Secondly, from the economic development, urbanization development, And then summed up the advantages and disadvantages, opportunities and challenges facing the middle and lower reaches of the Yangtze River basin. Finally, according to the regional development of the middle and lower reaches of the Yangtze River Basin, the regional development of the middle and lower reaches of the Yangtze River Basin was analyzed. The past and present situation analysis, deduced the future development trend of the Yangtze River economic belt, and put forward the Yangtze River Economic Zone, some of the optimization of regional development countermeasures.

Keywords: "T" type Development Strategy, Yangtze River Economic Zone, Temporal and Spatial Evolution, Regional Development, Optimization Strategy

1 引言

长江流域是我国最大的流域，同时也是世界第三大流域。近年来，在长江流域范围内，沿长江两岸的 11 个省份所组成的长江经济带发展速度逐渐变快，正在逐渐成为我国最重要的经济发展走廊之一。2014 年，《国务院关于依托黄金水道推动长江经济带发展的指导意见》的发布，使得长江经济带与"一带一路"共同组成了我国国土空间开发的重要系统——"两带一路"。2016 年，《长江经济带发展规划纲要》通过，这为长江经济带带来了新的发展机遇，同时也是长江经济带发展的重要政治举措，人口与总产值均超过全国 40% 的长江经济带正在逐渐成为我国国土空间的重要脊梁。

长江经济带如此受重视一方面原因是长江丰厚的水利资源以及沿岸诸多经济发达的省（市），同时也离不开 30 余年前的一个伟大的战略构想——"T"型发展战略。事实上，长江经济带的开发序列早在 20 世纪 80 年代就已经开始，我国著名的经济地理学家、中科院院士陆大道先生在 20 世纪 80 年代提出以沿海经济带和长江沿岸经济带作为今后几十年我国国土开发与经济布局的一级轴线被国家所采纳，为长江经济带未来的发展奠定了基础（图 1）。30 年过去了，"T"型战略的"沿海经济轴"目前已经形成了我国最发达的几个省（市），并出现了我国经济最为发达的"环渤海"、"长三角"、"珠三角"等经济圈，但是长江经济带的发展并未与沿海经济轴的发展同步，目前除了"长三角"、"成渝"、"长江中游"这样几个经济发达的区域外，还有云南、贵州等少数几个经济较不发达省份（图 1）。本文从长江中下游流域区域发展的角度、从长江经济带区域发展的"前世、今生"角度出发，总结出长江经济带目前面临的优势与困境，并提出几点未来长江经济带的发展对策。

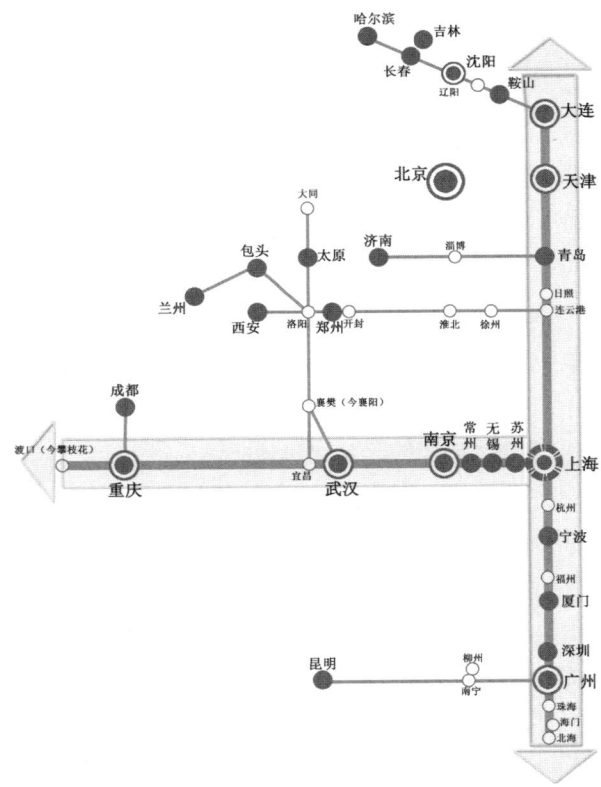

图 1 "T"型发展战略示意图

资料来源：改编自陆大道《我国区域开发的宏观战略》，地理学报，1987.6.

2 "长江沿岸经济轴"与"长江经济带"的比较分析

长江经济带是基于"T"型战略的"长江沿岸经济轴"所提出的,是"长江沿岸经济轴"的进一步深化。两者之间有较多的差异,主要从"提出的背景、覆盖的区域、主导产业、重要作用"可以看出。

2.1 提出的背景比较分析

"T"型战略提出于我国改革开放的初期,沿海地区作为我国改革开放的桥头堡,肩负着巨大的使命。在这种情况下,大量的开放政策开始涌向于沿海城市,使得沿海城市得到了迅速的发展。同时我国西北内陆地区由于刚刚经历了十年的经济下滑期,而同时又没能受得改革开放的红利,使得广大的西北内陆地区经济处于缓慢增长的状态。在这种情况下,国家的国土开发面临着艰难的选择,要么是继续将沿海地区作为国家发展的战略重点,要么是实施经济"战略转移"。陆大道院士根据当时的情况,通过实地考察与理性分析提出采用"重点开发"模式,并提出了点-轴渐进开发理论与"T"型战略,提出继续将沿海地区作为区域发展的重点,并提出新的重点发展区域,即沿长江两岸地区。30余年的实践表明,这个理论是正确的,有效带动了长江沿岸各省份的发展,并形成了"成渝"、"长江中游"、"长三角"三个经济高度集中区域。

长江经济带在近年来逐渐被受到重视,并且研究的人数逐年增多,尤其从2014年开始,无论是经济方面、社会方面,还是生态方面、文化方面,关于长江经济带的文献数量大量增加。宏观上看,长江经济带的重新提出是在我国"一带一路"开发的大背景下,发展中部以及内陆经济的重大举措,是长江沿岸地区各个省(市)30年来迅速发展的成果。长江经济带的重新被重视是众望所归的,是由我国目前的区域发展趋势发展所决定的。相比30年前"T"形战略中"长江沿岸经济轴"提出的艰难,当前长江经济带的被重视更容易被理解。

2.2 覆盖的区域比较分析

"T"型战略中的"长江沿岸经济轴"是从长江口到四川渡口市(金攀枝花市)附近,全长约3000km,按照"点-轴"渐进开发的理论,重点发展的区域应该是周围50km的范围内,即长江沿岸经济轴是长江沿岸50km范围内的区域。由于在重工业生产时代,大宗货物的运输需要丰富的水利,所以将大型工厂布局于长江沿岸50km的范围内,跟随大型工业企业发展的是城市的发展,以至于长江沿岸的大小城市数量明显多于更远的范围。相比于长江沿岸经济轴,长江经济带覆盖的区域更广,包括上海、江苏、浙江、安徽等11个省(市),面积达205万km^2,约占我国国土总面积的21.4%。更广泛的覆盖区域带来的是更大范围内利好的政策与投资环境。从这点来看,长江经济带是长江沿岸经济轴的升级与进一步提升。将沿岸的整个省(市)都包含进来,更能带动省域范围内的发展,使得区域协调发展。

2.3 带动产业的比较分析

20世纪80年代是改革开放的初始时期，产业的发展还是以重型工业为主，主要产业类型有钢铁产业、石油化工产业、化肥产业、有色冶金产业、电力、机械、轻纺等。重型工业的运输需要丰富的水利资源，作为我国第一大河流，长江的水利资源丰富，所以当时在长江沿岸经济轴两侧布局大型重工企业。长江沿岸的各大中小城市，无一不是依托长江运输而兴起的，比如依托武汉钢铁集团、武昌造船厂等发展的武汉市；依托重庆钢铁集团、三峡工程建设等发展的重庆市；依托矿产开发而兴起的攀枝花市；依托钢铁产业而发展的马鞍山市等。在信息化全面发展的当代社会，产业发展主要以轻型的、易于运输的创新型产业、科技研发型产业、商业服务产业为主。长江经济带内的各大中城市，都在积极进行产业转型，如上海市、苏州市、武汉市、重庆市、南京市、无锡市、长沙市在未来的发展方向选择上，都以现代服务业、科技研发产业、创新创业型产业作为本市的发展方向。

2.4 各自作用的比较分析

从各自发挥的作用上看，"长江沿岸经济轴"与长江经济带也是有所差异的。"T"形战略中的"长江沿岸经济轴"是在当时我国国内区域重点应该如何选择的基础上所提出的，其作用主要是有利于我国本土区域的发展。相比而言，长江经济带的提出是有很重大的战略眼光，不仅利于我国经济的发展，与丝绸之路经济带、沿海经济带共同构筑起我国通向周边国家的发展道路。从全球范围来看，长江经济带是我国联系东南亚至澳洲、东北亚至日本与北美洲、中亚至中东与非洲的重要通道。

3 长江经济带区域发展的时空分析

从"T"型发展战略的提出到当前已经过去了30余年的时间，30余年来，长江经济带方方面面都在发生着巨大的变化，本文主要将这些改变总结为三大方面，即经济发展、城镇化发展、国土开发。本文选取的范围是长江经济带所包含的11个省（市），时间为1990年到2014年，数据主要来源于各省（市）的统计年鉴。

3.1 经济由平稳增长步入快速增长

根据长江经济带11个省份1990—2014年的统计年鉴中地区生产总值的统计，发现无论是GDP随空间的变化情况，还是GDP随时间的变化情况，都增长比较快。从空间上来看，各个省（市）从1990年到2014年间25年的GDP都平稳增长，尤其是像江苏省、上海市、浙江省、湖南省、四川省、湖北省、重庆市这几个省（市），增速较其他地区快（图2）。从时间上来看，从1990年到2014年，长江经济带的GDP总量一直保持着增长的态势，内部各地区的增长态势基本与区域总量一致。可以将这种增长分为两个时期：一是从1990年到2002年的缓慢增

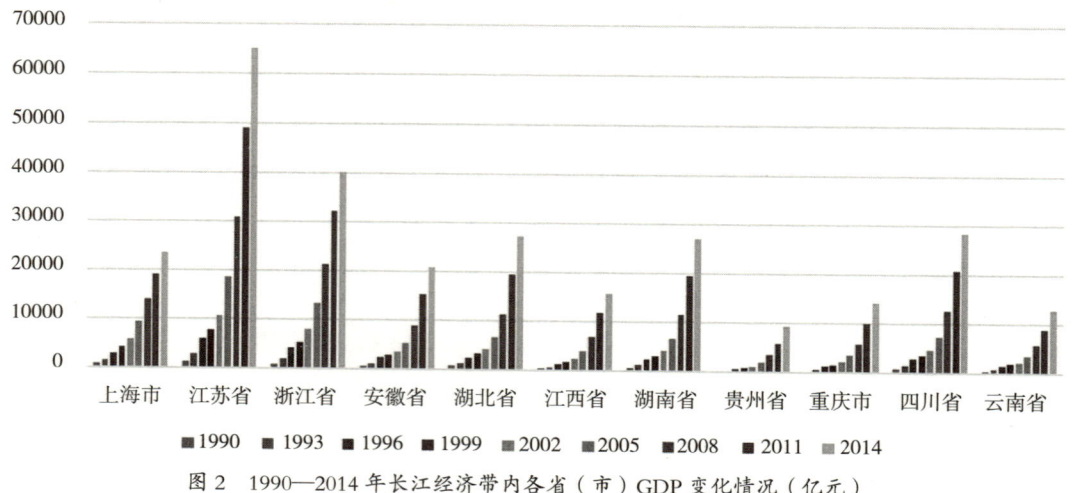

图 2 1990—2014 年长江经济带内各省（市）GDP 变化情况（亿元）
资料来源：根据长江经济带各省（市）统计年鉴自绘.

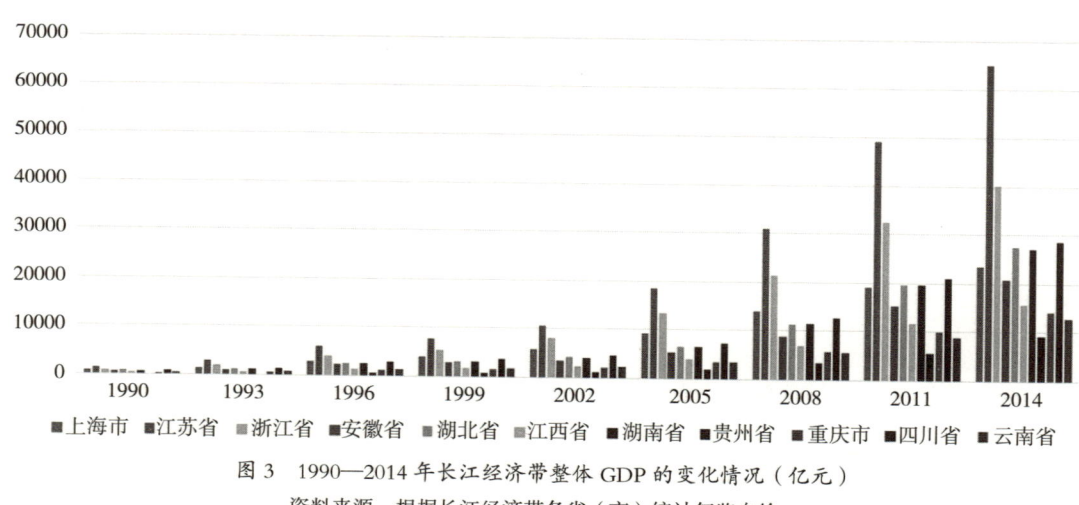

图 3 1990—2014 年长江经济带整体 GDP 的变化情况（亿元）
资料来源：根据长江经济带各省（市）统计年鉴自绘.

长时期，GDP 平稳增长，但是增速较慢；二是从 2003 年到 2014 年的快速增长时期，GDP 无论是总量，还是速度都较上以时期有很大提升（图 3）。

3.2 城镇化由快速发展时期趋向于平稳增长时期

根据长江经济带内各省份 1990—2014 年的统计年鉴相关数据统计，发现长江经济带沿岸 11 个省份的城镇化率逐年提升（为方便统计，将重庆的城镇化率与四川省一并统计）。上海市的城镇化率从增长状态已经趋向于停止增长状态；浙江省、江苏省、湖北省、云南省、四川省的城镇化率较其他省份增长较快；上海市、浙江省、江苏省、云南省的城镇化率目前在国家平均水平之上，而其他省份的城镇化率目前在全国平均水平之下。宏观来看，长江经济

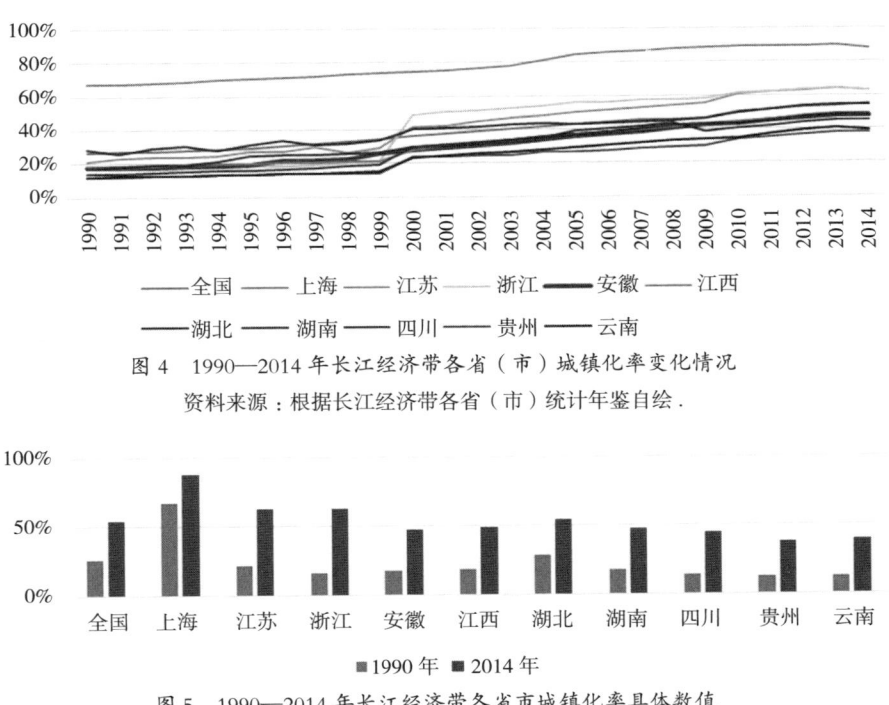

图 4　1990—2014 年长江经济带各省（市）城镇化率变化情况
资料来源：根据长江经济带各省（市）统计年鉴自绘．

图 5　1990—2014 年长江经济带各省市城镇化率具体数值
资料来源：根据长江经济带各省（市）统计年鉴自绘．

带的城镇化基本符合城镇化发展的一般趋势，目前大部分的省（市）的城镇化率处于 30% 到 60% 之间，处于城镇化发展的快速发展时期，有很大的提升空间（图 4、图 5）。

3.3　国土开发由开发走向开发与保护并重

经过了几十年的工业开发建设，长江流域内的生态资源、自然资源、矿产资源等逐步走向恶劣与枯竭，长江沿岸的生态环境逐渐恶化。党中央召开十八大后，我们国家将生态文明建设纳入到社会主义建设的总体布局中，体现了我国对于生态环境的进一步重视，长江经济带各省份对于其赖以生存但环境逐渐恶劣的长江及流域范围内的生态环境的保护也提上日程，同时相关的文献研究也逐渐增多，围绕生态保护与绿色发展、工业生态技术创新、生态效率、生态系统状态、生态安全屏障等多个方面共同探讨长江沿岸地区的生态保护问题。长江经济带内的国土开发正在由开发步入到开发与保护并重状态。

4　长江经济带发展现状 SWOT 分析

在新的历史时期，国际与国家的形式瞬息万变，长江经济带肩负着巨大的历史使命，同时发展的脚步也愈加沉重。在新的经济背景下，长江经济带目前还存在着一些优势与劣势、机遇与挑战。

4.1 区域发展的优势

长江经济带发展目前的优势主要有两个,其一是政策优势,其二是经济优势。在政策优势中,国家近年来发布了多部政策型文件支持长江经济带的发展,这些政策性文件的公布带来的是投资的倾斜与各种福利的优厚(表1)。与此同时,长江经济带部分发达的省(市)对于整个区域的发展起到了很强的带动作用,如上海市、重庆市作为长江沿岸的两个中心城市,对于整个长江经济带的发展的影响深远。

近三年来国务院公布的关于长江经济带的政策文件　　　　表1

序号	文件名称	发布日期	主要内容
1	国务院关于依托黄金水道推动长江经济带发展的指导意见	2014.9.25	提升长江黄金水道功能、建设综合立体交通走廊、创新驱动促进产业转型升级、全面推进新型城镇化、培育全方位对外开放新优势
2	国务院关于长江中游城市群发展规划的批复	2015.4.5	原则同意《长江中游城市群发展规划》
3	国务院关于印发上海系统推进全面创新改革试验加快建设具有全球影响力科技创新中心方案的通知	2016.4.15	国务院批准《上海系统推进全面创新改革试验加快建设具有全球影响力的科技创新中心方案》,现予印发
4	国务院关于成渝城市群发展规划的批复	2016.4.15	原则同意《成渝城市群发展规划》(以下简称《规划》),请认真组织实施
5	国务院关于长江三角洲城市群发展规划的批复	2016.5.25	同意《长江三角洲城市群发展规划》
6	国务院关于武汉市系统推进全面创新改革试验方案的批复	2016.7.4	原则同意《武汉市系统推进全面创新改革试验方案》
7	国务院关于四川省系统推进全面创新改革试验方案的批复	2016.7.4	原则同意《四川省系统推进全面创新改革试验方案》
8	国务院关于安徽省系统推进全面创新改革试验方案的批复	2016.7.4	原则同意《安徽省系统推进全面创新改革试验方案》
9	国务院关于同意重庆高新技术产业开发区建设国家自主创新示范区的批复	2016.7.26	同意重庆高新技术产业开发区建设国家自主创新示范区,区域范围为国务院有关部门公布的开发区审核公告确定的四至范围

资料来源:根据 http://www.gov.cn/zhengce/xxgkzl.htm 整理.

4.2 区域发展的劣势

长江经济带有政策以及经济上的明显优势,但是不可否认,长江经济带的发展还面临着诸多的劣势,这些劣势是制约长江经济带发展的主要因素。例如,长江经济带发展东西两极存在分化,东部的浙江省、江苏省、上海市的经济明显比西部的贵州省、云南省发达,2014年GDP最多的江苏省是GDP最少的贵州省的6.7倍。除此之外,长江经济带的发展存在城—城、城—乡二元结构严重的现象,既存在着像上海市、南京市、杭州市、重庆市、成都市这样的国际化大都市,又存在着像安顺市、铜仁市、黔西南州这样的贫穷城市;既存在着像东北经济发达的大都市,同时又有西南部广大的贫困农村。

4.3 区域发展的机遇

在"两带一路"的区域发展大背景下,长江经济带的发展存在着许多机遇。世界最大的"升船电梯"——三峡升船机的实验成功,给长江中游与下游的货物与人口流动带来了新一轮的便利,进一步沟通了长江中游与下游的经济联系。从此以后,长江的经济大动脉功能进一步突显,这是长江经济带发展的一个机遇。长江经济带发展的另一个机遇是国家21世纪海上丝绸之路与丝绸之路经济带的建设,"一带一路"结合长江经济带所形成的"两带一路"为长江流域的货物与物资通向东南亚、中东与欧洲各国、北美洲提供进一步的便利。长江经济带发展的第三个机遇是国家科研创新驱动发展的实施,长江经济带各省(市)依托科技研发、创新创业,发展方向更加明确、生产过程更加环保、产品更加轻便。

4.4 区域发展面临的挑战

在新的发展机遇下,长江经济带的发展又面临着巨大的挑战。一方面,30余年的过度开发给长江沿岸的生态环境造成了巨大的压力。传统的重工业机械与大宗货物需要长江江水的运输,导致长江沿岸及支流分布着许多大大小小的工业城市,从20世纪80年代的大工业开发开始,大量的钢铁企业、化工企业、有色金属企业、机械制造企业"沿江开花",导致了长江流域范围内生态环境的恶化。同时三峡大坝的修建对上下游的生态与地质造成了不可避免的影响,使得生态环境进一步恶化。另一方面,长江沿岸每年饱受长江洪水的危害,每年造成的损失巨大,发生这种情况一方面原因是变幻多端的环球气候,更大的原因是长江沿岸森林树木的砍伐与生态环境的恶化。

5 长江经济带发展的趋势以及优化对策

5.1 长江经济带发展的未来趋势

5.1.1 由区域协调走向区际协调

长江经济带目前存在着东、中、西发展不均匀、城乡二元结构对立明显的劣势,在未来的发展中,长江经济带应依托长江的黄金水利资源,以及各级公路、铁路体系,将长江沿岸各省份串联起来。重点以长江三角洲、长江中游和成渝三大跨区域城市群为主体,以黔中和滇中两大区域性城市群为补充,使得长江经济带的区域发展由区域协调发展走向区际协调发展。

5.1.2 由工业驱动走向创新创业驱动

传统的重型工业,如钢铁产业、石油化工产业、化肥产业、有色冶金产业、电力、机械制造等产业具有高原材料与劳动力投入、高污染、低附加值、低回报等特点,长久以来在长江沿岸大力发展这些产业虽然带来了经济的稳定发展,但是同时又给环境带来了一定的危害。在国家科教兴国、创新驱动发展、双创带动发展的背景下,长江经济带未来的发展趋势必然由大工业时代走向创新创业驱动时代。

5.1.3 由重点发展走向整体发展

20世纪80年代,我国在面临平衡发展与不平衡发展的问题上,选择了"点—轴"渐进发展中的由不平衡到平衡发展的路径,即首先重点发展几个点,再由线将点串联,直至形成区域发展网络体系。经过几十年的实践,时间证明了这个选择是正确的,已经形成了像上海市、南京市、杭州市、重庆市、武汉市、成都市这样的国际化大都市,以及像江苏省、浙江省、四川省等经济强省。在新的发展时期,区域间经济发展的差异增大,区域的城市首位度急剧变高,大城市的极化作用逐渐变大,未来的发展趋势应该是从已经足够成熟的重点发展策略走向区域整体发展策略,由已经较强的区域带动相对较弱的区域。

5.2 长江经济带发展的优化对策

5.2.1 依托三大城市群,建立起区际协调的发展网络

"长江经济带"已经上升为国家战略,范围内的三大城市群——长江三角洲城市群、长江中游城市群和成渝城市群集中了大部分的经济总量与人口。在长江经济带的未来发展中,应该依托这几大跨区域性城市群以及未来形成的黔中和滇中两大区域城市群、各大中小城市建立起长江经济带区域协调发展的网络,使得长江经济带的发展由区域协调走向区际协调。并以长江经济带为发展基础,向东南亚、中东、欧洲各国、东北亚及北美方向发展,形成全球型协调的网络骨架(图6)。

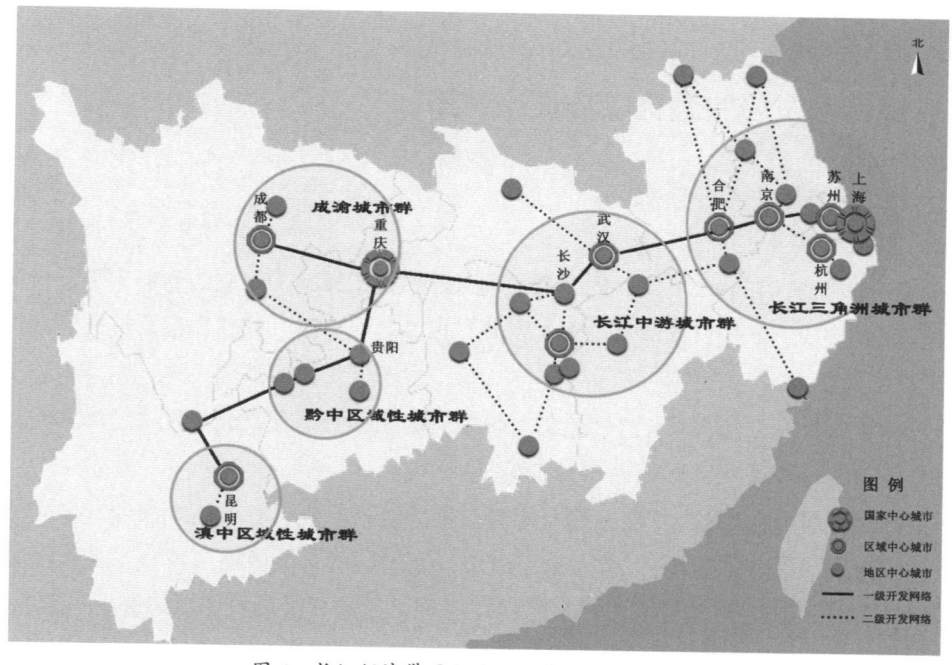

图6 长江经济带区际协同发展网络体系构建
资料来源:作者自绘.

5.2.2 搭"双创"顺风车，推进创新创业驱动发展

近年来，在国家"大众创新，万众创业"的号召下，全国掀起了创新创业的热潮。在信息化时代的今天，科研创新逐渐被各国所重视。在这种潮流下，长江经济带内各省（市）应该积极融入国家创新创业体系中，依托各级中心城市，建设高新技术产业开发园以及科技园、大学城、城市众创空间，促进经济的发展。长江经济带目前有多个城市被评为国家的自主创新示范区，多个市区以及大学被评为国家双创示范基地（表2），在未来的发展中，应该继续延续这种有利形势，建设国家级的创新产业带。

国务院公布的长江经济带范围内创新型区域名单　　　　表2

创新区类型	名称（简称）	地点	设立时间
国家自主创新示范区	武汉东湖	湖北武汉	2009.3
	上海双江	上海市	2011.3
	苏南	江苏苏州	2014.1
	长株潭	湖南北部	2015.1
	成都	四川成都	2015.6
	杭州	浙江杭州	2015.9
	合芜蚌	安徽省	2016.6
	重庆	重庆市	2016.7
国家双创示范基地	杨浦区	上海市	2016.5
	武进区	江苏常州	2016.5
	未来科技城	浙江杭州	2016.5
	合肥高新区	安徽合肥	2016.5
	东湖高新区	武汉东湖	2016.5
	湘江新区	湖南长沙	2016.5
	两江新区	重庆市	2016.5
	郫县	贵安新区	2016.5
	四川大学	四川成都	2016.5

资料来源：根据 www.baidu.com 整理．
注：表中数据为文章写时国务院公布数据．

5.2.3 发挥长江自然廊道，建立起环境保护的生态格局

多年来的过度开发已经导致长江沿岸地区生态遭到不同程度的破坏。在得到"金山、银山"的同时，也破坏了"绿水青山"，这种情况是极其严重的。长江经济带在未来的发展中，应该注意生态环境的保护，利用长江自然的生态廊道以及长江流域内的绿色植被、高山屏障，建立起生态安全保护的区域格局，维持生态环境的稳定。

6 结论

长江经济带的发展已经上升为国家战略,也正越来越多地得到了政府、学者、公众的关注。本文从陆大道先生的"T"型战略谈起,到当代的长江经济带协同发展的正式确立,分析了长江经济带发展的过去背景、现在状况、未来趋势以及优化对策,其理论意义在于丰富了长江经济带发展的区域研究,现实意义是给长江经济带的建设提供一点有益借鉴。但是长江经济带的研究与发展是一个复杂的过程,不仅需要有各种学科之间的融合互助,更需要有政府、学者、商人以及民众的参与建设,只有两点同时进行,才能更好地推动长江经济带的发展。

参考文献

[1] 陆大道. 我国区域开发的宏观战略 [J]. 地理学报,1987,42(2):87-105.
[2] 陆大道. 论区域的最佳结构与最佳发展——提出"点-轴系统"和"T"形结构 [J]. 地理学报,2001,56(2):127-135.
[3] 陆大道. 建设经济带是经济发展布局的最佳选择——长江经济带经济发展的巨大潜力 [J]. 地理科学,2014,34(7):669-772.
[4] 陆大道. 重视长江产业带开发的规划研究 [J]. 人民长江,1992,23(11):4-8.
[5] 邹琳等. 长江经济带的经济联系网络空间特征分析 [J]. 经济地理,2015,35(6):1-7.
[6] 陆大道. 我国区域开发的宏观战略 [J]. 地理学报,1987,42(2):87-105.
[7] 侯小菲. 长江经济带一体化发展面临的挑战与应对策略 [J]. 区域经济评论,2015,5:48-55.
[8] 王晓芳 等. 长江经济带地区发展差距与协调发展策略 [J]. 区域与城市,2015,22(6):65-76.

霍伟:沈阳建筑大学建筑与规划学 969935594@qq.com
李超:沈阳建筑大学建筑与规划学院
于波:沈阳建筑大学建筑与规划学院
王梦然:沈阳建筑大学建筑与规划学院

区域市场一体化与城市化的互动机制研究
——基于长三角 16 个城市的实证

王磊 李成丽

摘 要：本文在对区域市场一体化、城市化及二者交互作用对地区经济增长的影响机制进行理论分析之后，运用单位根检验、协整检验以及实证模型分析等计量方法，利用长三角 2001—2014 年 16 个城市的面板数据，以地区人均 GDP、市场一体化指数和非农人口占总人口比重为指标，对区域市场一体化与城市化的交互机制进行实证研究。研究结果显示：二者交互项系数为负且显著，即市场一体化与城市化的交互作用对区域经济增长的作用明显，说明市场一体化与城市化在区域经济发展中相互融合，互相带动，推动地区经济增长。且二者对经济增长的作用在 2010 年前后存在显著差异。这对中西部地区正处于起步和加速阶段的城市化和市场一体化路径选择具有重要的启示意义。

关键词：市场一体化，城市化，地区经济增长，长三角，面板数据

A Research on the Interaction Mechanism between Regional Market Integration and Urbanization
——Empirical research on 16 cities of Yangtze River Delta

Abstract: The paper attempts to explore the influence mechanism of market integration, urbanization and their interaction on regional economic growth which based on theoretical analysis. Using the measurement method of unit root test, the co-integration test and empirical analysis, the data of the Yangtze River Delta 16 cities panel data from 2001 to 2014, and the indicators of regional GDP per capita, the index of market integration and the proportion of the non-agricultural population accounted for the total population, the paper launch an empirical research on the relationship between the three indicators. The results show that market integration and urbanization have a significant positive impact on regional economic growth. Furthermore, the interaction between market integration and urbanization has been benefiting economic growth in Yangtze River Delta, indicating that the two factors have become integrated mutually and been promoted by each other to enhance regional economic growth in the region development. There are significant differences on the effect of the two on economic growth in 2010 .Finally, the paper puts forward some advices to help the central-western China how to develop harmoniously while its market integration and urbanization in the initial and the accelerated stage.

Keywords: Market Integration, Urbanization, Regional Economic Growth, The Yangtze River Delta, Panel Data

1 引言

进入 21 世纪，区域合作发展的内容大为扩充，合作的形式与机制更加灵活，其主要特点包括：多层次网络状发展；多样化的合作与协调模式；区域经济渐趋一体。在我国，以都市圈建设推动区域一体化逐渐成为地区经济发展的基本模式。2014 年，国务院印发《关于依托黄金水道推动长江经济带发展的指导意见》（以下简称《指导意见》），明确指出促进长江三角洲一体化发展，打造具有国际竞争力的世界级城市群。《指导意见》还表明了未来长三角要全面推进新型城镇化，利用城市群落驱策地区经济增长。这说明区域一体化和城市化在地区经济发展中有着举足轻重的作用，而这作用究竟有多大？且这二者在地区经济增长过程中是否存在交互发展？具体交互机制如何运行？本文将在分析区域市场一体化、城市化对地区经济增长的作用机制基础之上，运用单位根检验、协整检验以及实证模型分析等计量方法，利用长三角 2001—2014 年 16 个城市的面板数据，以地区人均 GDP、市场一体化指数和非农人口占总人口比重为指标，对二者的交互作用进行实证研究分析。长江三角洲是我国城镇发展水平最高、市场一体化程度最高的区域之一。研究这一地区城市化和市场一体化对于区域经济发展的影响，不仅有助于进一步支持上述命题，而且对于中西部地区正处于起步和加速阶段的城市化和市场一体化路径选择，也具有重要的启示意义。

2 文献综述

改革开放为我国企业生产打开了市场的阀门。在经济发展水平较低的早期阶段，企业以本地市场为主，各城市之间的市场彼此隔离。市场的一体化究其本质来说是在一定的区域范围内，各地方行为主体采取合理的方式，区逐步消除地方市场分割的过程。然而，陆铭等发现，市场分割（市场非一体化）在短期内却有利于经济增长[1]。这是因为这一时期地区之间、城乡之间既有的差距较大，实现城市间各类产品和要素的自由流动，可能导致周围较为落后的小城市的当地物价上涨、本地厂商和劳动者与外地厂商和劳动者的竞争加剧、生产要素资源外流等负面影响，小城市经济发展受阻，承担大部分一体化成本。随着市场一体化程度的提升，中心城市的部分功能开始向周边地区进行辐射和扩散，周边城市的基础设施得到进一步完善，并逐步承接来自发达城市的产业转移，从而带动了当地经济增长，地区间差距缩小。陆铭和陈钊采用我国 1985—2001 年省级面板数据对市场分割的经济增长效应进行实证分析，发现市场分割对经济增长具有"倒 U 形"影响，得出市场分割短期促进经济增长，长期不利于经济增长的结论[2]。徐现祥等以长三角城市群为例，构建考察地区市场分割影响区域经济协调发展的分析框架，定量分析地方政府自愿成立协调组织、主动推动市场一体化进程对地区协调发展的影响。结果发现，在 1990—2002 年间，市场分割确实阻碍了长三角地区的协调发展。但随着长江三角洲城市经济协调会的成立、运行，市场分割对区域协调发展的阻碍作用已下降了近 50%[3]。

另一方面，尽管对于城市化问题的探讨由来已久，但直到 20 世纪 80 年代，Lucas 才正式提出关于城市化与经济增长的命题。此后研究大多发现二者之间呈显著正相关关系。我国自改革开放以来，城市化发展速度不断加快，并产生了不同于西方国家城市化道路的发展轨迹，我国学者也对此进行了大量研究分析，多数认为城市化及其带来的一系列改革是我国经济增长的重要推动力。杨开忠从投入－产出联系驱动模型、劳动力向城市迁移和迁移驱动模型以及区域贸易一体化三个模型来阐述城市化驱动经济发展的机制，得出城市化与人均产出呈显著正相关的结论[3]。陈淑清从经济增长因素入手，认为要保持我国经济长期快速增长需要推进城市化，其原因可从供给和需求两个角度解释：城乡劳动力迁移带来劳动生产率的提高；城市化促进消费和投资，有助于扩大内需[4]。朱昊等采用动态面板回归模型的 GMM 估计法，从集聚和二元结构转变的综合视角探讨了中国各区域城市化对经济增长的推动作用及其差异，数据分析发现考虑集聚影响的城市化更能解释中国各区域城市化对经济增长的促进作用[5]。

如前所述，现有市场一体化和城市化对于经济增长作用的文献，大都是围绕各自进程中要素或产业的空间运动展开，对于两者相互之间作用关系的研究很少。在现代经济中，城市化和市场一体化是一个互动的过程。一方面，作为统一市场范围内的节点，城市的发展水平在很大程度上取决于市场规模的大小，城镇化是市场一体化的必然结果。斯密认为，劳动分工受市场规模的限制[6]。Young 进一步指出，报酬递增取决于劳动分工的演进[7]。这就在逻辑上将城市的集聚特征与其市场规模联系在了一起。在经济全球化背景下，城市影响力的日益凸显也正表明了市场规模对于城市功能的作用[8]。另一方面，随着城镇化的深入发展和质量提升，其劳动分工和人力资本存量都在不断深化和增多，知识外溢的效果将会诱发技术创新[9]，从而形成新兴产业，并形成更大范围内统一的市场格局。马克思就曾指出，没有足够的人口数量和空间上的人口集聚，社会分工是没有意义的[10]。因此，城市，尤其是大城市的劳动分工，对于孵化创新以及市场的扩大与整合，起着不可或缺的作用。

因此，如同一个硬币的正反两面，城市和其市场腹地，或城市化与市场一体化，彼此间存在着互为依托、相互促进的关系，即通过市场一体化拓展发展新空间，从而为城市化的发展提供要素支撑和创新动力；通过城市化培育发展新动力，通过市场的不断拓展，辐射带动周边地区的发展。这也是区域空间格局和经济格局不断演化和逐渐优化的过程。为此，我国在《全国主体功能区规划》《国家新型城镇化规划（2014—2020）》和《十三五规划纲要》中，都明确将"两横三纵"的城市群战略格局作为城市化的主体空间形态，以此推动区域经济一体化进程和提升城镇化的质量，从而形成经济发展的新动力。

本文选取市场一体化较为成熟和城市化水平较高的长三角为研究对象，来检验两者之间的上述关系，并在此基础上提出推动城市化和市场一体化，从而实现经济换挡不减速的相关建议。具体而言，本文首先采集长三角16个城市2001—2014年的居民消费价格指数、非农人口占总人口比重和人均GDP三种数据，来分别衡量各城市的商品市场一体化（以下简称市场一体化）、城市化和经济增长水平。在进行平稳性检验和协整分析及模型选定之后，针对实证结果着重分析市场一体化与城市化二者之间交互机制对地区经济增长的作用。全文结构安排如下：第三部分是变量选取、模型设定与数据说明；第四部分是实证分析；第五部分是结论与建议。

3 变量、模型选取及数据说明

索洛认为，经济的长期增长除了依靠资本积累之外，更关键的是技术的进步、教育和训练水平的提高。其一般性生产函数为：$Y=A(K, L)$，Y表示产出，A、K、L分别表示技术、资本和劳动。对生产函数求全微分可得（1）：

$$dY = \frac{\partial Y}{\partial K}dK + \frac{\partial Y}{\partial L}dL + \frac{\partial Y}{\partial A}A \qquad (1)$$

两端同时除以Y可得（2）：

$$\frac{dY}{Y} = \frac{K}{Y}\frac{\partial Y}{\partial K}\frac{dK}{K} + \frac{L}{Y}\frac{\partial Y}{\partial L}\frac{dL}{L} + \frac{A}{Y}\frac{\partial Y}{\partial A}dA \qquad (2)$$

其中$\frac{dY}{Y}$表示经济增长，$\frac{K}{Y}\frac{\partial Y}{\partial K}$、$\frac{L}{Y}\frac{\partial Y}{\partial L}$分别表示资本和技术的产出弹性，即单位资本或劳动的变化对总产出变化的贡献份额。索洛余量$\frac{A}{Y}\frac{\partial Y}{\partial A}dA$表示技术进步所带来的经济增长，其中包括市场一体化程度（MI）、城市化率（UR）。

3.1 市场一体化指数（MI）

计算市场一体化指数方法常见有生产法、贸易流量法、经济周期法和相对价格法[10]（余东华等，2009）。本文主要研究商品市场一体化，故采取相对价格法，通过比较区域间商品价格差异来衡量市场一体化程度。"市场一体化是价格信号在空间分散上市场间平滑地传递"[11]（Goletti，1995），从这个角度来说相对价格法可谓是一个好的计算方法。依据卜茂亮和高彦彦[12]

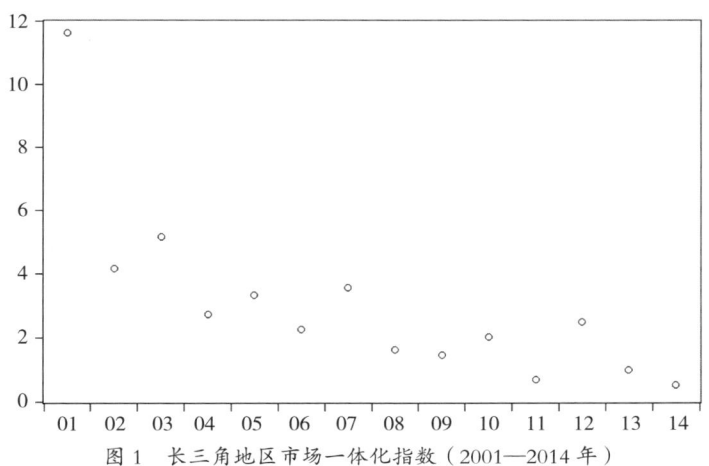

图 1　长三角地区市场一体化指数（2001—2014 年）

（2010）计算长三角 16 个城市市场一体化指数的模式，以两两城市配对的相对价格方差❶来衡量价格波动，波动越大，市场一体化水平越低；波动越小，市场一体化程度越高（图 1）。计算该指数需要各地居民消费商品价格指数，长三角 16 个城市的居民消费价格指数分类数据可从各城市《统计年鉴（2000—2015）》获得。

3.2　城市化水平（UR）

城市化的测度包括单一指标法和综合指标法等许多不同方法。鉴于区域性数据的可获得性，本文主要采用非农人口占总人口比重这一指标。从各城市的《统计年鉴（2000—2015）》可计算得长三角 16 个城市 2001—2014 年非农人口占总人口比重。

3.3　区域经济增长（PG）

经济增长主要表现为经济总量的提高，许多学者以"国内生产总值（GDP）"、人均收入等指标来衡量，本文选取"人均国内生产总值（人均 GDP）"（单位：元／人）来衡量，消除城市人口规模扩大带来的影响，使城市化和市场一体化对经济增长的影响更具有针对性。

3.4　其他控制变量

影响经济增长的因素远不止上述两种，为较为准确的估计市场一体化和城镇化对地区经济增长的作用，防止出现遗漏变量，模型中加入两个控制变量：全社会固定资产投资额（FI）、全市年末从业人员数（LA）。从经济理论来看，这两个控制变量都与经济增长之间存在正相关关系。

以上数据来源于各城市《统计年鉴（2000—2015）》和《中国城市统计年鉴（2000—2014）》。

---

❶ 实际计算中相对价格方差过小，故均乘以 100000。

描述性统计 表1

变量	平均值	标准差	最大值	最小值	样本数
lnPG	10.53481	0.823042	11.77471	7.598264	224
lnMI	0.794207	0.985991	2.634817	−1.691123	224
lnUR	0.848960	0.412938	−0.102033	−1.784457	224
lnFI	6.955857	0.965843	8.737239	4.020339	224
lnLA	1.929377	0.145806	2.167594	1.391366	224

本文基于长三角16个城市2001—2014年市场一体化和城市化水平变化和区域经济增长状况，借助计量分析方法，先对各变量进行单位根检验，再进行协整分析，研究变量间是否存在长期均衡关系，最后进行实际模型分析，通过F-检验判定模型为混合回归模型还是固定效应模型，通过Hausman检验判定模型是随机效应模型还是固定效应模型，最终选择最为有效的模型来解释长三角2001—2014年市场一体化和城市化发展对区域内16个城市的经济增长影响。

基于理论基础及相关文献的分析之上，设立以下模型：

$$\ln PG_{it}=\beta_1 \times \ln MI_{it}+\beta_2 \times \ln UR_{it}+\beta_3 \times \ln MI_{it}\ln UR_{it}+\beta_4 \times \ln FI_{it}+\beta_5 \times \ln LA_{it}+\varepsilon_{it} \quad (3)$$

式中 i（=1，2，…，16）——个体，即长三角16个城市；

t（=2001，2002，…，2014）——时间，即2001至2014年。

被解释变量 $\ln PG_{it}$ 表示第 i 地区在 t 年的人均生产总值的对数，解释变量 $\ln MI_{it}$、$\ln UR_{it}$ 分别表示第 i 地区在 t 年的市场一体化程度和城市化水平的对数。$\ln MI_{it}\ln UR_{it}$ 代表第 i 地区在 t 年的市场一体化与城市化的交互项，控制变量 $\ln FI_{it}$、$\ln LA_{it}$ 分别表示 t 年第 i 地区的全社会固定资产投资额和全市年末从业人员数。ε_{it} 表示残差，即包含其他所有影响 i 地区在 t 年经济增长的随机不确定因素（表1）。

4 实证分析

4.1 平稳性检验

本文采用2001—2014年长三角16个城市的面板数据，在协整检验之前需要对各个变量进行单位根检验。这里主要对 lnPG、lnMI、lnUR 利用ADF检验和LLC检验法[13]（Levin et al，2002）进行单位根检验，检验结果见表2。

从检验结果看，地区人均GDP、市场一体化指数和非农人口比重的对数 lnPG、lnMI、lnUR 三组面板数据在ADF检验和LLC检验下均呈现非平稳状态，而这三个变量的对数在一阶差分后经同种方法的检验在5%的显著水平下均拒绝原假设，即无单位根，呈平稳状态。故 lnPG、lnMI、lnUR 都是一阶单整，可进行协整检验分析。

面板数据平稳性检验结果　　　　表2

变量	ADF 检验		LLC 检验		结论
	统计值	P 值	统计值	P 值	
$\ln PG$	28.2161	0.6586	−5.5113	0.0000	不平稳
$D\ln PG$	95.0608**	0.0000	−9.3742	0.0000	平稳
$\ln MI$	4.3797	1.0000	4.9322	1.0000	不平稳
$D\ln MI$	240.8760**	0.0000	−16.5964	0.0000	平稳
$\ln UR$	38.2047	0.2028	−6.6260	0.0000	不平稳
$D\ln UR$	89.1860**	0.0000	−7.7377	0.0000	平稳

注：D 表示各变量的一阶差分，** 表示在 5% 的显著水平下是显著的。

4.2 协整分析

协整检验是考察变量之间长期均衡关系的方法。协整的前提是同阶单整。上文中已检验变量 $\ln PG$、$\ln MI$、$\ln UR$ 均是一阶单整。本文主要采取 Pedroni 检验。具体检验结果见表3。

残差序列的平稳性检验结果　　　　表3

检验方法	统计量	P 值
LLC 检验	−5.61737	0.0000
ADF 检验	106.189	0.0000

检验结果表明，对残差序列进行 LLC 检验和 ADF 检验均表明残差序列不存在单位根，即残差序列是平稳的，说明三个变量间存在协整关系。地区人均 GDP、市场一体化指数和非农人口占总人口比重的对数序列存在长期稳定的趋势。表4中的 Pedroni 检验结果在 5% 的显著水平下也拒绝了地区人均 GDP、市场一体化指数和非农人口比重的对数序列不存在协整关系的原假设，说明三变量之间存在协整关系。

Pedroni 残差协整检验结果　　　　表4

Alternative hypothesis：common AR coefs.（within-dimension）				
	统计量	P 值	加权统计量	P 值
Panel PP-Statistic	−15.26884	0.0000	−16.82976	0.0000
Panel ADF-Statistic	−3.211841	0.0000	−3.479622	0.0003
Alternative hypothesis：individual AR coefs.（between-dimension）				
	统计量	P 值		
Group PP-Statistic	−24.85940	0.0000		
Group ADF-Statistic	−4.163054	0.0000		

4.3 实证模型分析

由于本文采用的是面板数据，面板数据回归的静态模型有三种形式：混合回归模型、固定效应模型和随机效应模型。因此，在选择面板数据回归模型时，需根据 F- 检验和 Hausman 检验来判别是选择固定效应模型或随机效应模型还是混合回归模型。表 5 给出固定效应模型或随机效应模型与混合效应模型的检验结果。

固定效应模型或随机效应模型与混合效应模型检验结果　　表 5

	统计值	d.f	P 值
F 检验	122.4300	（15，209）	0.0000
Hausman 检验	20.6981	5	0.0009

由以上检验可知，选择个体固定效应模型来解释地区人均 GDP、市场一体化指数和非农人口占总人口比重三者之间的关系最为合理。本文将采用式（6）来分析市场一体化、城市化及二者的交互项对地区经济增长的影响。此外，2010 年后，高铁的快速发展使得我国由公路、铁路时代向高铁时代跨越，沪宁线、沪杭线、宁杭、杭甬的运营对长三角区域空间结构产生重大影响，城际间交通运输成本进一步降低，一体化推进的地域壁垒削弱。因此，本文以 2010 年为界限，引入时间虚拟变量来比较 2010 年前后市场一体化和城市化对经济增长的影响差异。虚拟变量和具体模型如下。

$$D1 = \begin{cases} 0 & X<2010 \\ 1 & X \geqslant 2010 \end{cases}$$

$$\ln PG_{it} = \beta_0 + \beta_1 \times \ln MI_{it} + \beta_2 \times \ln UR_{it} + \beta_3 \times \ln MI_{it}\ln UR_{it} + \beta_4 \times \ln FI_{it} + \beta_5 \times \ln LA_{it} + \varepsilon_{it} \quad (5)$$

$$\ln PG_{it} = \beta_0 + \beta_1 \times \ln MI_{it} + \beta_2 \times \ln UR_{it} + \beta_3 \times \ln MI_{it}\ln UR_{it} + \beta_4 \times \ln FI_{it} + \beta_5 \ln LA_{it} + \beta_6 \times D1 + \varepsilon_{it} \quad (6)$$

4.4 模型回归结果

运用固定效应回归模型对面板数据进行逐步回归，回归结果见表 6。

检验回归结果（被解释变量：$\ln PG$）　　表 6

方程	方程 1	方程 2	方程 3	方程 4	方程 5
$\ln MI$	−0.4529*** （0.0236）			−0.1476*** （0.0423）	−0.1472*** （0.0415）
$\ln UR$		2.8719*** （0.1484）		0.2688* （0.1952）	0.3162* （0.1919）
$\ln MI \ln UR$				−0.0824** （0.0402）	−0.0906** （0.0395）

续表

方程	方程 1	方程 2	方程 3	方程 4	方程 5
ln*FI*			0.5492*** （0.1226）	0.4157* （0.2339）	0.1095 （0.2511）
ln*LA*			0.9424* （0.7980）	1.2859** （1.4013）	2.7954* （1.4636）
D1					0.1507*** （0.0504）
C	10.8863*** （0.3409）	12.9748*** （0.1292）	5.0481*** （0.7002）	5.4452*** （1.1409）	4.6441*** （1.1500）
F 值	36.0615	65.7998	193.5913	143.3709	142.5171
R^2	0.8308	0.8390	0.9462	0.9363	0.9391
调整的 R^2	0.8177	0.8263	0.9413	0.9298	0.9325
观察值	216	216	216	216	216

注：***，**，* 表示在 1%、5%、10% 的水平上显著，括号内为标准差。

4.5 回归结果分析

从方程 1、4 中可以看出，ln*MI* 的系数为负且在 1% 的水平上统计显著，其符号为负的原因是由于本文采取相对价格方差法来计算市场一体化指数，当价格方差指数越小，市场一体化程度越高；价格方差越大，市场一体化程度越低。故回归中 ln*MI* 的系数符合理论预期方向，即市场一体化程度的提高会促进区域经济的增长，市场一体化水平提高（相对价格方差波动降低）一方面通过增加区域内消费者的效用，扩大消费需求，激发企业科研创新热情，进行新一轮研发投入，推动区域经济快速发展；另一方面使各地区之间的生产要素得到自由流动，优化资源配置结构，促进产业在各地区之间的合理化分工，提升区域整体产出水平和产出效率。

从方程 2、4 中可以看出，ln*UR* 的系数为正且均通过显著性检验。随着城市化水平的提高，农村剩余劳动力由农业部门转移到城市工业部门，优化城市资源利用结构，促进城市资本存量的增加，生产规模进一步扩张，最终实现城市化的规模经济效益，此外，城市化过程中所具有的扩散效应也提升了农村的生活水平和农业生产的技术水平，促进整个城市的经济增长。

从方程 3 可以看出，ln*FI* 和 ln*LA* 的系数为正且在 1% 和 10% 的水平上显著，符合理论预期，说明全社会固定资产投资额和全社会年末从业人员对地区经济增长的作用具有正向促进作用。进而也表明方程 3 中高估了城市化和市场一体化对经济增长的作用，需加入控制变量。

当所有变量加入方程时如方程 4，估计结果显示，方程调整的 R^2 为 0.94，说明模型拟合程度较好，*F* 值统计量为 143.37，说明方程变量之间关系显著。从回归系数来看，市场一体化指数每增加 1%，地区人均 GDP 平均提高 0.1476%；城市化水平均提高 1%，地区人均 GDP 平均提高 0.2688%，表明城市化与市场一体化对区域经济增长均具有显著的正向作用。市场一体化与城市化交互系数为负且显著，系数为负可从两个层面来解释。第一，市场一体化对地区经济增长的边际效应。城市化率提高1%。市场一体化对经济增长的促进作用增强0.0824%。这说明在各城市不断推进城市化水平过程中，市场一体化的经济增长积极效应明显增强。2000年以来，长三角各城市的城市化发展迅速，2010年后基本进入中后期阶段。在城市化过程中人力资本的增加使得其技术创新与资本的外部性逐渐增强，市场规模不断扩大，助推了整个区域的市场一体化，进而促进区域的经济发展。第二，城市化对地区经济增长的边际效应。即市场一体化程度的提高增强了城市化对经济增长的作用。一方面，长三角市场一体化过程中，中心城市如上海的经济功能和其他功能向浙江、江苏等周边地区辐射扩散更加容易，部分产业向其他城市转移成本降低，实现与周围城镇的基础设施连接和公共服务共享。这使得其他地区城市部门对农村劳动力的吸引力进一步增强，加速城市化进程。另一方面，随着长三角地方市场分割逐步淡化，市场规模的扩大和交通设施网络特别是高铁网络的完善，促使区域内各类生产要素特别是劳动力以更大规模、更快速度和更高效率集聚，而这种有效流动与配置大大地减少了农村劳动力低效率向城市转移所衍生的负面影响，提升城市化质量，优化城市规模结构，促进城市经济健康发展。

当模型中加入时间虚拟变量 D1 如方程 5，市场一体化、城市化的回归系数均通过了假设性检验，分别为 –0.1472、0.3162。全社会固定资产投资额和全市年末从业人员数未通过显著性检验。D1 的系数在 1% 的水平上显著，说明市场一体化和城市化对地区经济增长的作用在 2010 年前后存在差异。存在差异的主要原因有两个方面。一方面，2010 年后，沪宁、杭甬、甬温线相继通车运营，使得长三角的高铁网络更加完善，全面进入高铁时代，进一步打破了时间和地域界限，加速各类要素资源的有效整合，促进长三角各城市产业的有效分工，提高长三角区域的经济规模和竞争力。另一方面，2008 年全球金融危机爆发，为应对危机带来的冲击与影响，长三角率先进行结构转型，由传统的粗放式发展模式向集约化发展模式过渡，在 2010 年之后，长三角地区经济存在明显回暖迹象。

5 结论与建议

本文利用 2001—2014 年期间长江三角洲 16 个城市的面板数据为研究样本，选定地区城市化水平（非农人口占总人口比重）、市场一体化指数（相对价格方差波动）和地区人均 GDP 为指标，通过单位根检验、协整检验以及模型分析具体探讨了在区域经济增长背景下市场一体化和城市化之间的相互影响机制。模型回归结果表明：①市场一体化和城市化对地区经济增长产生直接的正面影响。②二者交互项系数显著，对地区经济增长的作用相互影响，这也与前文的理论分析相呼应：一方面市场一体化通过要素的自由流动和有效配置，优化了城市的功能，并提升了城市化对于城市经济的推动作用，另一方面城市化的要素集聚和知识外溢推动市场规模进一步扩大，使更大范围内的要素向特定城市聚集，又强化了市场一体化对于城市经济的推动。③在模型中加入时间虚拟变量,以 2010 年为界,考察时间因素对经济增长的影响,结果表明在 2010 年前后,随着改革的深入推进,市场一体化和城市化对经济增长存在着显著差异。

与长三角地区城市化和市场一体化起步较早、水平较高不同,我国中西部地区的城市化和市场一体化发展时间较短,水平较低,尤其是市场一体化面临较大的阻力,城市化的质量也还不高。鉴于市场一体化和城市化之间的互动关系,为加快推动中西部地区城市群的经济增长和效益提升,实现经济新常态背景下的"换挡不减速",本文提出以下政策建议:

第一,在市场和城市发展的起步阶段,由于制度惯性会在一定时期内阻碍市场一体化的发展,主要依靠城市化,即通过招商引资来进一步吸引人口流入,从而带动非农产业增长,尤其应注重发挥本地比较优势,形成优势产业和具有竞争力的企业。从城市群内部来看,长三角各城市的城市化发展差距较大,较于上海、南京、苏州这类进入城市化后期阶段的城市,城市化水平较低的中小城市诸如台州、绍兴等,应集中力量发展城镇化,通过拓展城市发展的新空间和新动力来集聚创新要素资源,以期带动其市场腹地规模的扩大,实现与周围城市市场的逐渐融合。

第二,在市场和城市发展的加速阶段,随着城市经济实力的提升,企业和市场在城市间进行扩张和相互融合的动力开始显现。此时应从优势产业的相互开放入手,通过示范效应、关联带动和共识形成,推进城市群地区的市场一体化,初步形成城市间的分工格局,并以此进一步提升城市化的效益和质量。处于这一阶段如长三角地区中的南京、杭州,在自身经济高速发展的同时,应将其建设成果扩大化。在交通基础上大力建设综合立体交通体系,降低资源流动成本;在产业结构上,应大力发展战略性新兴产业,加快改造提升传统产业,大幅提高服务业比重,并引导产业合理布局和向周围城市的有序转移,实现自身结构升级和城镇化质量提升的同时带动其他城市发展。

第三,在市场和城市发展较为稳定的阶段,市场一体化和城镇化展现出彼此促进的自增强效应,此时深度分工和城镇连绵区的格局开始展现。应通过与其他城市群乃至在国际建立更大范围的一体化市场,着力提升城市影响力与辐射力。当市场扩展到全球范围的融合,必然要求城市产业发展从要素驱动向创新驱动转变,相较于纽约、伦敦、巴黎及新加坡等成熟的国际化大都市,上海的创新能力和动力不足。形成跨境融合的创新开放机制,是其提升国际影响力的关键。必须基于全球视野,依靠全球力量,营造更加适应于创新要素跨境流动的便利环境,进一步加强国内外创新合作。大力吸引外资创新机构。支持跨国公司在上海设立研发中心的同时鼓励上海科研机构走向海外,广泛开展国际科技合作。鼓励外资研发中心融入本地创新网络。支持外资研发中心参与政府科技计划,参与联合技术攻关,促进外资研发中心的创新成果在本地转化。

参考文献

[1] 陆铭,陈钊. 分割市场的经济增长——为什么经济开放可能加剧地方保护?[J]. 经济研究,2009,03:42-52.

[2] 徐现祥,李郇. 市场一体化与区域协调发展[J]. 经济研究,2005,12:57-67.

[3] 杨开忠. 中国城市化驱动经济增长的机制与概念模型[J]. 城市问题,2001,03:4-7.

[4] 陈淑清. 城市化:我国经济长期增长的动力之源[J]. 经济与管理研究,2003,05:20-23.

[5] 朱昊,赖小琼. 集聚视角下的中国城市化与区域经济增长[J]. 经济学动态,2013,12:49-58.

[6] (英)亚当·斯密. 国民财富的性质和原因的研究(上卷)[M]. 北京:商务印书馆,1972.

[7] (美)阿林·杨格,贾根良. 报酬递增与经济进步[J]. 经济社会体制比较,1996,2:52-57.

[8] Michael Storper. The Regional Word: Territorial Development in a Global Economy,New York: Guilford Press,1997:4-10.

[9] P. M. ROMER. "Capital Labor and Productivity",Brooking Papers on Economic Activity Microeconomics,1990:337-367.

[10] 《马克思恩格斯全集》第23卷,北京:人民出版社,1972:392.

[11] 余东华,刘运. 地方保护和市场分割的测度与辨识——基于方法论的文献综述[J]. 世界经济文汇,2009,01:80-93.

[12] Goletti F,Ahmed R,Farid N. Structural Determinants of Market Integration: the Case of Rice market Bangladesh[J]. Developing Economies,1995,02:185-202.

[13] 卜茂亮,高彦彦. 外商直接投资与区域市场一体化——基于长三角的经验研究[J]. 华东经济管理,2010,24(02):46-49.

[14] 张晓峒. 计量经济学软件 Eviews 使用指南[M]. 天津:南开大学出版社,2003.

王磊:武汉大学中国中部发展研究院 leiwang@whu.edu.cn
李成丽:武汉大学中国中部发展研究院 muchengyi707@163.com

基于非合意产出 DEA 模型的长三角产业能源效率及影响因素研究

孙智君 刘蕊涵

摘　要：本文运用包含非合意产出的双产出 DEA 模型，对长江三角洲城市群 2003—2014 年能源效率变化进行测算，并对能源效率影响因素进行实证研究。结果显示，上海市能源效率近十年来一直稳定在较高水平，浙江省与江苏省能源效率略低于上海市并在金融冲击的影响下出现较为相似的波动。在 17 个地级市中，杭州、南京、无锡三市能源效率较高，而南通市能源效率则明显低于其他城市。在影响因素方面，产业结构、技术进步、工业化水平、能源价格对长三角能源效率均存在较显著的影响，但各地区影响程度存在差异。

关键词：长三角城市群，能源效率，DEA 模型，影响因素

Energy Efficiency of Industry in the Yangtze River Delta Based on DEA Model with Unconfirming Output and Study on Influencing Factors

Abstract: In this paper, a two-output DEA model with unqualified outputs is used to calculate the energy efficiency change of the Yangtze River Delta from 2003 to 2014 and to make an empirical study on the factors affecting energy efficiency. The results show that Shanghai's energy efficiency has been stable at a relatively high level over the past decade. The energy efficiency of Zhejiang Province and Jiangsu Province is slightly lower than that of Shanghai and fluctuates under the impact of financial shocks. In the 17 prefecture-level cities, Hangzhou, Nanjing, Wuxi, higher energy efficiency, while the energy efficiency of Nantong is significantly lower than other cities. In terms of influencing factors, industrial structure, technological progress, industrialization level and energy price all have obvious influence on the energy efficiency of the Yangtze River Delta, but the degree of influence is different.

Keywords: Yangtze River Delta, Energy Efficiency, DEA Model, Influencing Factors

1 引言

1982年以来，长三角地区经济飞速发展，成为我国经济增长最快、最具发展潜力的地区之一。然而伴随着经济增长，能源消耗过大以及能源使用效率较低使长三角地区出现了较为突出的能源问题，环境污染严重，能源瓶颈十分明显。2016年"十三五"规划纲要明确提出，我国应加强对温室气体排放的控制，各地区应当尽快调整产业结构，提高能源效率，从而降低能源消耗与污染物排放，实现经济增长与生态环境的平衡发展。因此，及时准确地计算我国各省市能源效率、分析提高能源效率的各项措施，成为符合我国经济发展要求的长期工作。

长三角地区作为我国经济最发达、科技水平最先进、工业化水平最高的地区之一，同时作为中国低碳城市发展项目的试点城市，其能源使用效率的改善方法值得全国借鉴与学习。本文运用2003—2014年面板数据，对长三角地区能源利用效率进行测算，并在分析能源效率影响因素的基础上，就长三角地区如何加快转型发展等问题提出政策建议，对提高能源利用效率和促进经济良性增长具有现实参考意义。

2 文献综述与研究设计

2.1 文献综述

目前能源效率测定的方法主要包括典型的参数法如随机前沿函数法（SFA），和非参数法如数据包络分析（DEA）。马海良[1]基于超效率DEA模型和Malmquist指数，将知识存量纳入生产函数，测算我国三大经济区域的能源效率和全要素生产率，结果表明，长三角和珠三角区域能源效率普遍要高于环渤海区域。张伟、吴文元[2]运用投入导向规模报酬不变的DEA模型对长三角城市群能源使用效率进行了测试，并以环境生产函数（EPF）和环境方向距离函数（EDDF）对污染物产出进行处理。他们发现，在环境约束下的平均全要素能源效率增长率明显低于无环境约束下的全要素能源效率增长率。Massimo Filippini和Lester C. Hunt[3]通过随机边际分析法（SFA）对美国边际能源消耗量与能源效率进行计算，发现能源强度对能源效率测算并不存在明显的参考价值。孙久文、肖春梅[4]运用DEA-Malmquist生产率指数，测算长三角地区全要素能源效率，并通过全要素能源效率变动的分解，发现长三角地区全要素能源效率表现为阶段性波动，这与国家加大节能减排力度、区域产业结构调和整经济发展方式转变有关。Asgar Khademvatani和Daniel V. Gordon[5]创造性地将阴影价值（shadow value）作为测算边际能源效率指数的一个考虑因素，并使用受限制的利润函数对阴影价值进行定义。H.Wang和P. Zhou[6]在测算中国能源效率时则采用非放射型的方向距离函数，并发现中国全要素能源效率呈现较大的地区差距。

国内近年来关于能源效率影响因素的研究发展比较迅速，研究方法也较为丰富。汪克亮、杨宝臣[7]等采用变截距固定效应模型寻求影响我国能源效率的因素，认为产业结构、能源消费结构、经济发展水平、技术进步、对外依存度、政府影响力和城市化水平因素是影响我国能源效率的重要原因。王姗姗、屈小娥[8]运用生产曲线模型分析工业结构调整对能源效率提高的有限作用与边际递减效应，认为技术进步才是提高能源效率的根本方法。Boqiang Lin 和 Kerui Du[9]运用方向距离函数对中国东部、中部、西部能源效率进行测算后发现，忽视技术差距会很大程度上低估能源使用效率。杨莉莉、邵帅等[10]采用随机前沿分析方法对能源效率的影响因素进行分析，发现企业规模、对外开放、政府干预、外商直接投资和煤炭消费比重对工业全要素能源效率增长表现出显著的抑制作用，而偏向于劳动密集型的要素投入结构则有利于工业全要素能源效率的提升。Laura Abrardi 和 Carlo Cambini[11]认为关税管理会对能源效率的提高产生促进作用。A. Ramos 和 A. Gago[12]则分析了市场信息失灵对住宅业能源效率的影响程度。

能源效率评价的指标体系主要包括单要素能源效率评价指标和全要素能源效率评价指标。单要素能源效率评价指标普遍采用的能源效率指标主要是单位 GDP 能源消耗量，一般是指单位 GDP 能耗、物理能源效率和单位产品能耗之间比较。李霞[13]认为由于上述三个指标在国际和国内比较中都存在不可比的因素，即使根据 GDP 份额与购买力平价指数对价值指标进行修正，也无法从根本上消除能源强度指标的不可比性。夏炎、陈锡康[14]据此提出生产能耗综合指数以减小指标测算误差，即同一组能耗型产品和劳务的单位产品能耗，在不同年份或不同地区，以相同权数计算的能源消费量的比值。而全要素能源效率评价指标则能较好地避免上述问题，现有研究大多从能源投入、资本投入、劳动投入和产出指标的角度来度量能源效率，如何将环境污染问题纳入到考察指标中来，已经成为目前国内研究的前沿问题。

综合以上学者的相关研究可以看出，在测算能源效率和影响因素分析的问题上，研究框架逐渐由单要素能源效率拓展到多投入—多产出的全要素能源效率，研究方法也逐渐完善，出现了计量建模、DEA 数据包络分析、投入产出分析等方法的综合运用。然而，目前能源效率的测算方法仍然存在一定的局限性，一方面，多数研究使用全要素能源效率进行测算，但在使用"多投入—单产出"方式测算能源效率时，没有考虑环境污染带来的"负产出"效应，研究结论与现实需求差距较大。另一方面，对于长三角地区的能源测算，现有研究大多从两省一市层面切入，涉及具体城市群及城市间能源效率对比的研究相对较少且数据陈旧。

为此，本文以长三角城市群 17 个地级市为研究对象，对国内外现有的能源效率研究进一步拓展，主要创新之处如下：

其一，考虑到现有研究对能源效率的测算大多忽略了环境因素，本文运用双产出 DEA 模型测度长三角城市群全要素能源效率，将包括二氧化碳排放量在内的环境污染因素作为负产出纳入模型之中，对现有 DEA 模型进行拓展，提供更具有现实参考意义的测算结果。

其二，由于现有研究多为长三角两省一市的能源测算，本文将研究对象具体到长三角城市群 17 个地级市，从城市角度对长三角地区能源效率进行测算与比较分析。同时，考虑到产业结构、经济水平、能源价格和技术水平等要素对能源效率的影响程度，分别从省际与城市、横向与纵向多个角度阐述长三角能源效率变化情况和影响因素的研究结果，并结合研究结论对进一步提高长三角地区能源效率、缓解能源压力提出建议。

2.2 模型设定

2.2.1 DEA 模型介绍

DEA 数据包络分析法是由运筹学家在 1978 年提出的基于相对效率评价的多投入—多产出分析法，使用线性规划技术评价具有多个输入与输出决策单元的相对效率。

假设有 N 个决策单元，每个单元使用 M 种投入得到 S 种产品，用向量 x_i 与 y_i 分别表示投入与产出，MxN 为投入矩阵 X，SxN 为产出矩阵 Y，则第 i 个决策单元的效率可以转化为求解以下线性规划问题：

$$\begin{aligned}&\text{Min}\theta, \lambda \cdot \theta \\ &S.t. -y+Y \cdot \lambda \geq 0 \\ &\theta x-X \cdot \lambda \geq 0 \\ &\lambda \geq 0\end{aligned} \quad (2.1)$$

其中 θ 为标量，λ 为常向量，解出来的 θ 值即为第 i 个决策单元的效率值。当 $\theta \leq 1$ 时意味着该决策单元在前沿面上，为技术有效。一个决策单元的 θ 值就是该单元在现有资本、劳动和能源投入条件下所能达到的最佳生产情况。

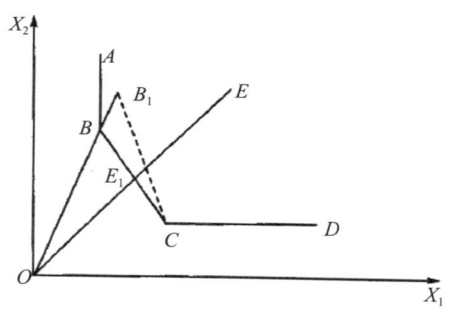

图 1 基于 DEA 方法的能源效率模型

全要素能源效率是对各种投入要素进行权重加总后，计算投入与产出之间的关系，DEA 模型定义能源相对效率为"前沿面上的最优能源投入"与"实际能源投入"的比值。如果在不变的生产条件和要素价格下，其能源投入不能再减少了，那么能源效率是帕累托有效率的，即能源效率为 1。如图 1 所示，包络线上的 B、C 构成了最优前沿，他们是有效率的决策单元；而点 E_1 和 E 是非效率的，因为实现同样的产出需要更多的能源。因此，在 CRS 假设下，据此可定义全要素能源效率为：

$$\begin{aligned}EEi_{i,t} &= (AEI_{i,t})/AEI_{i,t}=1-LEI_{i,t}/AEI_{i,t} \\ &=TEI_{i,t}/AEI_{i,t}\end{aligned} \quad (2.2)$$

式中　　i——各地区；

　　　　t——时期；

　　　　$EE_{i,t}$——i 地区 t 时期的全要素能源效率；

　　　　AEI——可观察到的实际能源投入量；

　　　　TEI——目标能源投入量，即当前生产条件下实现一定产出的最优能源投入量。据此可以计算出某地区某一年份的能源效率为：

$$REE_{j,t} = RTEI / RAEI = \sum_i^j TEI_{j,t} / \sum_i^j AEI_{j,t} \qquad (1.3)$$

式中　　j——地区；

　　　　t——时期；

　　　　K——区域内所含地区；

$RRE_{j,t}$——j 地区第 t 年的能源效率即目标能源投入与实际能源投入之比。

2.2.2　Tobit 模型介绍

Tobit 模型是 1958 年由 Tobin 建立的一类被解释变量取值有限制的回归模型，也被称为样本选择模型、受限因变量模型。在 Tobit 模型中，Y 的形式为：

$$Y_i = \begin{cases} Y_i^*, & Y_i^* > 0 \\ 0, & \text{其他} \end{cases}$$

其中，潜变量 $Y_i = X_i\beta + \varepsilon_i$，$\varepsilon_i \sim N(0, \sigma^2)$，$Y_i$ 为受限变量，X_i 为独立变量，参数 β 决定了独立变量 X_i 与受限变量 Y_i 之间的关系，并设定随机误差项 ε^2 服从正态分布。

3　长三角能源效率测算

3.1　指标设定

现有研究在测算能源效率时大多采用全要素能源效率评价指标，综合考虑之后，本文以 2000—2014 年上海、江苏、浙江两省一市的投入产出数据为依据，选取资本、能源、劳动三个投入要素，以合意产出、非合意产出作为两个产出要素，具体说明如下：

（1）资本投入。采用"永续盘存法"对两省一市资本存量进行估算，利用 GDP 平减指数将基年 2000 年的数据换算为 100。

（2）劳动投入。由于缺乏既能体现劳动者素质又能体现劳动效率的统计指标，本文以各省"（年初从业人员数 + 年末从业人员数）/2"作为劳动力投入指标，单位为万人。

（3）能源投入。将煤炭、石油、天然气和水电消费量按相应比例折算为同一单位后相加，以各地区每年的能源消费总量表示，单位为万吨标准煤。

（4）合意产出。以各地区国内生产总值 GDP 计量，单位为亿元。

（5）非合意产出。指污染物的排放量，以各地区年二氧化碳排放量与二氧化硫排放量计算，单位为万吨。

3.2 测算结果分析

原始数据来源为中国统计出版社2001—2015年《中国环境统计年鉴》、《中国能源统计年鉴》，2001—2013年《中国工业经济统计年鉴》，2014—2015年《中国工业统计年鉴》(表1)。

长三角地区能源效率投入产出指标体系　　　表1

分类		指标名称	指标说明	单位
投入指标		资本投入	用"永续盘存法"进行资本估算	亿元
		劳动投入	(年初从业人员数+年末从业人员数)/2	万人
		能源投入	各地区每年的能源消费总量	万吨标准煤
产出指标	合意产出	总产出增加值	各地区国内生产总值GDP	亿元
	非合意产出	二氧化碳排放量	各地区年二氧化碳排放量	万吨
		二氧化硫排放量	各地区年二氧化硫排放量	万吨

根据DEA数据包络分析法，采用Deap2.1计算出两省一市的能源效率的统计性描述及具体数值，计算结果分别见表2和表3，17个地级市能源效率及均值的计算结果见表4，城市能源效率聚类结果见表5。同时为了对比上海、江苏、浙江以及各主要城市的能源效率变化，将计算结果用折线图表示，见图2。

长三角能源效率测算的统计性描述　　　表2

变量	总产值（亿元）	碳排放量（万吨）	资本投入（亿元）	劳动力投入（万人）	能源投入（万吨标准煤）
均值	19372.12	70.51	4586.59	107.84	1056.37
中间值	12618.41	63.19	3287.68	74.07	783.12
标准差	23476.91	46.87	4342.74	112.76	1328.95
极差	98425.43	188.21	28697.98	797.41	5925.03

长三角两省一市能源效率测算结果　　　表3

年份	上海	江苏	浙江
2000	0.998	0.721	0.733
2001	1.000	0.718	0.761
2002	1.000	0.719	0.772
2003	1.000	0.726	0.784
2004	1.000	0.727	0.801
2005	1.000	0.739	0.824
2006	1.000	0.740	0.823
2007	1.000	0.701	0.787
2008	1.000	0.703	0.782

续表

年份	上海	江苏	浙江
2009	1.000	0.702	0.791
2010	1.000	0.709	0.786
2011	1.000	0.714	0.793
2012	1.000	0.711	0.802
2013	1.000	0.716	0.814
2014	1.000	0.719	0.812
均值	1.000	0.718	0.799

从表3可以看到，考虑到资本、能源、人力投入以及二氧化碳排放量的DEA能源效率值，上海、江苏、浙江的能源效率都保持在较高水平，其中江苏省和浙江省的能源效率在经历五年左右的缓慢增长之后，在短时间内出现下降的情况，之后又缓慢回升。

长三角城市能源效率测算结果　　　　表4

城市	2000	2001	2002	2003	2004	2005	2006	2007	2008	2009	2010	2011	2012	2013	2014	均值
南京	0.945	0.936	0.941	0.947	0.949	0.978	0.984	0.917	0.928	0.962	0.956	0.969	0.977	0.973	0.975	0.959
杭州	1	1	1	1	1	1	1	1	1	1	1	1	1	1	1	1
无锡	0.924	0.929	0.934	0.967	0.983	0.989	0.991	0.967	0.965	0.966	0.965	0.968	0.971	0.973	0.971	0.964
苏州	0.945	0.948	0.979	0.985	0.983	1	1	0.954	0.967	0.973	0.982	0.996	0.993	1	1	0.981
常州	0.652	0.658	0.667	0.674	0.671	0.668	0.671	0.665	0.653	0.647	0.656	0.657	0.663	0.668	0.671	0.663
扬州	0.698	0.682	0.695	0.703	0.712	0.698	0.695	0.697	0.652	0.631	0.603	0.612	0.623	0.631	0.636	0.664
南通	0.551	0.556	0.561	0.554	0.561	0.559	0.553	0.562	0.561	0.564	0.563	0.558	0.562	0.566	0.567	0.559
宁波	0.853	0.856	0.873	0.871	0.883	0.892	0.887	0.901	0.912	0.906	0.937	0.939	0.943	0.945	0.957	0.904
台州	0.762	0.774	0.803	0.812	0.827	0.864	0.875	0.871	0.882	0.897	0.912	0.949	0.941	0.936	0.941	0.869
盐城	0.643	0.646	0.644	0.645	0.651	0.657	0.659	0.647	0.643	0.643	0.645	0.646	0.652	0.659	0.663	0.649
镇江	0.651	0.655	0.654	0.659	0.663	0.668	0.674	0.652	0.654	0.653	0.659	0.661	0.667	0.672	0.679	0.664
泰州	0.593	0.591	0.594	0.597	0.599	0.607	0.612	0.594	0.593	0.595	0.597	0.601	0.603	0.604	0.607	0.599
嘉兴	0.712	0.714	0.719	0.722	0.725	0.727	0.733	0.702	0.709	0.707	0.711	0.709	0.713	0.715	0.719	0.715
湖州	0.691	0.688	0.692	0.703	0.709	0.714	0.712	0.697	0.691	0.689	0.692	0.691	0.697	0.701	0.706	0.698
绍兴	0.707	0.705	0.708	0.712	0.714	0.719	0.721	0.701	0.703	0.705	0.717	0.719	0.716	0.717	0.721	0.712
金华	0.699	0.703	0.698	0.699	0.707	0.703	0.709	0.688	0.682	0.689	0.687	0.692	0.693	0.695	0.699	0.696
舟山	0.687	0.686	0.689	0.697	0.699	0.704	0.708	0.682	0.683	0.689	0.684	0.682	0.689	0.684	0.685	0.689

从两省一市横向比较来看，上海市能源效率始终保持为1，远高于浙江省与江苏省。上海市作为我国经济最发达的地区之一，第三产业比重较高，金融业发达，重工业比重低，经济发展对能源资源的依赖性远低于其他省市。同时，上海市技术创新水平也处于全国领先地位，节能技术的发展带动了能源利用效率的提高。相比之下，浙江省与江苏省能源利用效率低于上海市，在提高能源效率、发展绿色能源方面还有待加强。从图中可以看出，江苏省能源效

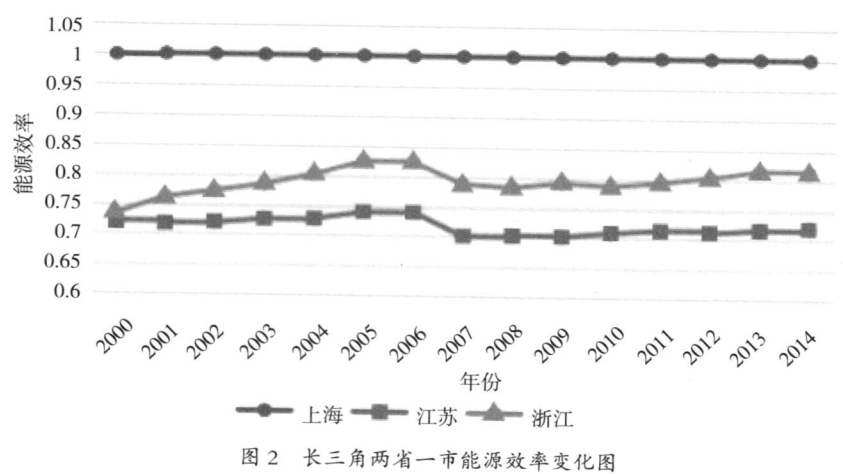

图2 长三角两省一市能源效率变化图

率比浙江省更低,基本在0.7左右波动,而浙江省基本维持在接近0.8的位置,但两省差距不大,发展趋势也较为一致。

从两省一市纵向角度看,上海市能源效率一直稳定在较高水平,浙江省与江苏省能源效率则出现了较为相似的波动。在2003—2006年,两省能源利用效率逐渐提高,2006年达到较高水平。然而从2007年开始,由于江苏省与浙江省作为经济外向型的沿海省份,受到金融危机的冲击程度较大,能源效率明显下滑。原因是两省为拉动经济复苏保证经济平稳发展,出台了一系列带动经济发展的政策,鼓励工业投资与基础设施建设,对能源需求大幅度增加,从而造成了两省能源效率明显下降。

长三角城市能源效率聚类结果　　　　　　　　　　　　　　表5

聚类	城市	能源效率均值范围
高效区	南京、杭州、无锡、苏州、宁波	0.9~1
中效区	台州、绍兴、嘉兴	0.7~0.9
低效区	常州、扬州、南通、舟山、金华、湖州、泰州、镇江、盐城	0.7以下

从各主要城市角度来看,杭州市与苏州市的能源效率处于领先水平,这是因为这两所城市拥有较高的生产力与较合理的产业结构。杭州市作为我国经济发展水平较高的城市之一,民营经济与低碳产业发展良好,旅游业是杭州的支柱产业之一,能源依赖性较低。而南京市、宁波市、无锡市虽然能源效率略低于上海市与杭州市,但也维持在0.9之上的较高水平,经济结构比较合理,能源利用水平也较高。考虑到非合意产出的能源效率水平之后,上述城市仍然保持较好的能源效率,说明这几个城市的产业结构、能源结构和能源应用技术,都略优于长三角其他城市。

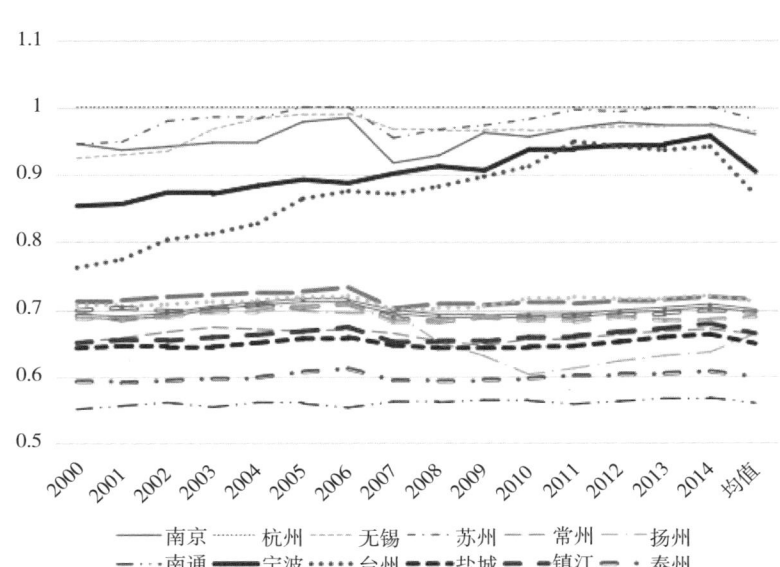

图 3 长三角城市能源效率变化图

在这些城市中,南通、常州、扬州、舟山、金华、湖州、泰州、镇江、盐城九市能源效率偏低,其中南通市能源效率低于 0.6。这意味着上述城市在节能减排上还有较大的发展空间,需要降低重工业与高能耗产业的比例,实现产业结构升级,优化能源结构,从而提高能源利用效率。

4 长三角能源效率影响因素分析

4.1 指标设定

Tobit 模型在经济领域研究中是一个相对比较完善、实用的回归方法,它能在观测数据取值受限制的情况下,分析非负不独立变量与独立变量之间的定量关系,并用回归系数表现。

根据国内外关于全要素能源效率的研究,以及长三角地区经济发展状况与产业特点,本文将产业结构（IS）、工业化水平（IL）、能源价格（EP）、技术水平（TL）纳入 Tobit 模型的考虑范畴。

（1）产业结构（IS）。产业结构的优化与调整,是降低能源消耗强度的主要因素。世界银行（1997）的一份研究报告认为,20 世纪 90 年代中国能耗强度的降低有 30%~45% 归因于产业结构的调整,特别是服务业比重的上升。第三产业具有附加值高、能源消耗少的特点,因此增加第三产业将有助于提高能源效率。本文用第三产业增加值/地区 GDP 总量的百分比来表示产业结构变动。

（2）工业化水平（IL）。随着中国国民经济的发展,中国各地区工业化进程明显加快。目前,我国大部分省份特别是经济发展迅速的长三角地区已进入工业化发展的中后期,而在工业化的不同阶段能源消耗与能源效率也存在不同。本文同各地区工业增加值占地区生产总值的比重来表示工业化水平。

（3）技术水平（TL）。技术进步影响能源效率表现在通过科技创新、研制和开发先进技术与设备、使用科学的生产方式来提高能源效率，降低能耗开支。这意味着技术水平提升可以通过提高生产率、优化生产设备来降低能源消耗，同时也能通过提高社会科技发展水平和劳动力素质减少能源浪费。本文中技术进步用研究与开发（R&D）费用占 GDP 比重表示。

（4）能源价格（EP）。对于我国这样一个地域辽阔、资源分布极不均衡的发展中大国来说，能源价格的影响不容忽视。能源价格的提升意味着生产成本的增加，刺激生产者降低能源消耗、发展节能技术，从而提高能源效率。能源价格用原材料、燃料、动力购进价格指数来衡量。

长三角能源效率 Tobit 模型解释变量表　　　　　　表 6

变量	变量说明	预期方向	单位	数据来源
IS_{it}	i 城市第 t 年第三产业增加值 / 地区 GDP 总量百分比	+	%	《中国能源统计年鉴》、《中国工业统计年鉴》
IL_{it}	i 城市第 t 年工业增加值占地区生产总值的比重	+	%	
TL_{it}	i 城市第 t 年研究与开发（R&D）费用占 GDP 比重	+	%	
EP_{it}	i 城市第 t 年原材料、燃料、动力购进价格指数	+	%	

4.2　结果分析

为了充分利用时间与截面数据，有效检验能源效率与各影响因素之间的关系，本文使用面板数据计量模型进行 Tobit 回归。原始数据来源于中国统计出版社 2001—2015 年《中国能源统计年鉴》，2001—2013 年《中国工业经济统计年鉴》，2014—2015 年《中国工业统计年鉴》。

本文以长三角地区全要素能源效率为被解释变量，取值介于 0~1 之间，为受限值。回归结果见表 7。

长三角 Tobit 模型回归结果　　　　　　表 7

参数	长三角		上海		江苏		浙江	
	系数	Wald χ2	系数	Wald χ2	系数	Wald χ2	系数	Wald χ2
IS	0.6913（0.0031）	8.1023	0.7912（0.0623）	4.3095	0.5013（0.0287）	5.7683	0.5972（0.0573）	7.8234
IL	0.8456（0.0231）	3.6073	0.8745（0.0317）	5.7826	0.6072（0.0241）	9.0372	0.6912（0.0873）	4.826
TL	0.8675（0.0647）	4.1637	0.8937（0.0493）	4.9862	0.6716（0.0413）	3.7053	0.7923（0.0289）	5.284
EP	0.0431（0.0278）	3.0783	0.0658（0.0247）	7.1294	0.0428（0.0928）	3.6897	0.0516（0.378）	5.439
L		44.207		38.127		21.073		24.386
σ		0.0197		0.0282		0.0593		0.0483

从表 3.2 可以看出，产业结构优化调整对提高能源效率有显著提升，但影响力在上海市最大，在浙江省、江苏省依次降低。第三产业比重每增加 1 个百分点，上海、浙江、江苏两省一市能源效率分别提高 0.7912、0.5972、0.5913 个百分点，这其中上海市增加的百分比明显高于其他两省。如果能源由低效率行业向高效率行业流动，则会优化资源配置结构，提高能源利用效率。而作为低能耗服务业为主的产业，第三产业比重提高带来的结构效应总为正，能够促进能源效率的提高。因此相比于经济发展迅速、工业化水平较高的上海市，浙江省与江苏省产业结构调整相对缓慢，第三产业增加值的比重低于上海市，因此其能源效率提升的幅度也明显低于上海市。

工业化水平对长三角能源效率提升有积极作用，工业增加值比重每提高 1 个百分点，会使上海市、浙江省、江苏省能源效率分别提高 0.8745、0.6912、0.6072 个百分点。在工业化水平较低的时期，工业能源的使用量非常低，对能源效率的影响程度几乎可以直接忽略；然而随着工业化水平越来越高尤其是第二产业的迅速发展，工业能源消耗量会明显增加；之后随着产业结构从重工业导向型向第三产业导向型转化，工业能源消耗强度会逐渐下降。目前，长三角地区工业化进程已经进入中后期阶段，上海已进入后工业化阶段，浙江与江苏也进入了工业化后期的前半段。这些地区随着经济结构的优化，能耗强度会逐渐降低，而经济发展水平和工业化进程较快的上海市，其能源消耗强度更低，因而能源效率也高于浙江、江苏省。

技术进步对长三角能源效率提高具有积极作用且系数检验显著，但对于长三角内各地区的影响程度不同。R&D 支出每提高 1 个百分点，将使上海、浙江、江苏的能源效率分别提高 0.8937、0.7923、0.6716 个百分点，上海市显著高于其他两省。上海市拥有雄厚的经济实力和较高的工业化水平，对外开放水平高，不但自主研发能力较强，在物质资本、人力资本、外来技术等方面也具有明显优势，自然条件与政策条件都优于其他两省。可以看出，长三角内部两省一市技术进步的差距依然存在。

能源价格作为制约能源消费的直接因素，对长三角能源效率的提高具有正向作用，上海、浙江、江苏的影响系数分别为 0.0658、0.0516、0.0428。上海市能源价格的影响程度略高于其他两省，但差距不大。能源价格的提高能够抑制能源消费，促使企业节约能耗以降低成本，同时能源价格提高能促进能源使用技术水平的提高，促使节能技术的发展。因此当能源价格提高时，能源效率较低的地区将具有更强的动力改进能源技术、调整能源结构以降低成本、从而提高能源利用效率。

5 结论与政策建议

5.1 研究结论

通过上述分析，本文得出以下主要结论：

（1）长三角地区整体能源效率较高，但上海、江苏、浙江的能源效率存在较为明显的差距且差距逐年加大，17个地级市之间能源效率的差距也较为明显。杭州、苏州、南京、宁波、无锡五市能源效率水平较高，而南通、常州、扬州、舟山、金华、湖州、泰州、镇江、盐城九市能源效率偏低。

（2）相比于上海市，江苏省与浙江省受到金融危机的冲击程度较大，能源效率出现了较为相似的波动。从2007年开始，江苏省与浙江省作为经济外向型的沿海省份受到金融危机的冲击，为拉动经济复苏保证经济平稳发展，鼓励工业投资与基础设施建设，导致能源效率明显下滑。

（3）产业结构、工业化水平、技术进步、能源价格都对长三角地区能源效率具有较为明显的正向影响，但对于三个省份的影响程度存在差异。

5.2 政策建议

基于以上结论，本文对进一步提高长三角能源效率提出如下建议：

（1）优化第二产业内部结构，积极发展第三产业。长三角地区工业化水平较高，重工业基础较好，因此必须重点提高重工业发展的质量，逐渐由能耗压力大、污染严重的重工业向技术依赖型、环境污染轻的新兴工业转变。上海、杭州、南京等城市能源利用效率较高，与其高度发达的旅游业服务业等第三产业密不可分。长三角地区拥有复旦大学、上海交通大学、浙江大学、南京大学等国内知名高校与科研机构，应当加强技术扶持，加快企业自主创新与技术进步。

（2）发挥能源价格的杠杆作用，降低煤炭消耗比重。浙江、江苏两省虽然已经进入工业化后期，但仍然存在一定比例的高耗能产业，对能源价格变化的反应也比较灵敏。因此当能源价格提高时，两省将具有更强的动力改进能源技术、调整能源结构以降低成本、从而提高能源利用效率。

（3）加强政府政策引导，发挥技术进步对提高能源效率的促进作用。由于企业资本逐利性的根本目的，政府对解决能源问题与长期环境问题肩负着重要的职责，政府应当保证能源技术在利润优先的前提下能够得到足够的发展支持，对技术进步与技术研发活动起到导向作用。

（4）缩小能源效率的地区差异，促进各地区经济协调发展。长三角地区能源效率的地区差距在逐渐拉大，上海、南京、杭州等城市的能源效率较高，经济发展趋势良好，而南通、常州、扬州的经济发展水平与能源效率水平明显低于其他城市，长此以往会影响长三角地区的整体经济发展，形成恶性循环。长三角各地区应该根据自身资源禀赋，积极发展具有当地特色的低耗能产业，并积极进行跨区域的经济技术交流，加快技术进步，引导东部沿海的资金技术与产业向江浙中西部地区转移，推动长三角区域内部协调发展，缩小地区差距。

参考文献

[1] 马海良，黄德春.中国三大经济区域全要素能源效率研究——基于超效率 DEA 模型和 Malmquist 指数 [J]. 中国人口资源与环境，2011，7（11）：38–43.

[2] 张伟，吴文元.基于环境绩效的长三角都市圈全要素能源效率研究 [J]. 经济研究，2011，10：95–109.

[3] Massimo Filippini，Lester C.Hunt.US residential energy demand and energy efficiency：A stochastic demand frontier approach[J].Energy Economics，2012，34（5）：1617–1622.

[4] 孙久文，肖春梅.长三角地区全要素能源效率变动的实证分析 [J]. 中国人口资源与环境，2012，16（12）：67–72.

[5] Asgar Khademvatani，Daniel V.Gordon.A marginal measure of energy efficiency：The shadow value[J]. Energy Economics，2013，38（8）：153–159.

[6] H.Wang，P.Zhou，D.Q.Zhou.Scenario–based energy efficiency and productivity in China：A non–radial directional distance function analysis[J].Energy Economics，2013，40（17）：795–803.

[7] 汪克亮，杨宝臣.考虑环境效应的中国省际全要素能源效率研究 [J]. 管理科学，2010，3：100–111.

[8] 王姗姗，屈小娥.基于环境效应的中国制造业全要素能源效率变动研究 [J]. 中国人口资源与环境，2011，8：130–137.

[9] Boqiang Lin，Kerui Du. Technology gap and China's regional energy efficiency：A parametric metafrontier approach. Energy Economics，Volume 48，March 2015，Pages 230–241.

[10] 杨莉莉，邵帅.长三角城市群工业全要素能源效率变动分解及影响因素——基于随机前沿生产函数的经验研究 [J]. 上海财经大学学报，2014，9（3）：95–102.

[11] Laura Abrardi，Carlo Cambini. Tariff regulation with energy efficiency goals. Energy Economics，Volume 49，May 2015，Pages 122–131.

[12] A. Ramos，A. Gago，X. Labandeira，P. Linares. The role of information for energy efficiency in the residential sector. Energy Economics，Volume 52，Supplement 1，December 2015，Pages S17–S29.

[13] 李霞.我国能源综合利用效率评价指标体系及应用研究 [D]. 中国地质大学，2013.

[14] 夏炎，陈锡康，杨翠红.基于投入产出技术的能源效率新指标——生产能耗综合指数 [J]. 管理评论，2010，22（2）：17–22.

孙智君：武汉大学经济与管理学院
刘蕊涵：武汉大学经济与管理学院 ruian_liu@163.com

长江经济带沿线主要省市政策应对比较与问题分析

赵倩　付帅

摘　要：自长江经济带战略发布以来，沿线多个省市陆续出台相关政策并提出相关规划应对策略，但由于各地没有建立起相互沟通的有效机制，导致所颁布的政策方案或规划应对策略中产生一定的衔接困难或实施冲突，从而影响长江经济带战略对沿线区域协调发展的有效作用。本文选取长江经济带沿线覆盖的11个省市为研究对象，主要从城市战略定位、经济与产业发展、人口和城镇化、对外开放四大方面，分析对比各地已发布的长江经济带战略相关政策和规划目标，梳理目前主要存在的政策协调和规划实施问题，并从建立多层次协调平台、健全流域法律法规、完善经济市场体系等方面提出相应的对策和建议，以提高长江经济带沿线城市的协调发展水平。

关键词：长江经济带，政策比较，区域协调

Policy Analysis and Comparison of Major Provinces and Cities along Yangtze River Economic Belt

Abstract: Since the release of Yangtze River Economic Zone Strategy, many provinces and cities along the Yangtze River have issued relevant policies and put forward relevant plans. However, there are some convergence difficulties or conflicts in these policies due to the lack of effective communication mechanism, which may affect the effective function of the Yangtze River economic belt on the regional coordination. This paper takes 11 provinces and cities along the Yangtze River Economic Belt as research objects. Based on the following four aspects—city strategic positioning, economic and industrial development, population and urbanization, external development, this paper tries to analyze and compare published policies and planning targets of these provinces and cities, comb main existing policy coordination and planning implementation. This paper puts forward some countermeasures and suggestions to establish the multi-level coordinating platform, improve the laws and regulations of the basin and polish up the economic market system so as to improve the coordinated development level of the cities along the Yangtze River economic belt.

Keywords: Yangtze River Economic Belt, Comparison of Policy, Regional Coordination

1 引言

1.1 问题提出

2014年9月,随着国务院《关于依托黄金水道推动长江经济带发展的指导意见》的正式提出,长江经济带与"一带一路"、京津冀协同发展一起上升为国家三大战略,成为推动我国经济发展的强大支撑动力,同时也为沿线各省市的新一轮发展提供了重要的战略支点。上海、江苏、湖北、四川、重庆、云南、贵州等沿线多个省市也陆续出台相关政策,从战略定位、经济发展、人口和城镇化、综合交通、创新研发、生态环境等多个方面提出落实长江经济带战略的实施意见。

截至目前,长江经济带沿线11省市中已有9省市明确出台了相应的实施意见或行动方案,但由于各省市出台的政策文件主要基于自身的发展诉求和现实需要,缺乏对长江经济带整体区域发展的行动响应,且相互之间并未建立起有效沟通的机制或平台[1, 2],导致所颁布的实施意见或行动方案中出现一定的衔接困难或实施冲突,从而影响长江经济带战略对沿线区域协调发展的有效作用(表1)。

长江经济带沿线部分省市出台的相关政策文件　　表1

省市	文件名	发布时间
上海	上海市政府关于贯彻《国务院关于依托黄金水道推动长江经济带发展的指导意见》的实施意见	2015年7月
江苏	江苏省贯彻落实《国务院关于依托黄金水道推动长江经济带发展的指导意见》的实施意见	2015年7月
浙江	浙江省参与长江经济带建设实施方案(2016—2018年)	2016年9月
江西	江西省人民政府贯彻国务院关于依托黄金水道推动长江经济带发展指导意见的实施意见	2015年4月
湖南	湖南省人民政府关于依托黄金水道推动长江经济带发展的实施意见	2015年5月
湖北	湖北省人民政府关于国家长江经济带发展战略的实施意见	2015年6月
四川	四川省推进实施长江经济带综合立体交通走廊规划工作方案	2014年11月
四川	四川省人民政府贯彻国务院关于依托黄金水道推动长江经济带发展指导意见的实施意见	2014年11月
安徽	安徽省人民政府关于贯彻国家依托黄金水道推动长江经济带发展战略的实施意见	2015年4月
重庆	重庆市关于贯彻落实国家"一带一路"战略和建设长江经济带的实施意见	2014年12月

1.2 研究对象选取

长江经济带沿线11省市中,由于重庆、上海两大直辖市的地域范围、经济规模、人口规模与其他省在尺度上的可比性不强,因此本文在进行部分数据分析时选取长江经济带沿线9个省会城市以及上海、重庆为研究对象,以点带面反映各省域(直辖市)的基本经济社会发展情况(表2)。同时以《关于依托黄金水道推动长江经济带发展的指导意见》(以下简称《意见》)和《长江经济带发展规划纲要》(以下简称《纲要》)为总体指导,梳理目前各地落实长江经济带战略中存在的主要协调问题,以促进长江经济带战略的有效实施。

表2 长江经济带沿线主要城市概况

	2014年土地面积（万平方千米）	2015年总人口（万人）	2015年地区生产总值（亿元）
上海	0.63	2415.3	24965.0
江苏	10.26	7976.3	70116.4
浙江	10.2	5539.0	42886.0
安徽	13.97	6143.6	22005.6
江西	16.7	4565.6	16723.8
湖北	18.59	5851.5	29550.2
湖南	21.18	6783.0	29047.2
重庆	8.23	3016.6	15719.7
四川	48.14	8204.0	30103.1
云南	38.33	4713.9	13717.9
贵州	17.6	3529.5	10502.6

注：数据来源各市2015统计年鉴及统计公报，南昌、成都、昆明、贵阳人口为2014年数据。

2 沿线主要省市相关政策及问题梳理

2.1 主要目标及定位分析

长江经济带沿线主要省市依托自身发展本底条件与发展诉求，均提出了相应的主要发展目标（图1、表3）。整体来看，各省市的发展目标基本立足长江经济带战略的要求，但存在的主要问题是各自提出的发展目标层级差异较大，在不同区域尺度上的定位无法有效衔接。

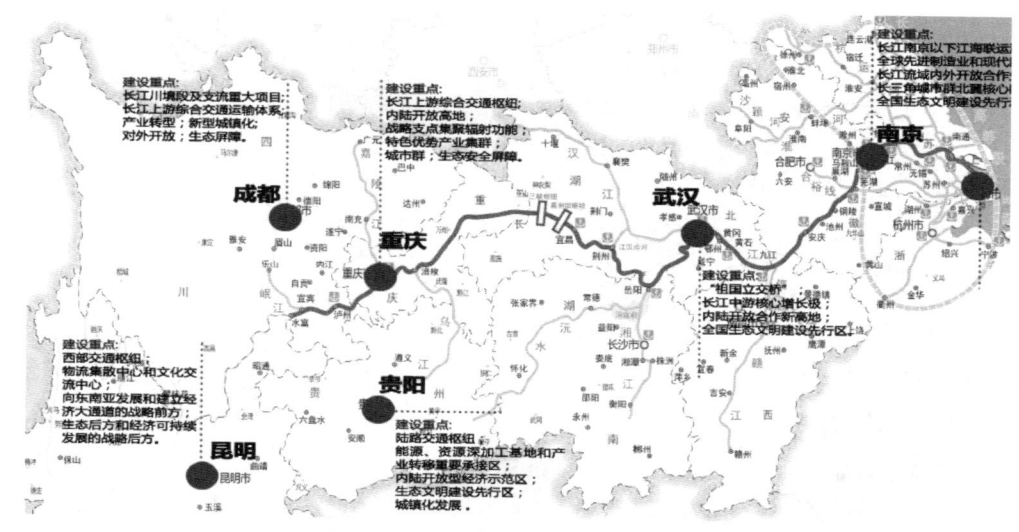

图1 长江经济带沿线城市建设目标示意
资料来源：根据相关文件整理自绘．

具体来看，上海作为全国城镇体系中的最高层级，在长江经济带战略下的发展定位基本立足长江全域要求，具体在产业、人口、文化等方面的定位均是以长江经济带作为区域尺度；而重庆则依托西部唯一国家中心城市的重要地位，立足整个西部地区提出要提高支撑能力；湖北、四川、贵州、云南等省则将任务分解到交通、产业、对外开放等子项，没有提出在长江经济带战略下的整体定位。

长江经济带战略下主要省市主要发展目标对比　　　表3

省市	主要发展目标
上海	长江经济带最大最先进的制造业基地；长江经济带最大的国际经济中心、贸易中心、金融中心、航运中心以及物流集散中心和信息服务中心、交通枢纽中心；长江经济带人文合作交流中心、科技创新中心
重庆	西部开发开放战略支撑能力大幅提升；长江经济带西部中心枢纽全面建成；长江上游重要生态屏障加快形成
江苏	长江南京以下江海联运港区；全球先进制造业和现代服务业集聚区；长江流域内外开放合作先导区；长三角城市群北翼核心区；全国生态文明建设先行示范区
湖北	承东启西、连南接北的"祖国立交桥"；长江中游核心增长；内陆开放合作新高地；全国生态文明建设先行区
四川	加快长江川境段及支流重大项目实施；推进长江上游综合交通运输体系建设；推进产业转型升级；推进新型城镇化健康发展；全方位多层次扩大对外开放；构建长江上游生态屏障
云南	长江经济带的西部交通枢纽；物流集散中心和文化交流中心；长江经济带向东南亚发展和建立经济大通道的战略前方；长江经济带黄金水道的生态后方和经济可持续发展的战略后方
贵州	长江上游地区重要的陆路交通枢纽；长江经济带的能源、资源深加工基地和产业转移重要承接区；长江经济带内陆开放型经济示范区；长江经济带的生态文明建设先行区；长江上游内陆地区城镇化发展
江西	长江经济带的重要战略支撑；内陆沿江开放合作的新高地；全国生态文明建设的先行示范区
安徽	长三角世界级城市群的新兴增长极；全国重要的自主创新示范区和先进制造业基地；内陆对外开放的新高地；长江流域生态文明建设先行区

资料来源：作者根据各省市颁布的贯彻长江经济带战略的实施意见整理。

2.2 经济及产业发展目标及路径分析

《意见》明确指出"要大力发展战略性新兴产业，加快改造提升传统产业，大幅提高服务业比重，引导产业合理布局和有序转移，培育形成具有国际水平的产业集群"。从2014年长江经济带沿线主要城市科研创新水平来看，上海的整体水平远领先于其他城市，武汉高等学校数量居沿线第一位（表4）。基于《意见》提出的发展要求，沿线省市均针对自身经济和产业发展基础，积极把握长江经济带战略带来的产业转移和区域合作机遇，提出了相应的经济和产业发展路径。上海、浙江等沿海发达省份明确提出要进一步加强与长江中上游地区的产业对接合作，湖南、四川、云南、贵州等地也明确提出要着力打造产业转移承接平台，促进传统产业的梯度转移。目前已经成功举办"长江流域园区与产业合作对接会"，投资建成成都国际商贸城、阿里巴巴重庆电子商务国际贸易中心等产业合作园区，促进长江经济带整体产业竞争力的提升。

2014年长江经济带沿线主要城市科研创新水平　　表4

城市	专利申请数（件）	R&D人员全时当量（万人年）	普通高等学校在校学生数（万人）	普通高等学校（机构）数（所）
上海	86450	16.2	50.48	68
南京	55094	1.24	98.28	59
武汉	25680	4.99	96.64	80
重庆	15628	5.3	70.76	63
贵阳	7039	0.87	32.53	29
昆明	1333	0.58	58.96	—
成都	686	—	70.17	56

同时，沿线省市在产业协调方面仍存一定问题：一是发展定位衔接程度不高，例如武汉、重庆分别提出全面建成长江中游、上游金融中心，上海则提出建成长江经济带金融中心，昆明提出建设区域性国际金融中心，南京提出打造区域性金融中心，但各个"金融中心"之间并未形成有效的合作与分工机制，对各自定位的差异性也并未做相关说明。另外湖南提出建设现代服务业区域中心、江西提出打造现代服务业集聚区、湖北提出加快建成中部现代服务业中心、成都提出建设国家现代服务业改革发展示范区，与"现代服务业"有关的多个相似概念相互混淆，区域辐射范围重叠，定位等级不明，必然导致政策的实施难度加大；二是各地的产业规划有同构化现象，11省市中将电子信息列为主导产业的有9个，汽车、石化、装备制造列为主导产业的有6个，产业同构化会造成城市经济的同质化竞争，降低长江经济带的协作效率和整体经济竞争力[4]；三是长江经济带科技成果转化与产业化率较低，专利申请的数量超过全国的一半但市场成交合同占不到全国的30%[5]。

2.3 人口及城镇化路径发展分析

受城市本底资源环境和经济发展水平等因素的影响，长江经济带沿线重点城市的城镇化水平有较大差异，目前沿线省会城市和直辖市中城镇化率最高为上海（2013年89.6%），最低为重庆（2015年60.9%），且所有城市均已进入城镇化中期或后期阶段[6]。《意见》指出"要按照沿江集聚、组团发展、互动协作、因地制宜的思路，推进以人为核心的新型城镇化，优化城镇化布局和形态等，全面提高长江经济带城镇化质量"。在此基础上，沿线主要省市重点对城镇化率、城镇空间格局、城乡一体化等方面均提出了具体的发展目标。重庆、四川、云南等西部省市仍处于城镇化率快速上升时期，关注人口的城镇化水平，重庆提出到2020年城镇化率达到 65%、四川提出达到 53% 以上、云南提出达到 50%。上海、江苏、湖北等省市则更加强调优化城镇空间布局，完善公共服务设施配套，上海提出要健全城乡发展一体化体制机制，推进基本公共服务均等化，推动产城融合，江苏提出基本建立城乡资源合理配置和要素自由流动的体制机制，基本公共服务常住人口全覆盖，城乡发展一体化水平显著提高，湖北强调推进城乡规划、基础设施、产业布局、公共服务和社会保障等一体化建设，逐步缩小城乡差距，建成长江中游城乡统筹发展示范区。

目前，西部地区人口城镇化一方面来自农业转移人口的市民化，一方面来自外来人口的回流，因此长江经济带沿线省市的城镇化是相互影响的有机体[7]。国家发改委陆续出台的《成渝城市群发展规划》《长江中游城市群发展规划》《长江三角洲城市群发展规划》，对各区域内的整体协调发展提供了比较明确的道路，但对于各省市与长江经济带整体的联动发展则考虑较少。另外，各省市在城镇空间格局优化方面着重从省市全域范围内进行考虑，并未充分考虑在沿江地区利用长江黄金水道的天然优势进行联动发展，未充分认识黄金水道对区域内产业转移和人口转移的双重推动作用，在相关政策文件中也未针对沿江区域提出相应的城镇空间形态优化策略。

2.4 对外开放路径分析

改革开放来，长江经济带得益于其优越的区位和便利的综合运输条件，对外开放发展一直在全国保持较高水平。近年来，在国家"一带一路"、"长江经济带"等重大区域战略促进作用下，各地进一步利用机场、铁路、港口、保税区、海关特殊监管区等开放口岸大力打造对外开放平台[8]。目前长江经济带沿线已有上海、浙江、重庆、四川、湖北五个省市获得国家批复建立自由贸易试验区，"渝新欧"、"蓉新欧"、"汉新欧"等国际铁路联运大通道也逐渐成为内陆地区联通中东欧地区的重要路径。同时，沿江各省市正为加快流域的对外开发，着力推动长江经济带跨区域合作机制和通关一体化。

从长江经济带沿线主要省会城市及直辖市的进出口总额来看，整体分层现象较为明显，上海以 4600 亿美元位于第一梯队，且远远高于其他城市；重庆、杭州、南京、成都均超过 500 亿美元的进出口额位于第二梯队，尤其是重庆近年来"三个三合一"对外开放平台搭建的基本完成和笔电产业的快速发展，进出口额增长迅速；第三梯队城市的进出口额则低于 300 亿美元，且长江中游主要省会城市均位于此梯队内。在政策提出方面，各省市也仍然存在名称混淆、定义不清、相互衔接不畅的情况，例如湖北提出建设内陆开放合作新高地，重庆提出着力打造内陆开放高地，湖南提出打造内陆开放引领区，四川提出全方位多层次扩大对外开发，贵州省提出建设长江经济带内陆开放型经济示范区。可以看到各个省市加强对外开发开放的诉求均较为强烈，但在明确目标与发展路径时仍然缺乏从长江经济带整体区域尺度进行合理定位和协调考虑（图 2）。

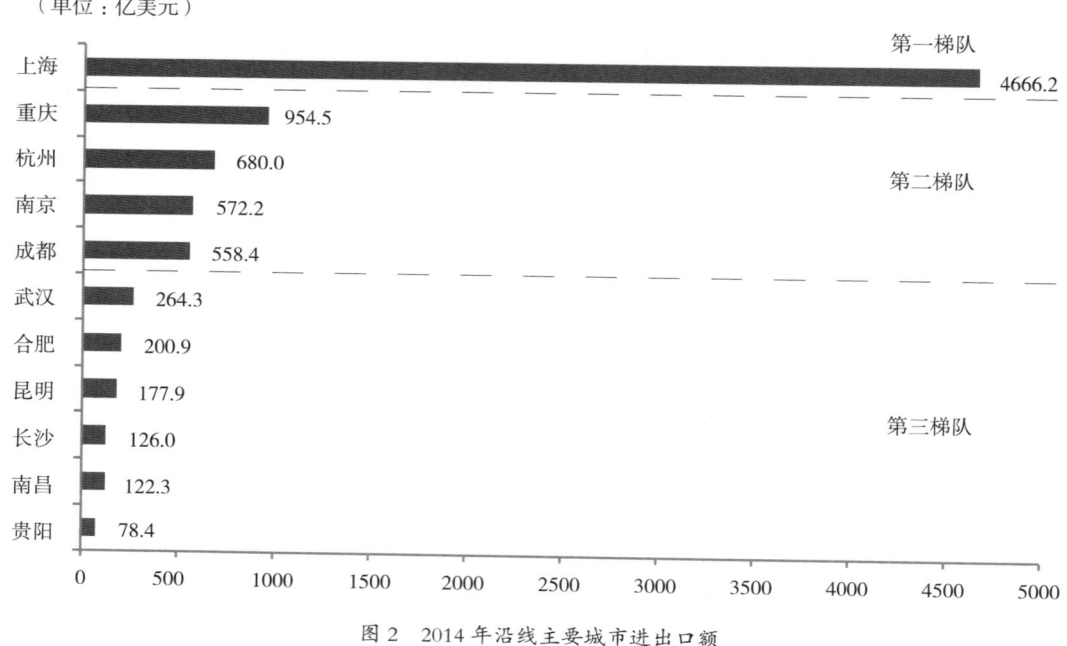

图 2 2014 年沿线主要城市进出口额

3 对策和建议

本文从政策文件梳理分析的角度对长江经济带沿线主要省市发展定位、人口与城镇化、产业与经济、对外开放四个方面进行了相关对比研究，可以看到，长江经济带沿线主要省市均对《意见》和《纲要》进行了一定的贯彻落实，但由于缺乏区域的协调机制和平台，导致各个省市在政策制定到实施的多个阶段出现冲突和矛盾情况。对此，本文提出以下几点对策建议：

（一）建立多层次协调平台。流域的开发与管理涉及自然、经济和社会的复杂巨系统，要求建立强有力的综合管理机构。田纳西河流域管理局作为政府机构，直接对美国总统国会负责并拥有超越地方政府的高度自治权，英国苏格兰与威尔士开发署、日本北海道开发厅等皆是区域开发的综合政府机构，对区域整体开发起到重要作用[8]。从各省市出台的长江经济带战略实施意见和行动方案中可以看到，各地发展诉求强烈但经常出现定位冲突与行动目标矛盾，因此需要有一个专门的机构负责经济带整体的国土开发与经济发展规划[9]，或者可以成立专门的规划与管理机构，统筹城镇体系、产业发展、对外开放、交通等领域，提高经济带的整体竞争力。

（二）健全流域法律法规。长江经济带管理缺乏综合性法律法规保障是沿线各省市产生相关政策协调问题的重要原因。目前，长江流域管理主要涉及《水法》、《水污染防治法》、《水土保持法》、《防洪法》、《河道管理条例》以及地方相关要素管理法规和条例等。这些部门和地方法规的效率虽都涉及长江流域的管理,但相互之家存在着交叉与矛盾,且分散的法律法规在涉及具体的综合事务处理上可操作性较差。因此,长江经济带迫切需要出台系统化的支撑政策来统筹管理流域内的各类单一要素,形成统筹整个经济带的水资源保护和污染防治、生态环境保护、资源开发管理等各个方面有法可以的综合性法律框架,并明确其与长江经济带先行的各专门法律法规之间的关系[11, 12]。

（三）完善经济市场体系。长江经济带上中下游经济发展阶段与产业需求各有差异,因此需要进一步完善流域市场经济体系,实现下游产业的梯度转移和中上游地区产业的有序承接。发挥市场配置资源的决定性作用,积极引导具有发展潜力的大中型企业转型升级,建立上中下游园区间产业协作及企业、人才吸引与流动机制,引导区域间错位发展,形成分工明确、高效协作的产业体系[13]。同时加大对外开放水平,借助"一带一路"和长江经济带的双重开放战略,形成本土与外资企业互补共生、对内对外双向开放、内陆经济与海洋经济联动发展的开放新格局[11, 14]。

参考文献

[1] 曾刚等.长江经济带协同发展的基础与谋略[M].北京：经济科学出版社,2014.

[2] 虞孝感.长江产业带的建设与发展研究[M].北京：科学出版社,1997.

[3] 钟钢,陈雯.从世界大河流域开发实践构想长江开发模式[J].长江流域资源与环境,1997,6(2)：122-126.

[4] 刘毅,周成虎,王传胜等.长江经济带建设的若干问题与建议[J].地理科学进展,2015,34(11)：1345-1355.

[5] 陈修颖,陆林.长江经济带空间结构形成基础及优化研究.经济地理,2004,24(3)：326-329.

[6] 乐章,李芳,常贤波.长江经济带沿江小城镇建设研究——基于湖北省沿江城镇调查数据的分析[J].中国人口科学,2015,1：106-114.

[7] 魏后凯,蒋媛媛.长江流域地区开发规划：现状与展望[J].学习与实践,2009,11：5-13.

[8] 虞孝感,王磊,杨清可,叶士琳.长江经济带战略的背景及创新发展的地理学解读[J].地理科学进展,2015,34(11)：1368-1376.

[9] 段进军.长江经济带联动发展的战略思考[J].地域研究与开发,2005,24(1)：27-31.

[10] 方创琳,周成虎等.长江经济带城市群可持续发展战略问题与分级梯度发展重点[J].地理学报,2015,34(11)：1398-1408.

[11] 孙威,李文会,林晓娜,等.长江经济带分地市承接产业转移能力研究[J].地理科学进展,2015,34(11)：1470-1478.

[12] 段学军,邹辉,王磊.长江经济带建设与发展的体制机制探索[J].地理科学进展,2015,34(11)：1377-1387.

[13] 陈修颖,陆林.长江经济带空间结构形成基础及优化研究.经济地理,2004,24(3)：326-329.

[14] 王振波，罗奎，宋洁等. 2000年以来长江经济带城市职能结构演变特征及战略思考[J]. 地理科学进展，2015，34（11）：1409-1418.

原创性声明

本人所投稿件是本人独立完成的研究成果，本人在论文写作中参考的其他个人或集体的研究成果均在文中以明确方式标明，本人依法享有和承担由此论文而产生的权利和责任。

赵倩：重庆市规划研究中心 526993107@qq.com

付帅：重庆市规划研究中心 85924703@qq.com

基于企业互投及人口迁徙数据的长江经济带城市联系分析

蔡玉蘅 李颖

摘 要：长江流域经济带是依托于长江的黄金水道优势形成地区跨越式发展模式。传统研究一致认为长三角城市群、武汉城市群和成渝城市群是此区域发展的重要带动力量，上海、武汉、重庆也被许多学者建议为区域发展联动的核心。但过去的城市群研究中，描述城市间相互作用的交互数据取样粗、纬度低，时效性差。大量分析研究仅能采用重力模型等仿真模型模拟城市间联系强度。随着各类交通基础设施的不断更新升级，城市间迁移流动成本的不断下降，对于基于空间距离模拟的这些仿真模型也造成了很大挑战。在本次研究中通过最新的城市间的企业互相投资数据及基于LBS空间位置服务请求获取的人口迁徙数据，直接从城市间的投资与人流交换的角度入手对城市群的真实经济资本与劳动力的联系数量及联系强度进行分析研究。客观反映各城市的发展程度差异，判断现状城市间的联系关系、强度，对实现资源优势互补，产业分工协作，城市协同发展提供有针对性的建议。

在对城市群间联系进行研究中，文章将采用网络分析的方法，通过入度、出度、中心度、介度等指标度量各城市在长江经济带中的作用。通过子群检测等社会网络分析方法识别经济带中人群活动，经济活动较为紧密的城市组群。基于整体的分析结果评估长江经济带的城市间联系发展现状并提出可能的政策建议。

关键词：长江经济带，网络分析，经济联系，人口迁徙

Abstract：Yangtz River Economic Zone is a Cross-region economic union constructed based on Yangtze River waterway. Researchers have pointed out Pearl River Delta, Wuhan Mega-region and Chengdu Mega-regions are developing engines for the entire union. Suggested by many researchers, Shanghai, Wuhan and Chongqing should play a crucial role in the development. However, due to the lack of interactive data among cities, previous researchers have to use simulation models like the Gravity Model to simulate the result. With the improvement of transportation infrastructure, decreasing cost of moving creates a great challenge for those simulation models choosing distance as a fundamental parameter. In this research, we applied two datasets which could represent the connection of capital and population among cities. The city's investment dataset is used for studying the investment network.

Travel data collected from LBS service is used for studying the crowd migration. These datasets are more suitable for analyzing the development of an economic union. And reflects the degree of similarity of cities' urban development, cities' industrial structure and the strength of connection between cities can be unveiled. Suggestions for the economic union's future development could be provided.

In order to study the connection within the economic union, our research applies social network analysis method. Indicators like in-degree, out-degree, betweenness centrality are included to measure the roles each city plays within the Yangtz River Economic Zone. The subgroup analysis method is used to identify the more compact city groups within the union. Based on the result policy suggestions are provided.

Keywords: The Yangtze River Economic Belt, Network Analysis, Economic Ties, Population Mobicity

1 引言

长江经济带东起上海、西至云南，涉及上海、重庆、江苏、湖北等多个直辖市和地区，是我国辐射力最强，综合价值最高的区域。经济带内涵盖了三个重要的城市群：长江三角洲城市群、长江中游城市群以及成渝城市群。该概念最早提出于1984—1985年，长江经济带与沿海城市群一道构成了国土开发和经济建设的"T"字形宏观格局[6]。

从时间维度纵观整个长江经济带的定义，目前尚无明确的、成型的区域划定。陈修颖[5]总结了自1984—2001年学界对长江经济带的不同界定范围，从1992年国家计委提出的"长江沿岸经济区"，面积达到10省市之和，到2001年厉以宁提出的"长江流域经济协作区"中以长江的辐射为依据对范围进行有机变动。王圣云[4]等对长江经济带的评估选取了9省2市的109城市。整个长江经济带并未形成如长江三角洲城市群，珠江三角洲城市群等具有学界及政策上共识的稳固整体。对长江经济带内城市的扶持、引导政策更多还是依据城市群或省域的范围进行划分。了解经济带各城市内部之间的联系对协调内部各城市的发展，整合区域资源，调整产业结构促进经济带内部人口合理分布以及提出未来引导培育措施意义重大。

城市群、大都市区的提出大多基于人口与经济联系强度的因素。与长江经济带类似，美国东北部大西洋沿岸的大都市连绵带以纽约为中心跨越10个州。各个大都市区在连绵带中承担不同的功能而整个大都市连绵带维持着整体功能的完整性，城市间联系紧密分工明确。[3]地区间形成了强有力的横向联系，依托交通网络形成了人流与投资流的带内流动。长江经济带作为一个仍处于培育中的大型经济带，通过对人口流动及经济活动的分析能够一定程度上评估经济带的发育程度。

目前已有许多针对城市组群人群流动及经济流动所做的研究。如周吉节[2]、巫锡伟[1]等对我国省际人口迁移分布状况进行的研究，利用1%的抽样数据在对人口迁移的分布状况进行描述的基础上，运用线性对数模型对影响省际人口迁移的经济动因进行截面数据回归。张耀军等[10]对中国人口空间流动格局与省际流动影响因素的研究中涉及省内的人口迁移。但研究并未分析城市之间的人口迁移结构和模式特征，且只对个别发达城市进行了流入人口的识别，并未涉及流出人口，结论难以对经济带、城市群的内部结构进行识别。人口相关的研究多集中于研究省际的人口流动性。数据样本小且统计口径较粗，时效性较差，不适宜进行城市间关系的研究。

经济联系研究方面，由于缺乏城市间联系的度量数据，对这一方面的研究主要通过对统计年鉴的产业统计指标进行精细的加权后使用重力模型进行影响力的分配。[9] 这一研究方法能够较好的识别城市对区域的影响力，然而对于城市间因为产业合作而呈现出的强联系关系的识别能力较弱。[8] 在对全国汽车制造业网络的研究中通过企业内部的总分关系，企业间的合作关系等量化表达出了城市间的这一合作联系关系。然而考虑到不同产业链间上下游合作的差异性。这一研究方法也很难从城市整体的角度衡量各城市间的经济联系活动强度。

本文在对长江经济带城市联系分析的时候采用城市间人口迁徙的数据及企业互相投资数据，能够更为直观地对城市间联系进行衡量。结合指标的设定及社会网络的分析方法进一步对城市的人口，经济活动现状进行深入的剖析评估。

受限于数据因素，综合各类相关经济带划定，本次研究的主体长江经济带城市限制为38个：

上海：上海市
江苏：南京市、镇江市、扬州市、苏州市、无锡市、常州市、南通市、泰州市
浙江：杭州市、嘉兴市、湖州市、宁波市、绍兴市、舟山市
安徽：合肥市、马鞍山市、安庆市、铜陵市、池州市、芜湖市
江西：九江市、南昌市
湖北：黄石市、鄂州市、武汉市、荆州市、宜昌市、黄冈市、咸宁市、恩施市
湖南：岳阳市
重庆：重庆市
四川：泸州市、攀枝花市、成都市、宜宾市
云南：昭通市

2 研究方法

随着大数据的采集和研究方法的逐渐成熟，其样本全、精度高、更新时序短、成本低等优势使其能够全面地反映人口的分布和活动规律及特征。本文在城市带联系的研究中首次引入互联网人口迁徙数据和企业互投数据，通过大数据分析与挖掘对过去一年中（2015年）长江经济带人口和资金的真实流动情况进行反映，并且进一步对各城市人口的迁入迁出和城市企业的投资流情况进行评估指标的抽析和技术方法体系的构建。

2.1 数据简介

（1）人口数据

本文应用某互联网每天的人口迁徙数据分析区域人口流动，该数据时间覆盖 2015 年全年，数据格式以城市为单位统计，包括全国 334 个地级行政单位（包括全部地级市和自治州）迁入迁出人口前十名城市的日期、数量和交通方式（汽车、火车、飞机占全部迁入迁出人口的比重）等字段属性，如图 1 所示，第一行数据为 2015 年 3 月 17 日，从无锡迁入常州的总人口为 26224，其中交通工具为汽车的有 66%，或者为 34%，飞机为 0。

	日期	迁入	迁出	数量	汽车	火车	飞机
2	20150317	常州	无锡	26224	0.66	0.34	0
3	20150318	常州	无锡	25829	0.66	0.34	0
4	20150319	常州	无锡	26469	0.66	0.34	0
5	20150320	常州	无锡	38009	0.66	0.34	0
6	20150321	常州	无锡	38899	0.66	0.34	0
7	20150322	常州	无锡	40403	0.64	0.36	0
8	20150323	常州	无锡	30894	0.66	0.34	0
9	20150324	常州	无锡	28111	0.66	0.34	0
10	20150325	常州	无锡	28921	0.66	0.34	0
11	20150326	常州	无锡	29303	0.65	0.35	0
12	20150327	常州	无锡	40866	0.66	0.34	0
13	20150328	常州	无锡	43829	0.66	0.34	0
14	20150329	常州	无锡	45837	0.64	0.36	0
15	20150419	常州	无锡	68150	0.72	0.28	0
16	20150420	常州	无锡	38602	0.69	0.31	0
17	20150421	常州	无锡	39257	0.69	0.31	0

图 1　人口迁徙数据字段属性示意图

（2）企业数据

研究采用的企业数据为 2015 年各企业的投资数据。数据集包含有 337 个城市，涵盖全国所有地级市及少量的县级市。受统计限制，数据不包含香港、澳门和台湾三地的企业。各企业的投资数据以城市为统计单元。如图 2 所示，2015 年北京市企业投向天津市企业的资金为 71.68 亿元。

	年份	来源地	接受地	投资金额（万元）
1	2000	Beijing	Beijing	19841296.69
2	2000	Beijing	Dongying	2900000
3	2000	Beijing	Shanghai	788821.3057
4	2000	Beijing	Tianjing	716834.0943
5	2000	Beijing	Jinan	642502.33

图 2　企业互投数据样例

2.2 分析步骤

文章整体的分析分为两个阶段：第一阶段通过对长江经济带中各城市的人流迁入迁出情况进行分析从而识别区域活动较为活跃的城市。分别从判断区域迁入情况（迁入内向指数）和迁出情况（迁出内向指数）两个方面，对各城市的迁入迁出人口平均数量，频数与相关城市多样性三个指标进行研究，重点研究各城市与长江经济带内外的人口依存联系紧密程度和差异。

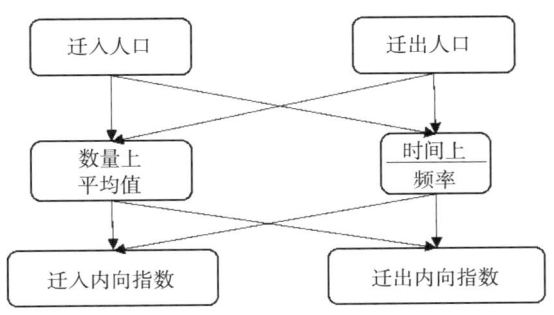

图 3 人口迁徙数据指标结构示意图

（1）迁移平均值

本文以由长江经济带城市迁入某城市的人口平均值与长江经济带和非长江经济带城市迁入某城市的人口平均值之和的比值作为城市的迁入内向平均值指数。这个指数从人口迁入数量上反映出一个城市与长江经济带和城市带之外的城市联系度对比，比值越接近于 0，说明城市迁入人口来自于长江经济带以外的越多，该城市内向度很低；相反，比值越接近于 1，说明该城市迁入人口来源于长江经济带之内的人口越多，该城市内向度越高。

A 城市迁入内向平均值指数 $= (\sum_{i=1}^{n} \bar{I}_{in}/n) / \{(\sum_{i=1}^{n} \bar{I}_{in}/n) + (\sum_{i=1}^{N} \bar{I}_{out}/N)\}$

式中 $\bar{I}_{in} = \dfrac{2015\text{年由长江经济带某城市迁入}A\text{城市的人口总数}}{2015\text{年由长江经济带某城市迁入}A\text{城市的总天数}}$ ；

$n = 2015$ 年有人口迁入 A 城市的长江经济带城市数；

$\bar{I}_{out} = \dfrac{2015\text{年由非长江经济带某城市迁入}A\text{城市的人口总数}}{2015\text{年由非长江经济带城市迁入}A\text{城市的总天数}}$ ；

$N = 2015$ 年有人口迁入 A 城市的非长江经济带城市数。

（2）迁移频数

迁移频数是指某城市与其他城市发生人口交换的天数，从时间频率上反映出一个城市与其他城市的联系强度。文中的城市人口迁入内向频率指数为该城市与长江经济带城市联系的天数平均数与该城市与长江和非长江经济带城市联系天数的平均数之和的比值，比值越接近于 0，说明城市迁入人口来自于长江经济带以外的次数越多，该城市迁入频数指数很低；相反，比值越接近于 1，说明该城市迁入人口来源于长江经济带之内的人口次数越多，该城市内向度越高。

A 城市迁入内向频率指数 $= (\sum_{i=1}^{n} F_{in}/n) / \{(\sum_{i=1}^{n} F_{in}/n) + (\sum_{i=1}^{N} F_{out}/N)\}$

式中 F_{in}——2015 年由长江经济带某城市迁入 A 城市的总天数；

n——2015 年有人口迁入 A 城市的长江经济带城市数；

F_{out}——2015 年由非长江经济带某城市迁入 A 城市的总天数；

N——2015 年有人口迁入 A 城市的非长江经济带城市数。

（3）迁移多样性

多样性指长江经济带中某城市发生迁徙的全部城市数量，该指数从空间上反映了该城市与其他城市的联系的稳定情况，如 2015 年 A 城市每天发生联系前十名城市都相同，则 A 城市与这些城市联系较为稳定，迁移多样性指数低；反之，如 A 城市在一年内每天迁移人口的前十名城市都不相同，则 A 城市与这些城市的联系不稳定，多样性指数高，指数为长江经济带中城市数量标准化结果：

$$A 城市外来多样性指数 = \frac{A 城市人口迁入城市数 - \min(城市人口迁入城市数)}{\max(城市人口迁入城市数) - \min(城市人口迁入城市数)}$$

对于迁出人口按照同样的指标计算方式能够得到城市的迁出人口内向平均值指数，内向频率指数和内向多样性指数。

研究利用平均数量、频数和多样性三个指标对各城市的内外联系程度进行综合分析，对城市带内的 38 个城市根据内向程度、外向程度进行分类。针对每一类城市进行迁入迁出时间和空间模式的总结。

第二阶段，通过企业互投数据探寻典型城市在投资上的表现。

（4）城市依存度

通过对比各城市对长江经济带内其他城市的投资及对全国其他地区的投资，判断经济带内城市本身对经济带投资依存度。依存度的计算方式为区位商公式的变形：

$$A 城市依存度 = \frac{A 城市对长江经济带投资 / 长江经济带接受的总投资金额}{A 城市对全国的投资 / 全国接受的总投资金额}$$

依存度 >1 代表城市对长江经济带投资比重大于对全国的投资比重，体现出对经济带的强依存性。

依存度 <1 代表城市对长江经济带的投资比重弱于其对全国的投资比重，体现出对经济带的弱依存性。

随后对长江经济带城市企业间的互投网络进行凝聚子群的分析。凝聚子群是相互之间有着稳定频繁联系的行动者子集。通过凝聚子群的检测能够判断出长江经济带内部联系投资活动较为紧密的小型组团，从而从互投联系的角度识别长江经济带目前的城市网络结构。并对未来的城市群发展提出可能的建议。在此过程中使用的凝聚子群检测算法为 Blondel[11] 提出的 fast modularity optimization 算法。

3　研究内容

3.1　基于互联网迁徙数据的人口联系

城市带人口迁徙的研究集中在对每个城市人口迁入内向指数和人口迁出内向指数的测算，根据城市间人口联系内外强度差异对各城市进行内向度的评估。

（1）各城市人口迁入内向指数

城市人口迁入内向指数是长江经济带内城市迁入人口的来源地、平均数与频次（公式见1.2分析步骤）。长江经济带内城市测算结果见表1。

长江经济带各城市人口外来指数测算结果　　　　　表1

城市	内向平均值指数	内向频率指数	内向多样性指数	城市	内向平均值指数	内向频率指数	内向多样性指数
安庆	0.66	0.75	0.34	宁波	0.58	0.71	0.14
常州	0.69	0.80	0.26	攀枝花	0.61	0.67	0.86
成都	0.51	0.62	0.14	上海	0.59	0.55	0.43
池州	0.71	0.88	0.51	绍兴	0.65	0.69	0.20
鄂州	0.79	0.74	0.66	苏州	0.55	0.71	0.23
恩施州	0.64	0.74	0.31	台州	0.53	0.69	0.23
杭州	0.58	0.63	0.00	铜陵	0.69	0.88	0.57
合肥	0.52	0.63	0.09	无锡	0.64	0.72	0.20
湖州	0.65	0.74	0.29	芜湖	0.67	0.81	0.43
黄冈	0.67	0.74	0.29	扬州	0.65	0.73	0.00
黄石	0.71	0.75	0.49	宜宾	0.66	0.64	0.31
嘉兴	0.68	0.74	0.23	宜昌	0.69	0.76	0.06
荆州	0.64	0.69	0.14	岳阳	0.38	0.70	0.31
九江	0.66	0.74	0.40	昭通	0.54	0.64	0.54
泸州	0.64	0.70	0.37	镇江	0.66	0.88	0.23
马鞍山	0.75	0.80	0.37	重庆	0.68	0.73	0.23
南昌	0.52	0.58	0.00	舟山	0.65	0.76	1.00
南京	0.55	0.63	0.14	武汉	0.54	0.50	0.00
南通	0.67	0.75	0.11	咸宁	0.70	0.76	0.31

在城市带的38个城市中，迁入内向平均指数最低的城市是岳阳市（0.38），其次为成都市（0.51）、南昌市（0.52）和合肥市（0.52）；其中成都和南昌迁入内向平均值指数和迁入内向频数指数都较低，说明这两个城市在人口迁入数量和频率上均具有较强的外向度，与长江经济带以外的城市联系较强；而合肥与岳阳则呈现仅迁入内向平均指数较低，内向频率指数则较高，表明这类城市在迁入人口数量上与长江经济带以外联系较强，而迁入人口次数上却与经济带内部城市联系较强。这种外部城市人口迁入大量少次，内部城市人口迁入少量多次的特征一般在对经济带外进行劳务输出的城市中较为常见。另外，池州、鄂州、黄冈、咸宁等城市内向指数相当高，这些城市的人口迁入对经济带依存度很高。多样性指数明显呈现大城市、省会城市联系稳定性高的现象。

利用人口迁入内向平均数和频数对城市带内各城市进行综合分类，可得到以下几个典型城市类别：内部依存度高的——内部迁入高频大量、内部迁入低频大量、内部迁入高频少量和外向性强的——内部迁入低频少量（图4）。

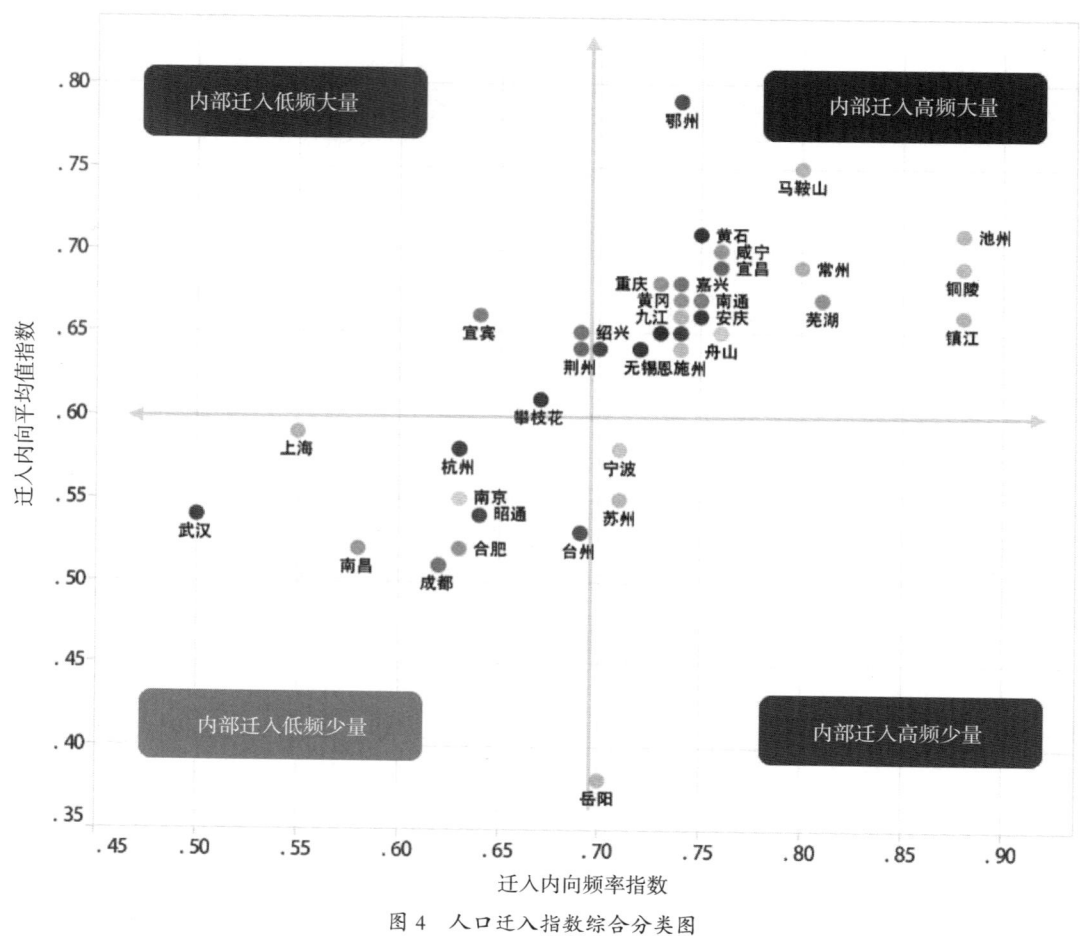

图4　人口迁入指数综合分类图

（2）各城市人口迁出内向指数

城市人口迁出内向指数研究的是长江经济带内城市迁出人口的目的地、数量平均值和频次（公式见1.2分析步骤）。长江经济带内城市测算结果见表2。

长江经济带各城市人口外向指数测算结果　　　表2

城市	内向平均值指数	内向频率指数	内向多样性指数	城市	内向平均值指数	内向频率指数	内向多样性指数
安庆	0.73	0.80	0.35	宁波	0.66	0.78	0.19
常州	0.74	0.84	0.11	攀枝花	0.64	0.65	0.86
成都	0.54	0.72	0.00	上海	0.60	0.51	0.00

续表

城市	内向平均值指数	内向频率指数	内向多样性指数	城市	内向平均值指数	内向频率指数	内向多样性指数
池州	0.75	0.88	0.35	绍兴	0.73	0.76	0.19
鄂州	0.81	0.75	0.68	苏州	0.68	0.78	0.05
恩施州	0.63	0.75	0.08	台州	0.66	0.70	0.05
杭州	0.61	0.73	0.03	铜陵	0.71	0.88	0.54
合肥	0.63	0.68	0.03	无锡	0.69	0.79	0.05
湖州	0.76	0.78	0.30	芜湖	0.71	0.83	0.24
黄冈	0.77	0.78	0.35	扬州	0.73	0.81	0.14
黄石	0.75	0.81	0.46	宜宾	0.76	0.75	0.43
嘉兴	0.76	0.78	0.30	宜昌	0.74	0.78	0.35
荆州	0.70	0.73	0.11	岳阳	0.41	0.71	0.38
九江	0.69	0.77	0.38	昭通	0.59	0.75	0.59
泸州	0.70	0.78	0.59	镇江	0.78	0.91	0.14
马鞍山	0.78	0.82	0.38	重庆	0.71	0.76	0.05
南昌	0.59	0.68	0.14	舟山	0.73	0.79	1.00
南京	0.65	0.73	0.11	武汉	0.65	0.61	0.03
南通	0.73	0.77	0.08	咸宁	0.73	0.80	0.35

在城市带的38个城市中，迁出内向平均指数最低的城市是岳阳市（0.41），其次为成都市（0.54）、南昌市（0.59）、昭通市（0.59）和上海市（0.60）；其中上海和南昌迁出内向平均值指数和迁出内向频数指数都较低，说明这两个城市在人口迁出数量和频率上均具有较强的外向度。值得注意的是，上海市在人口迁入内向度上并未显示出明显的外向度，属于迁入人口多来源于经济带内部，而迁出人口却外向流出性高。岳阳在迁出人口内向度上依然较低，从数量上与经济带内其他城市的联系度较低。另外，池州、鄂州、黄冈、镇江等城市内向指数也很高，这些城市的人口迁入迁出均对经济带内各城市有较强的依存度。

利用人口迁出内向平均数和频数对城市带内各城市进行综合分类，可得到以下几个典型城市类别：内部依存度高的——迁出内向高频大量、迁出内向低频大量、内部迁入高频少量和外向性强的——内部迁入低频少量（图5）。

（3）城市迁徙联系总结

综合经济带内各城市的迁入和迁出内向指数可以实现各城市的基本人口流动状况画像。经济带内几大城市群的中心城市——上海、武汉、成都、南昌、杭州等大城市均表现出了较强的外向度，且人口交换的城市稳定度较高，是区域内最为重要的人口交换节点；值得注意的是，合肥市也同样外向度较高，具有一定成为经济带内人口交换枢纽的潜力。而鄂州、池州、

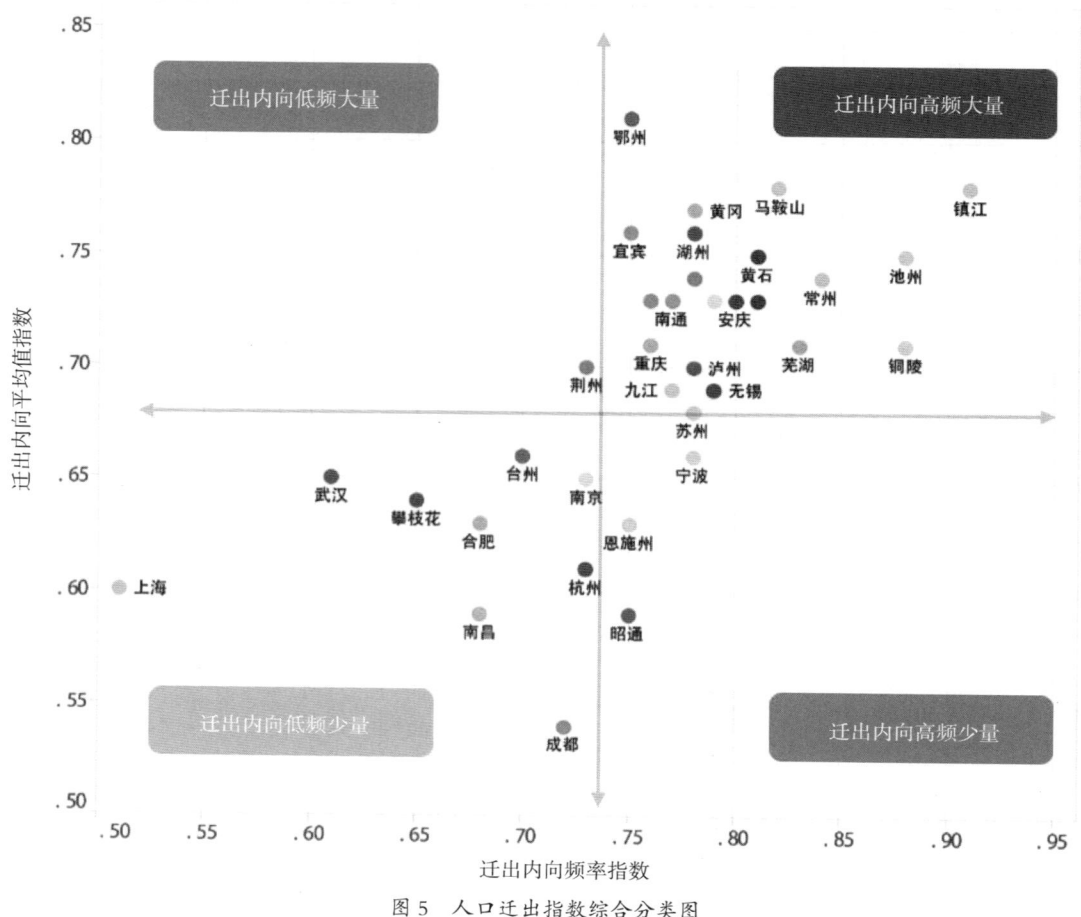

图 5 人口迁出指数综合分类图

镇江等城市则表现出非常高的迁入内向度与迁出内向度，这些城市的人口交换对经济带内的城市高度依赖，基本可以实现经济带内的供需平衡式人口流动。而且，鄂州、黄冈、马鞍山等城市呈现出较强的迁徙平均值指数，却在频率指数上较低，城市稳定性也较差，说明这些城市具有很强的对经济带内的劳务输出属性，人口交换属于大量低频，一般于节假日前后出现大量人口向区域中心城市迁徙的情况。岳阳市是整个经济带中内向度最低的城市，作为湖南省城市，它与长沙的联系紧密程度远远超过与长江经济带中其他城市的联系，目前在人口迁徙上并未融入长江经济带中。另一个外向度较高的城市为攀枝花市，与经济带内部城市的联系度较低。

3.2 基于企业互投的城市间资金联系

2015年全国城市间的总互投金额达到了50684亿元，投入长江经济带中的资金达到了全国总互投资金额的37.8%。包含长三角城市群、武汉城市群和成渝城市群三个城市群及重点城市的长江经济带在整个全国投资网络中具有重要作用。从各城市对长江经济带其他城市的投资金额上来看,上海市对长江经济带的投资额远高于其他城市。杭州市、南京市、重庆市对长江经济带的投资额也相对较高。恩施土家族苗族自治州、泸州市、鄂州市、黄石市、攀枝花市等城市投资金额偏低。

城市投入到长江经济带其他城市金额(亿元) 表3

城市	金额	城市	金额	城市	金额	城市	金额
上海市	2699.84	成都市	168.66	泰州市	19.80	宜昌市	3.08
杭州市	475.30	常州市	151.97	舟山市	14.50	昭通市	2.66
南京市	451.51	镇江市	105.08	黄冈市	14.41	池州市	1.91
重庆市	445.61	绍兴市	78.97	铜陵市	10.84	攀枝花市	1.89
宁波市	397.84	芜湖市	77.61	荆州市	6.57	黄石市	1.76
苏州市	353.63	嘉兴市	77.46	宜宾市	4.53	鄂州市	1.54
武汉市	260.46	南通市	75.15	安庆市	4.02	泸州市	1.51
南昌市	253.91	湖州市	29.78	九江市	3.76	恩施州	0.48
无锡市	246.18	马鞍山市	28.41	咸宁市	3.49		
合肥市	213.91	扬州市	23.15	岳阳市	3.36		

依存商的计算(表4)显示38个城市中29个城市对长江经济带投资的比重均高于其对全国投资的比重。从3个经济带核心城市,重庆、上海、武汉的情况来看,上海市是唯一依存商低于1的核心城市,显示出上海市虽然对长江经济带也有极高的投资额但对长江经济带外其他城市同样具有较强的甚至更强的影响力。武汉市的依存商接近于1。显示其对长江经济带投资的比重达到了其对全国投资相同的比重。除长江经济带外,武汉市本身同珠三角城市群也有较强的投资联系。重庆市的依存商达到了1.76,其对长江经济带的投资明显高于其他地区。三个核心城市中,重庆市更偏向于对经济带的投资。

经济带城市投资依存商 表4

城市	依存商	城市	依存商	城市	依存商	城市	依存商
咸宁市	2.45	昭通市	1.99	芜湖市	1.35	上海市	0.91
恩施州	2.44	铜陵市	1.95	黄石市	1.34	成都市	0.81
镇江市	2.22	湖州市	1.86	嘉兴市	1.25	岳阳市	0.79
舟山市	2.11	重庆市	1.76	南通市	1.23	安庆市	0.63
宜宾市	2.09	南昌市	1.74	泰州市	1.18	九江市	0.43
马鞍山市	2.08	扬州市	1.68	鄂州市	1.16	宜昌市	0.43
黄冈市	2.01	常州市	1.67	南京市	1.11	荆州市	0.42
无锡市	2.00	苏州市	1.56	池州市	1.10	泸州市	0.22
宁波市	2.00	杭州市	1.50	武汉市	1.04	攀枝花市	0.15
绍兴市	1.99	合肥市	1.38				

对2015年长江经济带中的38城市间相互投资所形成的联系网络进行基于投资强度及投资方向的凝聚子群检测可以发现（图6），整个网络中共识别出了五个子群。从子群的空间分布形式来看，子群本身仍基本保持了以城市群为基础的空间分布方式。分别以武汉和成都、重庆形成的两个子群在成员的组成上基本与长江中游城市群及成渝城市群的成员组成一致。显示出两组成员更多的还是以城市群为空间单元进行城市间的联系发展，跨长江经济带区域的联系发展仍较弱。值得注意的是以上海为中心的长江三角洲城市群在子群检测中形成了两个单独的子群。上海、苏州、无锡、南通等长三角城市群城市同池州市、安庆市等城市群外形成了紧密的凝聚子群。杭州、绍兴等同合肥、马鞍山等同样非长三角城市群城市形成了凝聚子群，显示出了长江三角洲城市群本身的影响力已开始出现外扩。九江市、南昌市单独形成了一个子群，两城市与长江经济带其他城市的联系性较弱，在空间上可能同珠三角、海峡西岸城市群的联系更为紧密。

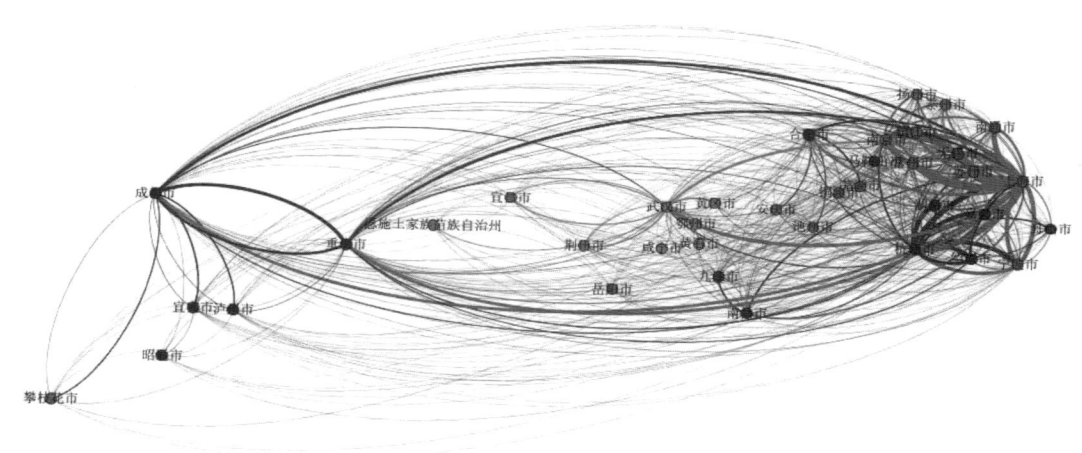

图6　长江经济带凝聚子群检测结果

从整体来看长江经济带的中心城市中上海市和重庆市对经济带的投资影响较大，武汉市从投资量上不及两市，对长江经济带的投资比重也并不突出。在经济带的发展过程中，长江经济带所囊括的三大城市群城市中长江三角洲城市群开始出现沿经济带的产业联系扩散，但仍主要限于城市群周边的城市。长江中游城市群及成渝城市群成员依旧以城市群成员为中心进行联系发展。跨城市群间的联系尚未形成，仍需要政策强化促进。

3.3　小结

经济带各城市的人口迁徙与企业互投的联系基本可以分为四大类型：第一类为外向度很高，与全国的联系均较强——各大城市群的中心城市上海、武汉、成都、南昌、杭州等，但这些城市在与经济带内部和外部的联系上却呈现了不同的特点，即成都、南昌与经济带外的城市联系更强；第二类为经济带内部枢纽城市——重庆、镇江、无锡等，这类城市人口资金交换量大，且与经济带内部联系更强；第三类为经济带内供需平衡城市——鄂州、黄冈、马鞍山等，这类城市高度依赖经济带发展；最后一类为经济带区域边缘城市，这类城市以岳阳市、攀枝花市最为突出，其与经济带内城市的联系度较低。

4 总结和建议

人口及产业的分析反映出了相似的特征，人流与资金流表现出的城市联系对加强长江经济带区域一体化具有重要意义，建议分别对识别出的四类城市进行不同的发展引导以增强城市间的联系，提升经济带建设的一体化水平。

（1）强化全国重点城市作用的集聚和带动作用

长江经济带仍处于由三个城镇群辐射发散的阶段。而这三个城市群的中心城市——上海、武汉、成都，不仅在经济带内具有重要影响，同时也向全国其他地区辐射出强大的影响力。应强化其在城市带的中心城市和与全国进行联系的重要门户作用，发挥其对区域发展的带动作用。

（2）突出区域枢纽城市的协同发展能力

区域内向度较高的城市分为两类，一类即是重庆、镇江等规模较大，内向度很高的城市，这类城市通常是区域内的枢纽城市，承担着经济带内部城市人口和资金的承接与周转，发展中应重视这些城市现已形成的枢纽作用，引导其成为区域协同的重要节点。

（3）加强平衡城市与枢纽城市互动

另一类对长江经济带的发展依赖程度较高的是供需平衡型城市。如鄂州、黄冈、马鞍山等城市，不论在对长江经济带内城市的投资还是在人流的迁入迁出交流方面均体现出了与经济带的紧密联系。这些城市在经济带内具有较好的人流资金流，在引导发展时，应着重加强其与区域重点枢纽城市联系的基础设施投入及投资引导，以辅助区域集聚和空间上的连片发展。

（4）明确区域联系较弱的城市定位和发展方向

而少量未处于三大城市群周边的城市，如攀枝花市、岳阳市、甚至南昌市对经济带经济、人流活动的参与较弱，这些城市与其所在地区的中心城市发生的联系多于同经济带的联系。如岳阳与长沙市的联系更为紧密，在人口与资金上均未融入长江经济带。对于这类城市应明确其在区域的定位与方向，具备一定枢纽性的城市，如南昌，应在交通设施建设和投资政策上加强其与经济带的联系，将其建设为经济带与区域外城市联系的重要枢纽；另外对于本身枢纽性较差，且目前对经济带外的中心城市依附性很强的城市，也应考虑到将其纳入经济带一体化范围内的难度，调整经济带发展策略和格局。

参考文献

[1] 巫锡炜，郭静，段成荣. 地区发展，经济机会，收入回报与省际人口流动 [J]. 南方人口，2013，28（6）：54-61.

[2] 周吉节. 2000-2005年我国省际人口迁移的分布状况和经济动因研究 [D]. 复旦大学，2009.

[3] 郭九林. 美国大都市连绵带的综合考察及启示 [J]. 经济地理，2008，28（2）：235-238.

[4] 王圣云，翟晨阳. 长江经济带城市集群网络结构与空间合作路径 [J]. 经济地理，2015，11：61-70.

[5] 陈修颖. 长江经济带空间结构演化及重组 [J]. 地理学报，2007，62（12）：1265-1276.

[6] 方大春，孙明月. 长江经济带核心城市影响力研究 [J]. 经济地理，2015，1：76-81.

[7] Wasserman, S Faust, K. Social network analysis: Methods and applications[M]. Cambridge university press, 1994.

[8] 程遥，赵民. 论现代制造业的生产组织与"城市—区域"空间演变的关联性——"网络"和"嵌入性"双重理论视角研究 [J]. 城市规划学刊，2015，6：4.

[9] 孙东琪，张京祥，胡毅，周亮，于正松. 基于产业空间联系的"大都市阴影区"形成机制解析——长三角城市群与京津冀城市群的比较研究 [J]. 地理科学，2013，33（9）：1043-1050.

[10] 张耀军，岑俏. 中国人口空间流动格局与省际流动影响因素研究 [J]. 人口研究，2014，5：5.

[11] Blondel V.D. Guillaume, J. Lefebvre, E. Fast unfolding of communities in large networks[J]. 1-12.

蔡玉蘅：北京清华同衡规划设计研究院有限公司技术创新中心 caiyuheng@thupdi.com

李颖：北京清华同衡规划设计研究院有限公司技术创新中心 liying@thupdi.com

新经济背景下长江中游地区城市多规合一路径探索

魏伟 夏俊楠 张帅权 王兵

摘 要：长江中游城市是我国下一步经济建设的重点，本文基于对多规合一理论的研究，总结长江中游城市在新背景下宏观政策和用地空间发展策略的独特性，对长江中游城市"多规合一"工作的重点进行梳理，呈现出一套以空间有序拓展，管理体制改革，以人为本，改善民生为目，适用于长江中游城市的"多规合一"建设思路。

关键词：长江中游，多规合一，空间管理，新型城镇化

A Study on the Path of Multiple Planning Integration in the Middle Reaches of the Yangtze River In a New Context

Abstract: Based on the study of "Multiple Planning Integration", this paper summarizes the uniqueness of the macro-policy and space development strategy of the middle reaches of Yangtze River in the new context, and makes a conclusion that the cities in the middle reaches of the Yangtze River A "focus on combing the work, showing a set of orderly expansion of space, management system reform, people-oriented, improvement of people's livelihood for the purpose of the city for the Yangtze River in the "Multiple Planning Integration" compilation ideas.

Keywords: The Middle Reaches of the Yangtze River, Multiple Planning Integration, Space Management, New Urbanization

1 引言

"多规合一"是当前解决我国空间管理相关规划因名目繁多、标准不一造成的约束力不强、技术手段不先进的重要改革工作，2014年国务院四部委《关于开展市县"多规合一"试点工作的通知》，2016年《关于建立健全国家"十三五"规划纲要实施机制的意见》等文件中，都明确要求"城市规划要纳入到多规合一的具体要求和指标当中"。当前，国际形势和经济背景不断变化，城市发展环境日新月异，长江中游地区的城市作为我国下一步经济发展建设的重

要增长极，为推进规划改革，实现"人居三"所要求的人本化、公平化、生态化、全球化目标，有必要从顶层设计、规划改革和以人为本的新型城镇化等视角探讨长江中游城市的"多规合一"工作。

"多规合一"工作经过了十余年的探索，其本质是一种规划协调工作，是促进土地节约集约利用和提高政府行政效能的手段[1]，其工作核心内容是"一张图，一张表，一个平台，一套运行机制"[2]，并以"一张图"系统为出发点，构建多规合一管理平台[3]，通过地理信息系统构建在要素对接和坐标转换的技术细节[4]，协调"三标"——目标体系、指标体系和空间布局坐标体系，解决规划之间自成体系、内容冲突和不衔接不协调等问题的具体路径[5]。总结当前多规合一的研究及实践，主要包含的六个关键步骤：①全面梳理各规划、各要素间的对应关系，确定四大规划内容衔接的优先次序；②根据各规划的编制特点和指标依据，严格精确坐标转换体系和具体边界；③为"一张图系统"制定统一的技术标准，形成"多规合一"控制线图；④构建指标的一体化技术标准改变长期以来部门各自为政的现状；⑤构建行政创新体制和相应的行政审批业务平台；⑥形成一套"多规合一"协调方法和保障机制。

2 长江中游城市多规合一的机制分析

由于改革开放政策和国际经济贸易产业发展分工的具体影响，我国城市经济发展阶段的分布呈现出以东部、南部城市和其他重要节点城市为龙头的阶梯现象，这些城市依托对外开放和灵活的经济政策，优先探索出合理的城镇化建设路径，为我国实现全面城镇化建设积累了经验。总结我国城市对多规合一的探索路径，开展"多规合一"工作以来，经过十余年的探索，在广州、厦门、上海、武汉、重庆等城市，为突破用地空间管理规划问题对城市发展构成的限制，通过技术手段不断提升城市管理效率和水平，以先行者的姿态，结合自身城市管理的特殊情况，探索出了因地制宜的多规合一方案，为全国的"多规合一"编制工作做出了指导性的探索，形成了当前"多规合一"工作的基本构架。长江中游城市作为我国经济建设的重点，其经济发展和空间发展所面临的政策实施、地区环境与先行城市都有所不同，因此有针对性的形成一套面对长江中游城市的"多规合一"制度改革机制，就显得十分重要。

2.1 宏观背景及经济发展阶段的独特性

宏观背景和城市空间发展的形势对政府的顶层决策产生着影响，从技术角度来讲，以"多规合一"实现城市发展规划体系的整合,提升城市行政效率,构建一张图技术平台,已经成为"多规合一"共同的工作目标；长江中游城市所处的不同宏观背景和经济发展阶段，构成了城市对用地空间需求和城乡发展关系的不同认识，也构成了"多规合一"系统顶层构建的思路的差异。

2.1.1 政策发展时序下的动因差异

在我国城市经济发展阶梯中，相对发达的城市自发地构建"多规合一"系统平台的动因，都有着明显的"倒逼"特质——发达城市经济发展水平高，城市化水平高，以用地扩张为主因的城市发展动力机制开始减弱，城市经济发展对城市用地提出了集约发展的内生性限制要求；因此以一种"倒逼"的形式，通过多规合一平台的建设，以信息化的手段寻找城市用地空间的余量和存量来支持城市建设；这与长江中游城市的发展宏观背景和建设形势有一定差异，中游城市不仅对城市建设用地集约性有要求，又因发展时序后置的同时，还承担着国家制造业转型和城镇化发展的历史使命，对有序的扩张城市用地有着刚性需要。不同于先发城市用地空间发展"挖掘存量空间，优化产业结构"的以存量操作为主的系统构建目标，长江中游城市在未来发展中对应的"多规合一"系统建设将面对增量控制和存量挖掘两大任务并行的复杂的状况。

2.1.2 发展阶段差异促成的空间观念差异

"多规合一"工作由长三角，珠三角等地区城市率先探索，城乡一体化发展较为成熟，地区同城化现象普遍，县、乡、镇对大城市的就业、居住、产业有足够的疏解与调节作用，城乡统筹的管理方式较为成熟，对城市空间的全局控制也易于推进，城市产业转型和生态空间重塑成为先行地区"多规合一"系统构建的主要策略。而长江中游城市还处在以部分规模城市为节点进行人口转移的"新型城镇化发展"探索阶段，城市对农村资源的吸收能力强，使得乡村地区更需要进行针对性的产业发展和建设；其城乡发展阶段都处在较为复杂和混沌的时态中；村镇对城市用地具体有什么样的疏解作用还需要规划的探索和市场的考验；同时又因为政策背景对发展"两型社会"的要求，使得在中部地区城市中，面对全域的"多规合一"控制体系，要着重对城乡差异区别对待，区别控制，对城乡空间管控留下足够的空间弹性。

2.2 生产、生活、生态空间的差异性

2.2.1 长江中游城市的空间基底

城市发展的不同阶段驱动了内涵不同的城市三生空间，城镇化水平较高的城市已经走过了粗放发展阶段，实现了经济积累，产业分工相对明确，空间布局相对稳定；在未来的城市发展中，城市生态环境的治理、营造良好的人居空间成为城市建设的主要任务，反映在规划层面即是对生态空间开展严格的控制、对生活空间开展以人为本的建设、对生产空间开展优化与升级。反观长江中游地区的城市，由于城市建设还处在快速发展的阶段，产业分工摸索前行，"空间扩张"与"环境友好"共同影响着城市建设，甚至一些城市还未完全脱离粗放和无序的发展阶段，这都造成了发展任务的差异性。不同于先发城市对城市生态空间的精心修复——用产业外迁及人居环境优化的手段，对城市生态底线进行减压、对生活和生产空间进行优化；长江中游城市还需面对大量的人口迁入和产业发展的压力，城市产业、居住和生态空间的关系需要在经济发展和产业建设中进一步协调，因而在控制思路和方法上都不能够完

全照搬既有的"多规合一"经验。

2.2.2 中部城市三生空间的张力

先发城市产业的外迁和城市生产效率的不断提升,人口和资本都在有选择性地外迁和重新配置,这些外迁的目的地大量集中在长江中游城市的节点城市——这一趋势对长江中游城市的生产、生活空间的拓展形成了一定的驱动力,而生产空间与生活空间的同步建设对生态空间构成的压力,形成了长江中游城市的空间建设张力。构建"以人为本"的人居空间是我国城市"新型城镇化"建设的共同目标,但路径层面,长江中游城市的着力点在增量人居空间的设计与构造,而发达城市的主要任务则是对城市既有人居空间进行品质提升和更新。

2.2.3 生产空间是空间协调的关键

考察城市的产业发展模式,相较于先发城市走向"轻资产"为主的经济构建发展模式,长江中游城市则偏重于以重资产为主的构建方式。由于重资产自身投资周期长和难以回撤的特质,加上其成规模地消耗着城市用地空间,使得长江中游城市的产业发展先天缺乏灵活性的特质,这种情况就需要对产业空间进行严格和慎重的选择。在我国改革开放的宏观历程中,生态和生活空间让位于城市生产空间的建设,在实现早期城镇化的进程中积累了城市"三生空间"的矛盾冲突,如何既能进一步拓展用地空间,又能消解既成的空间张力,发展宜于建设和宜居的"人居空间"就成了长江中游城市"多规合一"工作的重点。

2.3 发展政策背景的差异性

新常态、供给侧改革和去产能等国家宏观调控政策的推进,预示着在我国未来几十年内,延续消耗资源、盲目投资扩大城市 GDP 的路径已经不可行;通过国内外庞大市场的天然消费能力,盲目引进落后产能的行为将会使城市背负一大笔产业与空间"负债"。新的背景下要求长江中游城市实现"两型社会"的发展愿景,落实长江经济带发展的具体内容,就需要对产业空间进行"精细地引导"和"开明地管控"。发展背景的差异造成了多规合一发展路径的差异,从宏观的、扩大内需的经济政策角度来看,长江中游城市属于国家发展新的"增量空间",需要一定的财政支持和用地腾挪弹性。长江中游城市不同于沿海自下而上的城镇化发展模式,有明显的"宏观政策"与"市场"两极共同参与建设的特点,因而要实现宏观的建设目标,就需要通过严密的制度设计,来保证市场的活力和政策意志的实现,而"多规合一"系统的内容,无疑会成为保证双方活力和意志的底线。

3 长江中游城市多规合一工作的重点

3.1 总体构架

"多规合一"工作内容主要分为两部分,一方面是规划的编制,另一方面是信息平台的建设，两项工作的技术规程并不重叠，但可以同时进行。在规划编制层面，主要问题是解决"多规"矛盾的空间落实——落实到具体的图件、管控上面，重点管制精度问题；另一方面，各个部门的基础数据的收集和对接统一、事权的确定、矛盾的协调，也是重要的工作内容和多规合一系统构建的难点。多规合一系统，主要通过其成果的一张图、一张表和一个平台系统，进行融合，其中一张图系统是城市空间管理的依据和城市各部门间互通的和管理的依据，是多规合一工作的重中之重，是多部门协调工作的基本体现；一张表系统是政府实现效率提升，统一审批甚至是平行审批的主要切入点；一个平台基于软件和硬件系统，进一步促进空间管理部门间快速互联互通的重要手段。"多规合一"的运行机制主要包含"三步"策略，第一步是多规合一的编制，涉及编制标准的制定和底线的协调；第二步是多规合一的看，构建统一的数据底板和信息联动平台；第三步是多规的用，实现多规划的统一联通，并联审批和全周期的监督作用（图1）。

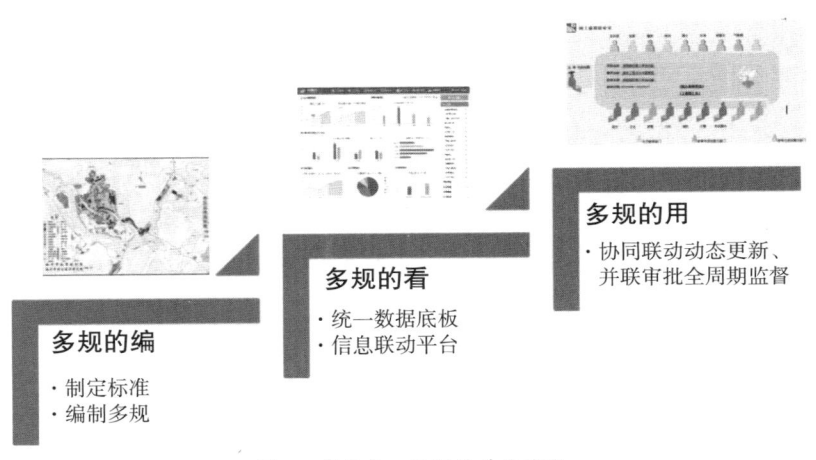

图1　多规合一编制的总体流程

3.2　具体内容

通过分析长江中游城市的独特性，特异性的"多规合一"工作的主要重点在于以下三个方面：

3.2.1　以底线协调为核心的编制内容

由于宏观背景和经济发展阶段的差异，长江中游城市还处于快速城镇化的发展阶段，城市的各类用地都具有较强的增长潜力，因此特异性的"多规合一"底线划定工作重点就在于平衡城市的增长空间和生态空间、文脉空间的关系。

综合考虑我国规划编制体系以及规划工作的重点，长江中游城市的底线划定工作，应以生态边界、历史边界和安全边界线为底线，兼顾生产、生活空间的弹性与容量。要能够提供城市发展所需要的用地空间，又不能侵害城市重要的生态资源和历史文脉存留；既要保证城市建设发展的腾挪弹性，又不能走先发城市"先破坏，再发展"的老路；要将不可变动的城市物质空间和历史空间用生态底线和文脉的边界线控制出来，同时对城市有待建设的生活空间和设施空间用弹性底线的方式，拓展规划设计与建设的能动性（表1）。

"多规合一"的底线协调要素　　　　　　　　　　表1

1	生态边界	①绿线（风景区，生态林地，重要山体，城市绿线） ②蓝线（水系范围，湿地，城市蓝线）
2	安全边界	①基本农田，水源保护区，矿产资源带 ②行洪道，地质灾害保护线，地震断裂带 ③危险品仓储区，高压走廊，通信安全通道，生命线系统
3	文脉边界	城市紫线，传统村落，文保单位，遗址
4	生产空间边界及容量	规模性、整体性产业区
5	生活空间边界及容量	①重大基础设施（区域及城市黄线） ②对外交通设施 ③基本公共服务设施 ④人口容量（以水资源为底线，以土地承载力为上限） ⑤居住生活圈范围及配套
6	示范区划定	城乡一体化示范区、生态和谐示范区、产城融合示范区、旅游改革示范区、人居环境示范区、规划管理示范区

综合考量长江中游城市的产业发展潜力，在确定了城市生态底线和历史文脉控制边线的情况下，要将中游城市多规合一的编制工作，看作是一次充分拓展和明确城市合理的用地空间的机会。要能够根据中游城市自身的特殊情况，构建出不同于"多规"先行探索城市中通过以"差异图斑"为代表的技术手段，突破用地瓶颈挖掘存量用地的构建思路，而是更加重视用"传统规划手段"对城市增量用地的发展的明确和控制，同时又对存量空间有一定梳理的控制底线构建策略。

各规划明确各自底线以对应控制和协调，在多个控制线产生冲突时，应明确以城市增长边界控制线、城市生态控制线和城市历史文脉保护线为主，严格控制增长的总量和城市建设格局，保护"绿水青山"，保护城市的历史记忆；严格尊重法定规划的内容，细致区分禁建区和限建区，弄清城市可能的发展方向和法定边界，明确主体功能区规划对城市用地功能和空间结构的要求，通过统一坐标系和协调边界的方式，形成一张图、一张表。

3.2.2　以行政体制改革为目标的管理方式

多规合一的工作根本而言是一项土地空间管理体制的改革，基于长江中游城市发展的推动力差异，其重点主要在于以下几点：

（1）进一步发挥市场的作用

现行的规划体系在一定程度上依然存在着制约城市发展所需要的三大要素（资本、劳动力、土地）自由配置的现象，通过"多规合一"，把三大生产要素有机组合，利用市场的作用，把城市发展需要的三大要素在空间上依据市场原则进行合理配置，从而使得资本和动力机动性得到极大提高，促进城市效率和城市竞争力。

（2）明确政府的管控边界

通过"多规合一"，推动政府体制的改革与创新，政府职能进行转变，由过去的全覆盖到现在管控核心要素、制定城市发展重大战略、守好城市发展的生态底线，确保城市发展的连续性与完整性。其余部分交由市场决定，在市场原则的机制下发挥出最大的功效，简政放权，实现深化改革。

（3）形成良性循环机制

"多规合一"成果法定化工作完成后，需构建由政府统筹、多部门参与的协调工作机制，定期组织多部门联席会议，协调各部门规划立项、规划编制、规划审查及实施管理中出现的矛盾等；另外，需建立起"多规合一"实施评估、检讨和监控制度，按照"多规合一"工作成果的要求，各部门间互为监督，评估"多规合一"的实施效果并提出完善措施（图2）。需要制定一套部门间协作的管理流程，确定协调消除"多规"管理过程中存在矛盾的原则和方法；通过动态更新机制，实现建设项目审批中发改、规划、国土、环保等部门的业务协同机制。

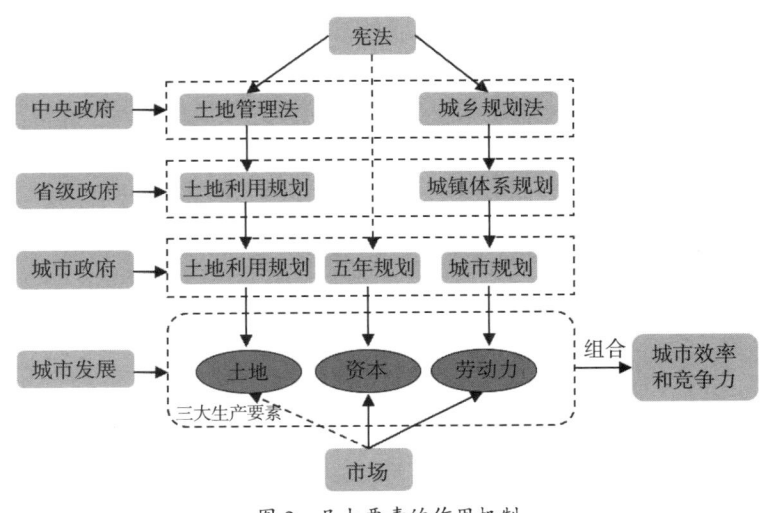

图2　几大要素的作用机制

（4）严肃一张表系统的作用

要实现成功的规划体制改革，就需要构建运转良好可行的一张表系统。基于一张图所划定的共同底图，通过一张表的系统设计带动政府施政方式的转变，让城市空间建设管理的审批行为效率提升。理想的模型是，"多规合一"一张表系统在建成和实施以后，政府审批的决策机制得到了更新，原有管道式的审批程序被废弃，并行的扁平化的审批模式取而代之，一改以往审批时间长、效率差对行政效率的限制。在"多规合一"一张表系统成型后，被审批人只要提供所需的文件，在"多规合一"的电子平台中，就可以由服务器进行高效准确的电子审批，审批后行政人员能够更方便地根据一张表系统给出平行审批报告。一张表系统大大

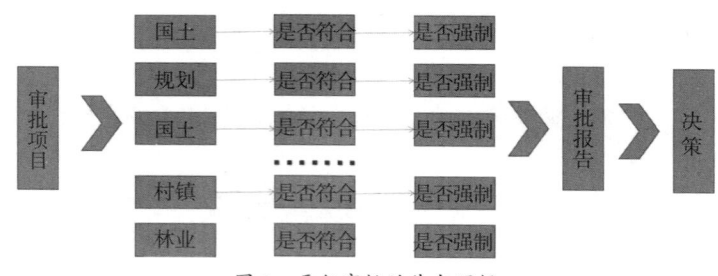

图 3 平行审批的基本逻辑

提升了管理人员的工作效率，同时对于空间管理的各个部门和被审批人来说，都极大地增强了规划审批的公平、公正、公开性（图3）。

一张表系统涉及政府多个部门间行政方式的改革，是多规合一系统中最难以实际实施的一部分，这与多年来空间管理利益相关部门多的制度"惯性"有关，但一定是实现简政放权、社会效率增长的必经之路，值得城市认真地落实和推进。

3.2.3 以人为本的信息技术平台

在长江中游城市所面临新的发展环境下，"多规合一"不仅是提高政府管理运行效率的手段、润滑市场的工具，更应该承担以人为本的基本任务，要能够成为保证人民众公共利益的重要平台，能够通过信息化的手段提高众的幸福感。

"多规合一"工作以人为本的具体体现在于，要能够以"多规合一"平台为基础，用信息化的手段实现公众接口的开放，保证了民众对城市建设信息的知情权和信息沟通效率，改变公众参与的形式，提升民众对城市建设的参与度。同时，基于"多规合一"工作对城市用地建设的细致梳理，形成精确的智慧城市平台以供公众使用，让平台成为严格意义上的"民生工程"；如在交通层面，通过智慧交通系统与多规合一——张图系统的结合，实现民众的智慧出行；公共服务设施层面，通过全面的基础公共服务布点及等级信息，集约使用公共服务资源，实现公共服务资源的合理分配；职住层面：通过多规统筹基本信息建立合理的产业和生活空间布局，实现民众和企业的双赢。

要实现"多规合一"的以人为本，首先必须要求"多规合一"信息系统的平台建设，有一定的前瞻性、灵活性和可扩展性，为结合未来城市管理中有发展潜力的信息化技术，如云平台、物联网、无人机等技术对接做好准备，是多个部门、多种技术、多个系统、多源数据的综合性工程。多规合一信息化工程建设应包含四个方面的内容，包括"业务协同平台、信息管理系统、一张图系统和软硬件保障队伍"，要保证平台运行的稳定性和与时俱进的转化能力，才能够真正做到以人为本，服务民生。

4 总结与展望

多规合一工作是政府实现体制转型、促进市场运行效率和改善民生的重要手段，长江中游城市面临着与我国沿海相对发达城市不同的复杂背景和发展阶段，因而，探索和构建一套适用于长江中游城市大中小各类城市的"多规合一"构建思路和方法就显得十分重要。长江中游城市还处在城市产业构建和用地发展的阶段，空间关系还未稳定和固化，管理机制还在探索和成型。在形成弹性的底线控制和构建真正能够实行的平行审批系统上，也具有比先行城市更好的"后发优势"，长江中游城市在探索我国空间管理体制改革工作上，有能力也有责任探索出一条新的道路。

参考文献

[1] 苏涵，陈皓."多规合一"的本质及其编制要点探析[J].规划师，2015（2）：57-62.

[2] 王唯山，魏立军.厦门市"多规合一"实践的探索与思考[J].规划师，2015（2）：46-51.

[3] 张文彤，殷毅，吴志华，等.建立"一张图"平台，促进规划编制和管理一体化[J].城市规划，2012（4）：84-87.

[4] 沈迟，许景权."多规合一"的目标体系与接口设计研究——从"三标脱节"到"三标衔接"的创新探索[J].规划师，2015（2）：12-16.

[5] 王俊，何正国."三规合一"基础地理信息平台研究与实践——以云浮市"三规合一"地理信息平台建设为例[J].城市规划，2011，35（s1）：74-78.

长江经济带大都市区发展

专题二

市场化机制下的大武汉都会区构筑——以湖北省属联投集团参与长江中游城市群建设为例

武汉城市圈交通流与城市流耦合研究

就地城镇化视角下中部小城镇城乡一体化规划研究——以武汉市新洲凤凰镇为例

高铁影响下武汉市及其城市圈空间形态演变探析

武汉市建设用地空间扩张特征与机理研究

长江经济带背景下万州城镇化发展趋势研究

基于多要素聚类分析的武汉大都市区范围研究

基于长江经济带网络社会空间格局的荆门城市定位研究

市场化机制下的大武汉都会区构筑
——以湖北省属联投集团参与长江中游城市群建设为例

鲍颖

摘 要：本文分析了武汉城市圈面对新型城镇化、长江经济带等国家战略带来的发展机遇与当前不足，提出进一步构建大武汉都会区所需提升的四个方面。针对这四个方面，列举了湖北省联投集团作为省属国企，所投资建设的一系列城市间交通项目和城市圈内新城，并从开发机制、城市开发联盟、农民市民化和融资方案等方面总结了在市场化机制下进行新型城镇化建设的"联投模式"。

关键词：城市群，长江中游，武汉，都会区

Joint Working for Tomorrow's Great Wuhan Metropolitan Exploring and practising for new type of urbanization in Hubei by UI Group

Abstract: This paper analyzes opportunities and deficiencies of the Urban Clusters around Wuhan in Hubei province when it meets national strategies such as New-type Urbanization and the Yangtze River Economic Belt. It proposes 4 factors for its development to Wuhan Metropolitan from Urban Clusters. As a provincial state-owned enterprise, UI Group invests a series of transportation projects and new towns in the Urban Clusters around Wuhan. This paper also summarizes an effective way to promote New-type Urbanization construction, from different dimensions including Development mechanism/Urban development business alliance/Peasant's citizenship/Financing plan, and finally calls it the "UI-Model" which can be expanded to other cities and provinces.

Keywords: City Clusters, Middle Reaches of the Yangtze River, Wuhan, Metropolitan

1 引言

我国正经历人类历史上最大规模的城镇化进程，党中央在十八大报告中将城镇化作为"新四化"（新型工业化、信息化、城镇化、农业现代化）之一，国家领导人也明确指出城镇化是

"现代化的应有之义和基本之策"[1]。2014年出台的《国家新型城镇化规划（2014—2020年）》提出了"两横三纵"的国家城市化战略格局，其中以长江通道为横轴的沿江城镇带是国家"长江经济带"战略落实的空间载体，成为新型城镇化的主战场之一。2015年4月，国家发改委发布《长江中游城市群发展规划》，提出将位于长江中游的鄂、湘、赣三省相关区域的城镇化整合发展，构建"长江中游城市群"，打造中部地区的国家增长极，其中武汉城市圈作为长江中游城市群的"三圈"之一，其发展将成为推动城市群壮大融合的重要抓手。2016年9月，《长江经济带发展规划纲要》正式印发，将武汉与上海、重庆并列，定位为长江经济带三大"超大城市"之一。2016年12月，国家发改委发布《促进中部地区崛起"十三五"规划》，进一步明确支持武汉建设国家中心城市。由此，加快武汉城市圈的构建与升级，已成为国家发展战略的要求。以此来考量武汉城市圈自2002年正式提出至今的发展，固然有可圈可点的成绩，但也出现了显著的瓶颈，距离国家战略要求仍然有相当差距，因此其升级发展任务将更重，需要更多社会力量的参与推动。

这其中，联投集团作为湖北省政府成立并服务武汉城市圈建设的大型国企，在城市圈发展中发挥着不可替代的引擎作用。该集团遵循"政府引导、市场运作"双轮驱动原则，一方面落实政府战略，投资公共交通基础设施，推动城市圈"同城"形态；另一方面发挥市场机制，于2009年从武汉市郊的花山生态新城起步，布点新城开发，完善区域城镇体系。在此过程中，该集团联合多种市场主体组建城市开发联盟、培育产业整合资源推动产城融合、运用丰富的融资途径破解资金难题、以市场化思路实现失地农民市民化，有力地推动了武汉城市圈向大武汉都会区升级发展，并为长江经济带发展和新型城镇化建设等国家战略的落地提供了实践样本。本文即试图以长江中游城市群和武汉城市圈的发展需求为切入点，阐述联投集团参与新型城镇化的背景、途径和成就，并分析其作为市场化主体在开发建设过程中呈现出的特点，最终总结出新型城镇化的"联投模式"，以期为全国范围内的新型城镇化建设提供有益的路径探索。

2 长江中游城市群背景下的武汉城市圈升级

2.1 长江中游城市群的结构弱点及其对武汉城市圈的发展要求

2014年底，为推进长江中游城市群三大省会城市规划交流与合作，武汉、长沙、南昌三市规划部门合作启动了《长江中游城市群空间协调发展规划研究》。研究发现：长江中游城市群由于核心城市的引领带动作用不突出，板块结构呈现松散、凝聚力不强的特点。环长株潭城市群与珠三角联系较为密切；环鄱阳湖城市群与长三角联系较为密切；湖北省西部的宜昌、荆州则与成渝城市群联系较为密切[2]。

对应于此，通过分析长江中游城市群三大核心城市（武汉、长沙、南昌）的相关指标及整个城市群经济联系网络，确定武汉是城市群中最主要节点城市，是城市群的核心。所以为推进整个城市群的融合发展，应进一步确定武汉的核心地位，加快培育武汉大都会区[3]，以其

2.2 从武汉城市圈到大武汉都会区

2.2.1 武汉城市圈的时代背景、已有成就和当下瓶颈

武汉城市圈自 2002 年湖北省"八代会"正式提出，当时实际是为协调湖北省和武汉市发展，明确武汉市中心城市地位，并以城市区域化参与省际竞争。十四年来历经不断规划完善和持续协调建设，大大促进了武汉市及周边 8 个地市的发展，同时逐步实现圈域一体化愿景，至今已初步达成预期建设目标。

但是，随着圈内城镇化进程的加快，武汉城市圈的推进开始逐步暴露其瓶颈：首先，差距化。"首位城市"武汉极化严重，圈内城镇化水平分布不均，2011 年测算武汉在城市圈内的首位度高达 6.47[4]；其次，同质化。圈内各城镇逐渐出现产业同构、城市风貌趋同的现象。据研究，武汉城市圈内 9 个城市的产业结构相似系数达到了 0.90 以上，其中，仙桃、天门、潜江三市之间的相似系数达到 0.99；再次，离散化。城际联系较弱，武汉城市圈内的铁路与高速公路均呈现出较强的以武汉为中心向周边城市辐射的垂直交通形式，而周边八市之间的直达快速交通则较缺乏[5]；最后，行政化。圈内各城镇之间行政壁垒仍未消除[6]。所以，武汉城市圈下一步如何推进新型城镇化建设，实现怎样的区域化升级，既是湖北城镇化的重要命题，也对探索中国特色城镇化道路具有标本意义。

2.2.2 从城市圈到大都会区，通过新型城镇化实现区域升级

通过研究伦敦、纽约和东京等国际大城市的发展历程，我们发现它们都经历过由城市圈（或"都市圈"）向大都会区渐进式发展的历史进程。以大伦敦都会区为例，自 1945 年公布《大伦敦规划》以来，政府跨越原有行政界限，通过新城公司在伦敦外围建设一系列新城，并以城际轨道交通联系，从而形成占地 6731km^2、总人口约 1250 万，紧密结合的网络式大都会区。比照大伦敦都会区案例，武汉城市圈可以进一步向大武汉都会区这一更高级的城市空间形态发展，并实现以下四方面的区域升级：

第一，同城化。通过城际铁路、高速公路出口路等交通基础设施的率先建设，推动大都会区内"同城"物理形态的实现，最终达成基础设施、产业发展与布局、区域市场、城乡建设、生态建设与环境保护等全方位的一体化。

第二，网络化。通过大都会区内城镇化建设，推动自下而上的城镇发展，形成"网络—结点"式空间结构，完善城镇体系。

第三，异质化。各城镇在经济规模、发展层次、产业结构上各有不同定位，相互之间形成功能互补。同时在城市建设上，各城镇也可根据自身资源禀赋和发展定位，探寻不同的城镇化路径，形成各具风貌的城市形象。

第四，市场化。以企业为主体，借助市场的资源配置力量，打破行政区划壁垒，以市场化手段推进城镇化建设。

3 大武汉都会区的联投担当：致力"同城"形态、精筑新型城镇

"联合发展"是大都会区的应有之义，也是湖北省联投集团的企业愿景。联投集团是湖北省政府于 2008 年推动成立，专门服务于武汉城市圈建设的大型国有控股企业。成立八年多来，公司遵循"政府主导、市场化运作"经营模式，以新型城镇化为着力点，通过重点投资能促进区域一体化发展的城市间交通项目和城市圈内一系列新城建设，探索新型城镇化路径，并最终努力构建面向国家战略要求的大武汉都会区。

3.1 投资基础设施，以交通一体化推动都会区驶入"同城"时代

3.1.1 交通基础设施一体化是构建现代大都会区的首要任务

交通和基础设施的一体化是跨越区域管制、促进城市区域发展的关键手段。现代大都会区的建设，首先大多是从交通的一体化来实现的。得益于"九省通衢"的区位优势，大武汉都会区是全国高速公路、铁路网络的重要枢纽之一，与国内其他经济板块的区际交通联系便捷，但区内交通仍存在网络不完善、设施落后等问题，一体化进程滞后于长三角、珠三角地区。同时，城市间通勤时间过长，导致中心城市的辐射作用减弱，各城镇间的要素流动不畅，也影响了区域整体城镇化进程。联投集团以城市间交通项目作为投资重点，承担城际高速公路、城际铁路等重大基础设施建设，能有效引导沿线地区的城镇化建设，塑造大都会区的"同城"物理形态。

3.1.2 高速公路构建一小时都会圈

高速公路是大都会区区内资源和要素调配的主要通道，联投集团以中心城市为突破口，先后打通汉洪、汉英、武鄂、青郑、绕城东北段等多条出口高速，总里程超 200km，逐步形成以武汉为中心的环状放射型高速公路网，大幅缩减城市间交通时间，形成了一小时都会经济圈。

3.1.3 城际铁路搭建半小时都会圈

只有建立高效率、低成本的公共交通联系，才能真正实现"同城"目标，伦敦、东京、巴黎大都会区的形成无一不依赖于发达的城际轨道交通。作为湖北省出资代表，联投集团承担着武汉城市圈 1190km 的城际铁路网络建设。截至目前，武咸、武黄、武冈、汉孝等四条线路，均已陆续通车，进一步拉近区域城镇时空距离，形成以城铁为轴线的大都市连绵带，构建半小时都会经济圈。

3.1.4 武汉新港助力都会区产业发展跨越

随着经济全球化进程加快，借助航运交通的运量和成本优势，港口成为全球性的资源配置场所。为重塑长江水道优势，湖北省统筹区域港区资源，启动了武汉新港建设，联投集团承建的花山码头是新港三大核心港区之一，规划建设 15 个集装箱泊位，年吞吐量 300 万标箱，通过江海联运，可打通大武汉都会区联系世界的窗口，为腹地东湖高新区乃至整个长江中游

南岸的产业发展注入强劲动力。

3.2 建设新城，以因地制宜地城镇化构筑都会区城镇网络的示范节点

在大城市周边引导新城建设，既能有效带动城乡地带的城镇化，又能作为核心城市外围重要节点，完善区域城镇体系，促进大都会区的构建。2009年，联投集团首个新城项目在武汉花山起步，八年来，已有7座各具特色的新城沿长江在湖北省内布局，其中位于武汉市长江南岸的花山生态新城和位于黄冈长江北岸的小池滨江新区对长江中游城市群的新型城镇化路径具有重大实践和理论探索意义：前者已成为"港城一体、产城融合、两型发展"的典范；后者携手对岸的江西省九江市，建立跨区域协作机制，助力跨省域的长江中游城市群构建（图1）。

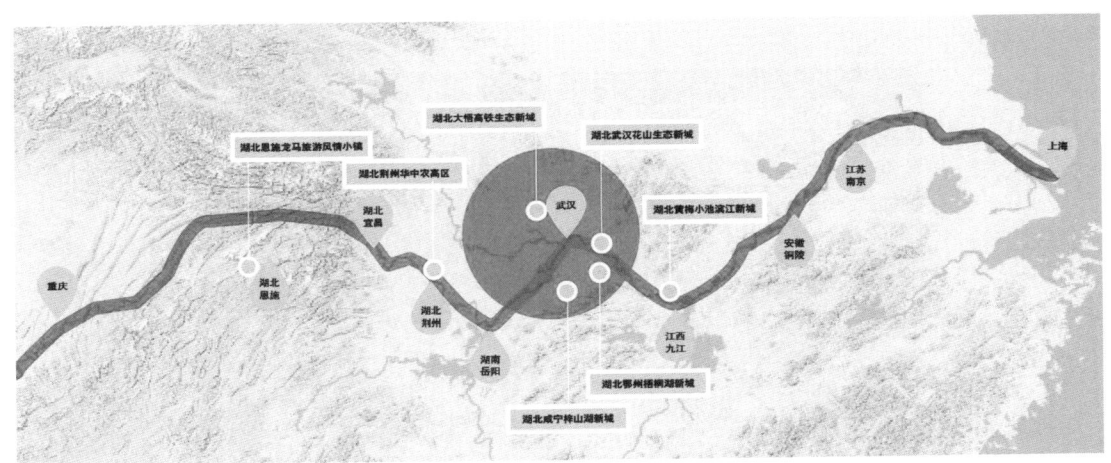

图1 联投集团新型城镇化项目分布示意图

3.2.1 港城一体的生态城市建设：武汉花山生态新城

花山生态新城起源于武汉新港的白浒山港区，作为江南唯一的集装箱港区，它依托优良的深水岸线布局，但港区与南部核心产业组团之间被小集镇花山阻隔，且受大东湖水网生态限制，不宜实施传统的粗放式城镇开发。花山生态新城立足区域功能需求，一方面引导港口物流、设计研发等高科技服务业布局，为"港城一体、区港联动"提供产业支撑；一方面践行低碳规划和建设理念，完善高品质的功能服务配套，打造绿色宜居的生态之城，其建设对大都会区的功能结构优化和城镇化的质量提升具有重要示范意义。

3.2.2 跨江跨省域城镇建设：黄梅小池滨江新城

小池位于大武汉都会区最东端，远离中心城市武汉，距所属地级市黄冈超过150km，却与江西省九江市隔江相望，但因行政制约，受九江辐射带动有限，城镇化进程滞缓。随着鄂赣皖"中三角"战略的深入推进，湖北省将小池作为省级战略，大力推动滨江新区开放开发，湖北联投集团进驻承担中心区建设，将新城定位为九江的江北新型功能区，在城镇建设、产业发展、基础设施等方面全面对接，探索小城镇依托大城市跨江跨省域协作发展模式，将为

大武汉都会区滨江城镇发展提供示范。

4 市场机制下新型城镇化的联投模式

党的十八届三中全会明确提出，要更加尊重市场规律，减少政府对市场的干预，坚持市场在资源配置中的基础性作用。对应城镇化领域，在土地国有的制度背景下，我国的城镇化建设（主要指土地一级开发）市场化程度不高。反观国外，例如上文述及的大伦敦都会区，第二次世界大战后先后在伦敦外围创建了32座新城，而其建设过程具有典型的市场化特征：成立专门的新城开发公司，在新城委员会的指导下，负责规划、土地整理和基础设施建设，国家颁布《新城法》，明确新城公司与地方政府的责权利（图2）。

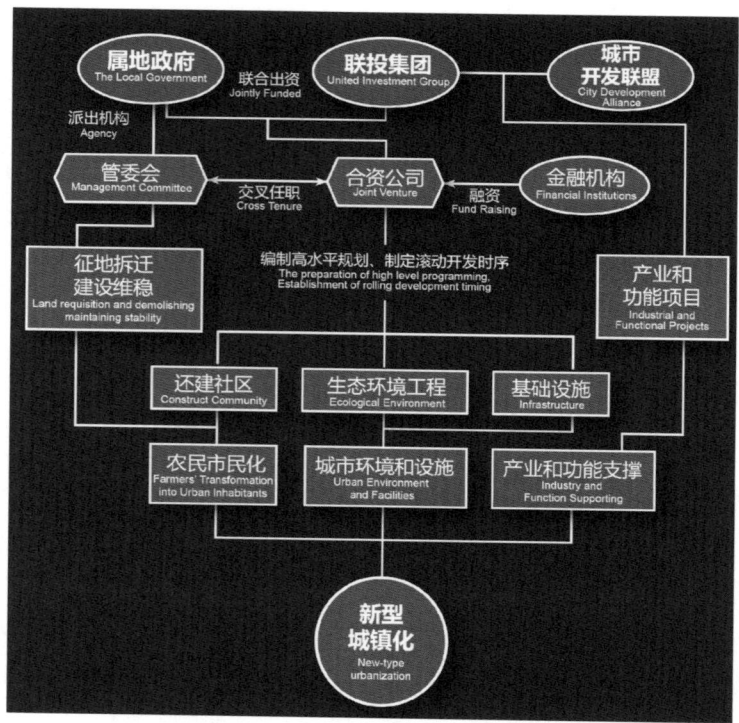

图2　联投集团新型城镇化市场开发机制示意图

受经济体制、人口土地资源以及时代背景等多方因素影响，我国目前新城建设与英国当年新城开发肯定存在一定差异，但其市场化的运作确实值得借鉴。总结联投集团新城开发历程，作为省属大型国有控股企业，联投集团的新城建设与英国的新城公司运作机制有诸多类似之处。其中花山生态新城位于武汉东郊，是大武汉都会区的重要城镇节点，也是联投集团启动的首个新城项目（2009年），其开发建设模式对湖北省乃至全国新型城镇建设进行了有益探索。

4.1 "政府主导、公司运作"的市场开发机制

相较英国，我国并无类似《新城法》的法规，市场运作机制尚处于摸索阶段。在近五年的新城建设中，联投集团以花山新城为试验田，逐渐摸索出一套适应市场的运营机制：集团公司和当地政府按一定比例投资成立合资公司，以市场化方式筹资、营运，保持灵活、高效的公司治理模式，并通过招商引资，吸引社会资本参与新城建设。新城范围内土地收益由地方财政返还合资公司，除平衡土地开发成本外，用于公共设施支出，实现"区域平衡、利益共享"目标。

4.2 城市开发联盟的社会投资组织形式

联投集团联手国内外知名企业（如新加坡淡马锡、大连亿达、美国希尔顿等），组建产业开发联盟，合力开发建设一系列相关产业项目（如长江中游航运中心物流园、中部最大武汉软件新城、华中首座希尔顿酒店等），为关联产业集聚发展提供支撑，既吸引了社会资本参与新城开发建设，又导入相关产业资源，推动新城实现"产城融合"并为新城提供持续的发展动力。例如 2012 年 5 月在花山生态新城启动建设的武汉软件新城，就由联投集团和中国领先的软件园区开发运营商——大连软件园股份有限公司共同投资，总用地 3.4km^2，吸引社会投资将超 200 亿元，入园企业将达 1000 余家，常驻工作、生活人口将达 20 万人，园区产值预计超过 500 亿元，将成为武汉市软件及信息服务产业集群的核心承载基地。

4.3 基于市场化思路的失地农民市民化措施

在新城建设中，因征地拆迁而导致的失地农民如何顺利市民化是城镇化的难点问题。为杜绝后发式"城中村"风险，花山新城制定了全镇域拆迁安置方案，遵循"先建新、后拆旧"原则，首先启动了安置社区"花城家园"建设。实施大社区管理模式，成立居委会、物业公司，集中配备 10 余万平方米的商业、教育和文体设施，营造了温馨舒适的人居环境。此外，花山新城已先后缴纳 15 亿元，3.5 万农民全部纳入社保体系，高龄居民已开始领取养老保险。为妥善解决青壮年群体的就业转型，通过引导村集体经济转型，成立了物业、绿化、商业三大股份公司，村集体年终参与分红的同时，村民还有 3000 多就业岗位可供选择。未来还将根据新城产业发展多渠道提供就业，可望实现 50% 以上的本地就业率。

4.4 多元化的投融资综合解决方案

政府主导下的城镇化模式在宏观经济环境趋紧、国家严控地方投融资平台的背景下更为严峻，多元融资渠道的搭建对城镇化建设至关重要。以花山生态新城为例，其静态投资测算约 330 亿元，单靠新城公司 10 亿元的注册资本，甚至连一条主干道的修建都难以完成。通过拓宽渠道，构建了商业贷款、政策性贷款和基金、信托相结合的多渠道融资结构；并创新模式，在基础设施建设领域尝试 BOT 模式，开发性项目广泛对外招商引资，积极吸引社会资本参与，

为新城建设提供了充足的资金需求。新城建设启动七年来,已完成融资过百亿,吸引社会投资近百亿,顺利完成一半以上建设量。

展望未来 5 年,长江中游城市群作为国家规划的重点发展区和区域增长极,将处于快速城镇化的黄金机遇期。在完成起步阶段的探索和积累后,联投集团的新型城镇化实践将迈入量质齐升的新阶段,后续将坚持以市场化机制推进大武汉都会区的新型城镇化建设,并强化"联投模式"的可操作性、可复制性,为长江中游城市群的建设和发展探路铺石。

参考文献

[1] 李克强. 省部级领导干部推进城镇化建设研讨班讲话 [N]. 人民日报,2012-9-20.

[2] 武汉、长沙、南昌三市国土规划局. 长江中游城市群空间协调发展规划研究 [R]. 2016.

[3] 吴怀志. 武汉城市圈与长江中游城市群融合发展研究 [J]. 城市观察,2016,(3):40–52.

[4] 邵俊. 武汉城市圈城镇化质量评估研究 [D]. 武汉,2015.

[5] 王珺,周均清. 从"单中心区域"到"网络城市"—武汉城市圈空间格局优化战略研究 [J]. 国际城市规划,2008,23(5):88–91.

[6] 黄晓芳. 对城市圈建设的几点思考—以武汉城市圈为例 [J]. 中华建设,2007,(8):50–51.

鲍颖:湖北省联合发展投资集团新城发展中心 178404650@qq.com

武汉城市圈交通流与城市流耦合研究

黄俊 李军 周恒

摘　要：在区域一体化背景下，以人流、物流为表现的有形"交通流"和以信息流、资金流为表现的无形"经济流"共同决定了城市间的联系度强弱，进而决定了城市群的空间职能结构。交通流和城市流，必须相互匹配，城市群才能健康发展下去。目前国内关于城市联系度的研究存在数据单一、模型单一、要素单一的问题。本文从交通流和城市流的角度，定量分析武汉"1+8"城市圈内部流动强度和特征，解析武汉城市圈内部城市间相互作用机制。建立基于生产总值、人口及公路里程等指标的交通吸引重力模型，通过城市交通可达性，分析各城市间的交通联系强弱；选择主要外向服务部门从业人员指标，计算城市流强度，分析城市圈各城市间的联系度；对交通流和城市流进行耦合分析，判读城市圈发展健康状况。研究发现：武汉城市圈处于单核心集聚的城市群演化初级阶段，正在形成以孝感—武汉—黄冈—鄂州—黄石为核心发展廊道的不均衡空间结构。武汉与其他城市流与交通流基本耦合，但部分城市之间的联系仍然处于不耦合状态，亟须针对性的协调和梳理。

关键词：城市联系度，交通流强度，城市流强度，武汉"1+8"城市圈，耦合分析

Research on the traffic flow and urban flow of Wuhan urban agglomeration

Abstract : Under the background of regional integration, the tangible "traffic flow" including population movements and logistics, and the intangible "urban flow" including information flow and cash flow both decide the strength of urban connection degree. They also decide the spatial structure of urban function in the urban agglomeration. Only the traffic flow and city flow matching each other, the urban agglomerations will have a healthy development. The data, elements and model of the current domestic research on city connection degree are too simple. From the perspective of the traffic flow and urban flow, the intensity and characteristics of Internal flow in Wuhan "1 + 8" urban agglomeration are calculated and analyzed, and the interaction mechanism between the inner cities are resolved in this paper. Based on the GDP, population, road mileage and other indicators of the cities, gravity model about traffic attract is set up. By calculating the urban transport accessibility, analysis the strength of transport links between cities; Select the employees index of the main outward service Department, calculate the urban flow, analyze the relationship between the cities of Wuhan "1+8" urban agglomeration; Coupling analyze the traffic flow and urban flow. The results show that Wuhan city circle is in the primary stage of the single core agglomeration of urban agglomeration. It illustrates that the urban flow and traffic flow of Wuhan and other cities are almost coupling, but the other cities' are still not match.

Keywords: Urban Connection Degree, Intensity of Traffic Flow, Intensity of Urban Flow, Wuhan "1+8" Urban Agglomeration, Coupling Analysis

1 引言

现代城市是人流、物流、信息流、资金流的枢纽或节点，多种流对城市的发展起到至关重要的作用。在经济全球化、区域一体化时代背景下，城市在快速聚集形成城市群的过程中，多种流就像人体中的血液循环一样，只有畅通无阻，城市群才能健康发展和生存下去。这些"流"大体可以分为两种，一种是有形的：即以人流、物流为表现的"交通流"，另一种是无形的：即以信息流、资金流为表现的"经济流"。正是在有形的交通流和无形的经济流共同作用下，构成了全面而广泛的城市群空间结构[1]。

城市交通流是城市间人力、物力流动的总和，反映的是城市资源的交换量和流动关系，一般通过采用各种交通方式流量来研究城市圈内部城市联系强度和特征。城市流是指城市间信息流、资金流和技术流等空间流在城市群区域所发生的频繁、双向和多向的流动现象，一般用城市流强度进行测度。城市流强度是指在城市间的联系中，城市外向功能（集聚与辐射）所产生的聚射能量及城市之间与城乡之间相互影响的数量关系[2]。

城市圈经济社会的蓬勃发展，要求有相适应的交通运输网络为其提供强有力的支持，城市间交通网络的便捷性、舒适性以及承载力对区域发展具有重要影响，从而影响到区域经济水平的可持续发展。而城市群内部城市流（包括资金、信息、技术等）的发展间接反映的是城市间经济产业的分工与发展，又会影响到区域交通需求量的变化，从而影响到城市群交通业的发展。城市群交通流与城市流均是由多种要素通过彼此间的相互作用而形成的复杂体系，两个体系相互影响、相互制约，二者的耦合协调发展程度是衡量城市群健康稳定发展的重要标准。

当前，国内外学术界对城市联系度的研究主要存在三个问题。一是数据选择单一，多采用城市流强度模型对城市群某一年数据进行研究分析，是一个静态的分析过程，研究结果存在偶然性。二是模型选择单一，区域经济关联在研究方法上以定量化、模型化为主，主要方法有：引力模型、重力模型、城市流强度模型、潜力模型、可达性模型等，但相关研究多采用某一种模型进行分析，缺少"复合型"模型研究。三是研究要素单一，城市是人流、物流、交通流、信息流、资金流的枢纽或节点，多种流共同决定了城市联系度的强弱，在研究城市联系度时主要研究要素有：经济联系、交通联系、通信联系等，目前在研究城市联系度时多采用某一个要素进行研究，缺乏系统的要素分析。

基于上述三个问题，本文以交通流（涵盖人流、物流）和经济流（涵盖信息流、资金流）为研究要素，采用交通引力模型和城市流强度模型，统计2014年的相关数据，定量分析武汉城市圈的内部城市联系度，通过交通流和城市流的耦合来评判城市圈发展健康状况，进而提出武汉城市圈空间结构的优化建议。

2 研究方法

2.1 研究区域及数据来源

本文所选取的实例是位于中国中部的武汉城市圈。武汉城市圈是以武汉市为中心，以100km为半径的城市群落，包括武汉、黄石、鄂州、孝感、咸宁、黄冈、仙桃、天门、潜江等九市，简称"1+8"城市圈，也称武汉城市圈，该地区占湖北省33%的国土面积[3,4]。相比于其他城市群，武汉城市圈GDP总量、人均GDP处于中下游水平，武汉城市圈发展现状与其拥有的交通区位优势和人口优势并不匹配，发展水平不高，其发展健康状况值得关注。

本文数据来源于2014年的中国城市年鉴、湖北省统计年鉴以及2014年武汉城市圈各城市统计年鉴。

2.2 模型构建

（1）城市交通流模型

城际间的交通联系应从宏观经济总量的角度来衡量，所以通过引入经济因素来研究城市群的城际联系。交通联系引力是城市间相互吸引的一种表现，它与城市间相互吸引力成正比，同时也是衡量区域间经济联系强度大小的指标，它既能反映经济中心城市对周围地区的辐射吸引能力，也能反映周围地区对经济中心辐射吸引能力的接受程度[7]。

根据牛顿万有引力定律 $F=GMm/R^2$，构建城市群的城市交通联系引力模型如下：

$$F_{ij}=K_i \times (\sqrt{P_iG_i \times P_jG_j})/R_{ij}^2 \tag{1}$$

（1）式中 F_{ij} 表示 i 地区对 j 地区的交通吸引力；P_i 和 P_j 为两个城市的人口数（万人）；G_i 和 G_j 表示2个城市的GDP（亿元）；R_{ij} 表示2个城市之间的公路里程（km）；K_i 表示 i 城市的公路交通引力系数，即前往吸引点的概率，对潜在交通作用力进行修正，以使交通联系度量更符合客观实际，可以表示为：

$$K_i=1/2(\frac{Q_i}{Q}+\frac{C_i}{C}) \tag{2}$$

其中 Q_i 和 C_i 分别表示 i 城市的公路/铁路客运量（万人）和公路货运量（万吨），Q 和

C 表示区域内城市的平均公路客运量和公路货运量。城市交通可达性 A_i 可理解为城市与其他城市间的交通引力之和,表示为:

$$A_i = \sum_{j=1}^{n} F_{ij} \tag{3}$$

由于 i 城市对 j 城市的交通引力 F_{ij} 与 j 城市对 i 城市的交通引力 F_{ji} 不同,故取二者的平均值作为两城市间的交通流 T_{ij},其公式如下[5-8]:

$$T_{ij} = (F_{ij} + F_{ji})/2 \tag{4}$$

(2)城市流模型

本文采用城市流强度值来衡量城市经济联系强度,来表征城市对外服务功能的量化指标,并依此进行城市联系量的对比分析。城市流强度是指区域内城市间的相互经济联系中城市外向功能(集聚与辐射)所产生的影响量[8]。计算公式为:

$$F = E \cdot N \tag{5}$$

式中 F——城市流强度;

E——城市外向功能量;

N——城市功能效率,即各城市间单位功能量所产生的实际影响。

某一城市外向功能量 E_i 的计算步骤如下:首先,求得 i 城市 j 部门区位商 L_{ij}:

$$L_{ij} = \frac{G_{ij}/G_i}{G_j/G} \tag{6}$$

($i=1, 2, \cdots, m$;$j=1, 2, \cdots, n$)

式中 G_{ij}——i 城市 j 部门从业人员;

G_i——i 城市从业人员总量;

G_j——武汉城市圈内 j 部门从业人员总量;

G——武汉城市圈内从业人员总量。

然后,对计算结果进行判别,对于 $L_{ij} \leq 1$ 的部门,由于其从业人员在该城市中所占比重小于整个区域的比重,故不存在着对外服务功能,即 $E_{ij}=0$;而对于 $L_{ij} > 1$ 的部门,除满足自身需求外,能够为其他城市提供服务,故:

$$E_{ij} = G_{ij} - G_i(G_j/G) \tag{7}$$

将每个城市所有部门的外向功能量相加得到每个城市总的外向功能量:

$$E_i = \sum_{j=1}^{n} E_{ij} \tag{8}$$

本文采用人均从业人员的地区生产总值(GDP)来表示城市功能效用 N_i:

$$N_i = GDP_i/G_i \tag{9}$$

最终，某一城市的城市流强度 F_i 可以表示为

$$F_i = E_i \cdot N_i = E_i \cdot (GDP_i / G_i) = GDP_i \cdot (E_i / G_i) = GDP_i \cdot K_i \tag{10}$$

K_i 为城市流倾向度，是 i 城市外向总功能量占总功能量的比例，反映了 i 城市的总功能量的外向程度。

基于城市流强度，通过修正城市引力模型公式，来反映城市与城市之间的网络联系。城市网络联系模型公式如下：

$$R_{ab} = G \frac{F_1 F_2}{D^2} \tag{11}$$

R_{ab} 为城市 A 与城市 B 的联系度，F_1、F_2 分别为城市 A、城市 B 的城市流强度，D 为城市 A 与城市 B 之间的距离，G 为经验系数，为计算方便取其为 1。

3 实证研究

3.1 武汉城市圈交通流分析

鉴于武汉城市圈的航运系统和铁路系统尚不完善，而且公路交通是城市圈内部主要交通方式，本文选取使用频率最高的公路流动来分析武汉城市圈内部交通流。通过查阅 2014 年的中国城市年鉴、湖北省统计年鉴以及 2014 年武汉城市圈各城市统计年鉴，得到武汉城市圈各城市相关基础数据，包括各城市公路货运量、公路客运量、GDP、人口以及各城市间公路里程[9, 10]。运用上述公式（2）计算 2013 年各城市公路交通引力系数。基于各城市公路交通引力系数及城市间公路里程，运用公式（1）计算 2013 年各城市间交通引力，见表 1、表 2、图 1。

2013 年武汉城市圈各城市公路交通引力（亿元万人／km^2） 表 1

	武汉市	黄石市	天门市	潜江市	鄂州市	仙桃市	孝感市	黄冈市	咸宁市
武汉市		244.78	18.83	8.18	69.87	32.53	562.72	721.78	125.42
黄石市	815.94		1.38	0.65	34.93	1.87	12.68	298.99	16.03
天门市	156.93	3.44		5.11	0.68	3.96	12.21	4.74	1.49
潜江市	92.34	2.20	6.92		0.40	5.95	5.81	5.00	2.28
鄂州市	698.65	104.79	0.82	0.36		1.15	7.08	4097.72	9.04
仙桃市	316.27	5.44	4.62	5.12	1.12		14.00	13.63	5.17
孝感市	2073.16	14.01	5.40	1.90	2.61	5.30		41.83	16.60
黄冈市	2004.93	249.16	1.58	1.23	1138.26	3.89	31.54		28.81
咸宁市	541.93	20.78	0.77	0.87	3.90	2.30	19.47	44.82	
交通引力之和	6700.15	644.6	40.32	23.42	1251.77	56.95	665.51	5228.51	204.84

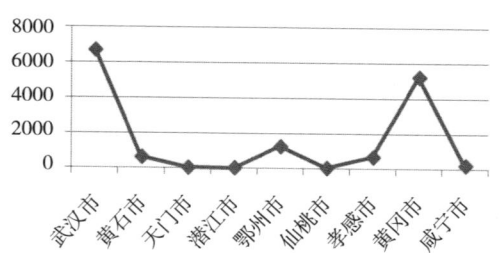

图1 2013年武汉城市圈各城市公路交通可达性（亿元万人／km²）

为便于比较各城市间的公路交通引力大小，将两城市间的相互交通引力的平均值作为城市间的交通联系度，来衡量两城市的交通联系强弱，结果见表2。

2013年武汉城市圈各城市间交通流 表2

	武汉市	黄石市	天门市	潜江市	鄂州市	仙桃市	孝感市	黄冈市
武汉市								
黄石市	530.36							
天门市	87.88	2.41						
潜江市	50.26	1.425	6.015					
鄂州市	384.26	69.86	0.75	0.38				
仙桃市	174.4	3.655	4.29	5.535	1.135			
孝感市	1317.94	13.345	8.805	3.855	4.845	9.65		
黄冈市	1363.355	274.075	3.16	3.115	2617.99	8.76	73.87	
咸宁市	333.675	18.405	1.13	1.575	6.47	3.735	18.035	36.815

从表2看出城市间交通联系差异巨大，分化严重，交通联系最强的为黄冈和鄂州，这是因为这两个城市间距离短，基本实现同城化；交通联系最弱的是鄂州和潜江，两个城市间经济活动交流少，产业关联性较差。

根据表2数据，将城市交通联系划为6个级次，一级联系（≥1000），二级联系（500—1000），三级联系（100—500），四级联系（10—100），五级联系（2—10），六级联系（＜2），其中六级联系可视为无联系，得出交通流网络结构（图2）。

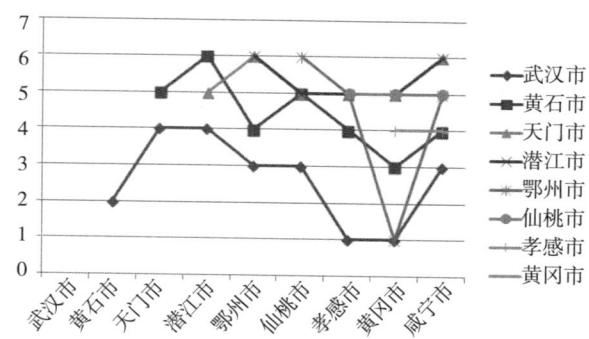

图2 2013年武汉城市圈各城市交通流一览

从图 2 中可看出武汉与各城市的交通联系均处于领先地位，反映其中心城市的地位；其他城市与外部城市的交通联系差别不大，相互间联系较为均衡，无明显的等级区别。

将上述交通联系落实到空间上，得到武汉城市圈的交通联系格局，如图 3 所示。

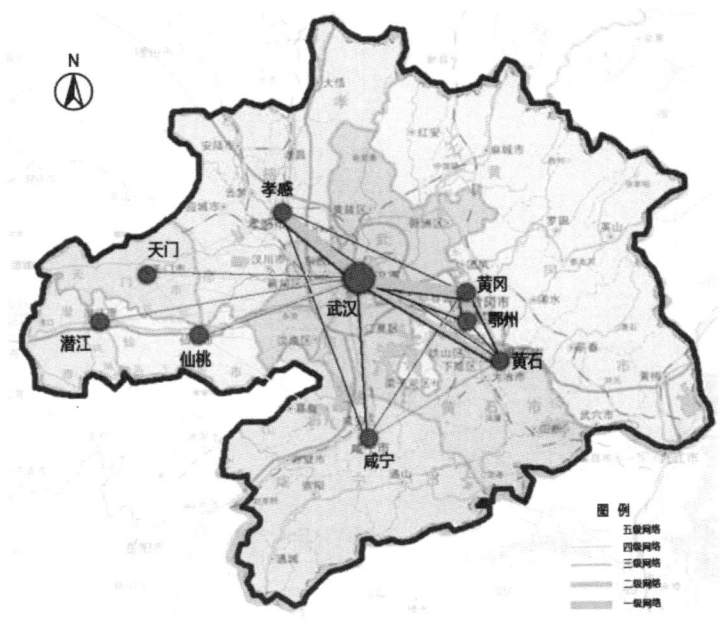

图 3　2013 年武汉城市圈交通流分布

影响城市间的交通联系强弱存在两方面的因素，一个是交通基础设施，提供基本的交通可达性；另一个是产业关联，提供人流、物流的驱动力。根据上述城市交通联系度可判读出当前武汉城市圈的交通发展现状和问题：

1）武汉市是武汉城市圈的交通枢纽，另外八个城市与武汉市的交通联系较其他城市明显紧密，与武汉进行人流、物流的交换是 8 个外围城市发展的第一选择，8 个外围城市缺乏相互间的交通联系。

2）武汉城市圈形成了孝感—武汉—黄冈—鄂州—黄石的核心交通走廊，这五个城市交通联系紧密。其他四个城市间尽管拥有宜黄高速公路、京珠高速公路等资源，但城市交通联系明显不足，说明其城市间产业关联性较差，产业联动还未形成；另一方面说明高速公路交通资源利用率低，发展潜力较大。

3）武汉城市圈交通流网络结构稳定，交通联系呈现极化趋势，主要交通分布在孝感—武汉—黄冈—鄂州—黄石东部及北部沿线，形成了武汉城市圈内的交通走廊。咸宁同主要交通走廊沿线上的几个城市联系稍密，呈发展态势，然而仍然较为薄弱。武汉城市圈西部的城市间的交通联系较弱，各自独立发展，城市圈交通格局呈现两极分化现象。武汉城市圈的人力、物力流动主要集中在武汉—孝感—黄冈—鄂州—黄石 5 个城市之间，除了反映其拥有良好的交通基础条件（福银高速公路）之外，还说明这 5 个城市产业关联密切，基本形成产业联动格局。

3.2 武汉城市圈城市流分析

借鉴城市经济理论和区位商原理，运用城市流分析方法，对武汉城市圈主要城市联系进行定量分析和横向比较，根据分析结果划定各城市在区域经济联系中的地位等级，运用引力模型计算各城市间的联系强度，研究分析武汉城市群网络结构。

在本研究中选取交通仓储邮电、批发和零售业、金融业、房地产业、社会服务业、教育业、科学研究技术、制造业等八个外向型产业为测度指标，根据公式（6）计算城市八个产业的区位商，根据公式（7）计算每个城市的外向功能总量[6-9]，得到图 4。

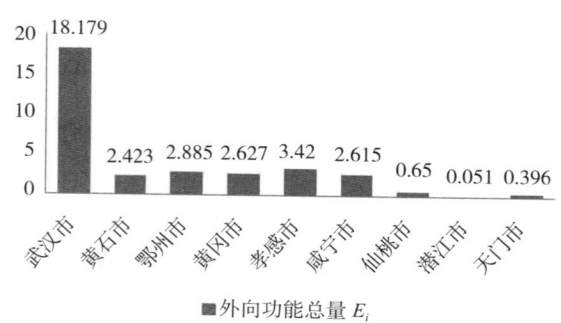

图 4　2013 年武汉城市圈各城市外向功能总量（万人）

城市群制造业发展势头良好，外向性相对其他产业突出；社会服务业、教育业、金融业发展滞后；城市群发展不均衡，武汉交通、仓储、邮电业发展一城独大，交通区位优势明显。

2013 年武汉市外向功能量值为 18.179，明显高于其他城市，孝感市为 3.42，居第二位，但仅相当于武汉市的五分之一左右。潜江市外向功能量最低，为 0.051，外向产业单一。根据公式（5）、（8）、（9），计算得出各城市的城市流强度，如图 5 所示。

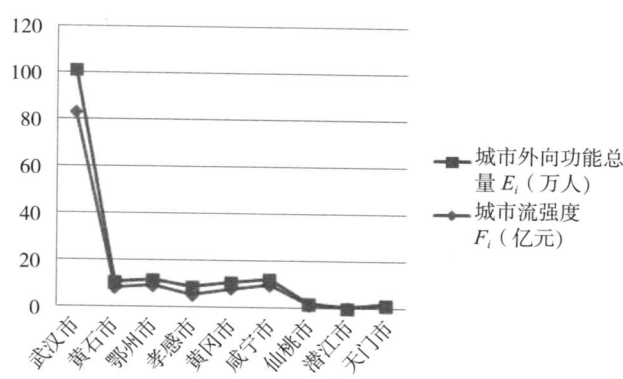

图 5　2013 年武汉城市圈各城市城市流强度对比图

在武汉城市圈中，城市流强度随着城市外向功能总量增加而增加。除武汉市外，各城市功能效率（N_i）较接近。依据城市流强度值的大小，武汉城市圈各城市在区域中的外向联系地位可以划分为三个等级，见表3。

表3　2013年武汉城市圈外向等级

城市	2013年K_i	2013年F_i（亿元）	2013年排序	2013年等级
武汉市	0.092	828.932	1	核心城市
黄石市	0.073	82.848	4	次核心城市
鄂州市	0.141	89.229	3	次核心城市
孝感市	0.043	53.164	6	节点城市
黄冈市	0.059	78.665	5	次核心城市
咸宁市	0.111	96.634	2	次核心城市
仙桃市	0.027	13.772	7	节点城市
潜江市	0.002	1.099	9	节点城市
天门市	0.034	12.256	8	节点城市

核心城市—武汉，城市流强度远高于其他城市，核心城市武汉的制造业、交通职能、批发零售与科学研究突出，具备带动整个区域发展的潜质，需要指出的是武汉市在金融、房地产、教育、社会服务业等存在较大提升空间。次核心城市—黄石、鄂州、咸宁，城市流强度值居中，是区域副中心城市。次核心城市的制造业均占有较大比重，而交通、批发零售业、社会服务业、房地产、金融等所占比重较小，这反映了目前产业结构层次低，仍集中于传统的生产领域，三产业发展不足。次核心城市是城市群主要的制造业基地和服务需求地。节点城市—孝感、黄冈、仙桃、潜江、天门，城市流强度值较低城市，城市存迫切需要自身集聚和外部辐射，应加快发展相关主导产业，增加城市外向性。根据公式（10）计算出各城市的城市流倾向度，即城市外向总功能量占总功能量的比例，结果如图6所示。

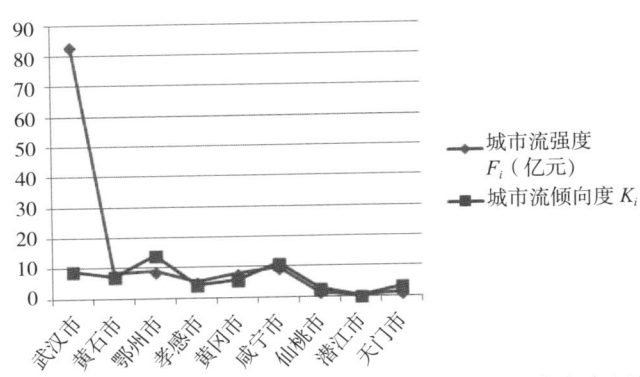

图6　2013年武汉城市圈各城市城市流强度与城市流倾向度对比图

通过表4可看出,除武汉外,其他城市的城市流倾向度基本上与城市流强度正相关。武汉的城市流强度远高于其他城市,但城市流倾向度却很低,说明1+8城市圈的核心城市——武汉市的外向性不足,城市集聚作用远大于辐射作用,城市仍在集聚、吸收周边城市资源,对于区域协调发展不利。

基于上述城市流强度,通过公式(11)计算,得出武汉1+8城市圈各城市间联系度(表4)。根据表4数据,设定城市之间联系度大于0.03的城市具有联系。然后,划分城市网络联系关系为3个层次,一级网络(≥11),二级网络(1—11),三级网络(0.03—1),得出城市流网络结构(图7)。

2013年武汉城市圈各城市间联系度　　　　表4

	武汉市	黄石市	鄂州市	孝感市	黄冈市	咸宁市	仙桃市	潜江市	天门市
武汉市	0	10.75	20.49	11.81	13.76	8.91	1.35	0.04	0.69
黄石市	10.75	0	5.10	0.13	2.85	0.57	0.04	0.000	0.024
鄂州市	20.49	5.10	0	0.17	86.80	0.71	0.05	0.002	0.03
孝感市	11.81	0.13	0.17	0	0.14	0.25	0.05	0.002	0.04
黄冈市	13.76	2.85	86.80	0.14	0	0.53	0.04	0.002	0.015
咸宁市	8.91	0.57	0.71	0.25	0.53	0	0.06	0.003	0.02
仙桃市	1.35	0.04	0.05	0.05	0.04	0.06	0	0.003	0.03
潜江市	0.04	0.000	0.002	0.002	0.002	0.003	0.003	0	0.004
天门市	0.69	0.024	0.03	0.04	0.015	0.02	0.03	0.004	0

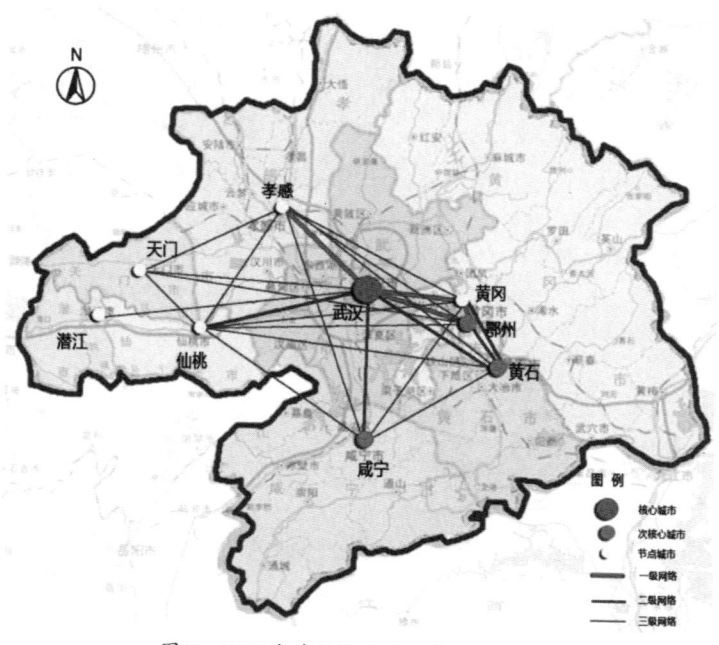

图7　2013年武汉城市圈城市流网络结构

根据上述城市联系网络结构可判读出当前武汉城市圈的发展现状和问题：

1）目前武汉城市圈城市网络结构基本形成，处于单核心集聚的城市群演化初级阶段，与发展成为功能互补、水平联系和交互增长的网络城市差距还较大。

2）武汉城市圈网络结构不均衡，"武鄂黄黄"为主要发展极，"武汉－孝感"为次要发展极；仙桃、潜江、天门等城市的外向功能很弱，城市间的城市流较弱，反映了这些城市存在接受服务与辐射的发展诉求。

3）核心城市武汉外向作用力不足，其核心与主导作用并未有效发挥。除了与东部三个城市、北部城市联系紧密以外，与其他城市联系较弱，并没有发挥核心城市辐射作用，尤其是对城市群西部与南部城市的辐射作用不足。

4）城市圈西部的三个城市：天门、潜江、仙桃之间的联系较弱，未形成发展组团，导致整个武汉城市圈发展结构呈现出一边倒的趋势。

3.3 交通流和城市流的耦合分析

对武汉市城市圈 2013 年的交通流强度与城市流强度进行耦合分析，探索武汉城市圈交通流动与经济流动的内在规律，通过判读当前武汉城市圈的发展现状和问题，提出城市圈空间结构的优化建议。指定城市一级网络与交通一级网络相匹配；城市二级网络与交通二级、三级网络相匹配；城市三级网络与交通四级、五级网络相匹配，得出以下武汉城市圈交通与经济耦合分析图，如图 8 所示。

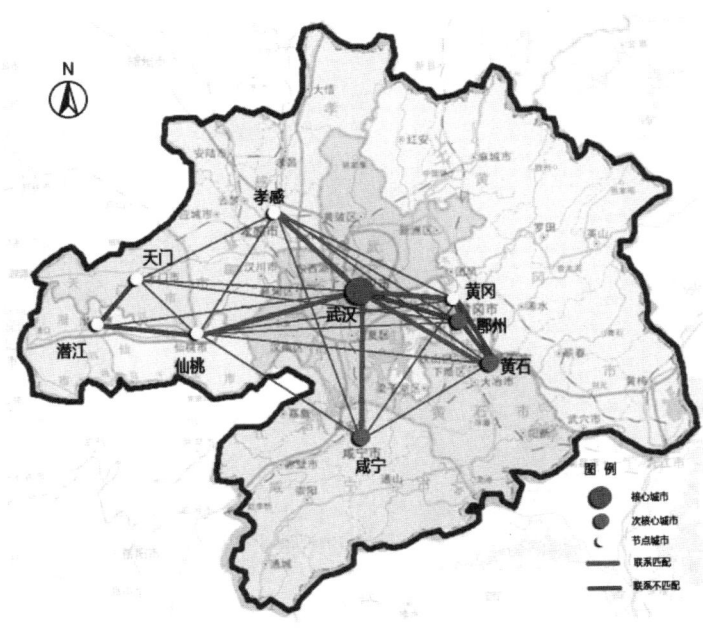

图 8　2013 年武汉城市圈城市联系度耦合分析

通过上述耦合分析，可以看出武汉城市圈发展存在以下特征和问题：

1）武汉城市圈城市间的交通联系度与经济联系度基本吻合，绝大部分城市间的交通联系度与城市联系度相匹配（图中红色线条所示），说明二者具有很强的正相关性，交通联系强的城市间经济联系也较强。二者需要相互匹配，才能实现城市间的健康协调发展。

2）武汉城市圈的发展呈现极化趋势，武汉与其他城市在经济与交通联系上几乎全部匹配，说明武汉城市圈的发展重点集中于武汉的建设上，使得武汉在城市圈的集聚能力有着绝对的优势。

3）对于黄冈、鄂州、黄石这三个城市而言，各城市的交通引力和经济引力存在不匹配：鄂州与黄石拥有较强的经济联系，但交通联系稍显不足，说明其交通基础设施不能满足经济发展的需求，可以加强两城间的交通基础设施建设，进一步激发两城间的经济发展潜力；黄冈和黄石在交通联系和经济联系上均较弱，两城的经济和交通交流均以鄂州为载体，直接交流较弱。相比较而言，三个城市中黄石的外向性较弱，作为"武鄂黄黄"发展极的东南角，黄石应该强化自身的优势产业，增强交通基础设施建设，同时借助武汉城市圈主要发展极的辐射带动作用，寻找城市新的发展突破口，增强城市外向性，从而保证和提升"武鄂黄黄"发展极的金三角地位。

4）咸宁和孝感分别作为武汉城市圈唯一的南部、北部城市，其外向型产业突飞猛进，城市外向性越来越明显，2013年与武汉市形成了交通联系与经济联系相匹配的稳定结构。其未来发展方向应该继续借助较强的交通联系，积极向中心城市武汉靠拢，产业与武汉市协同发展。

5）天门、潜江和仙桃三个西部城市在交通和经济上均与武汉市存在联系，但三城市自身的经济联系和交通联系存在不匹配，主要原因是三个城市间缺乏产业协作，城市外向性不足，各自独立发展，没有形成集聚效应，对武汉城市圈西部经济发展极为不利。

6）武汉与鄂州的交通流与城市流处于不匹配的状态，这是由于两个城市相似的产业结构造成的，两个城市都以机械制造为核心产业，产品同质化比较严重，相互间的城市流强度较弱。而两个城市距离特别近，交通基础设施完善，交通联系度比较强。因此，武汉与鄂州一直存在交通与经济联系不匹配的情况。武汉与鄂州应积极协调产业选择，实现错位发展、互利共赢的格局。

4 讨论与结论

本文从交通流和城市流的角度分析武汉城市圈内部流动强度和特征的变化情况，研究得出如下主要结论：

1）武汉城市圈城市流网络结构处于单核心集聚的城市群演化初级阶段，核心城市武汉集聚能力过大，辐射能力不足，外围城市集聚能力不足，与发展成为功能互补、水平联系和交互增长的网络化城市圈差距还较大。

2）武汉城市圈已形成以武汉市为交通枢纽、孝感—武汉—黄冈—鄂州—黄石为核心交通走廊的不均衡交通网络结构。武汉城市圈西部的城市间的交通联系较弱，各自独立发展，城市圈交通格局呈现两极分化现象。

交通是城市群发展的基础支撑条件，而经济活动为城市间交通提供原动力，城市群内部各种流的分布特征和强度对城市水平的发展起到至关重要的作用。武汉城市群要实现健康协调发展，需要：①增强各城市之间交通联系与经济联系的匹配度，通过合理的产业分工与协作，加强交通基础设施的建设，使城市间优劣互补，共同推动城市圈经济实力的提升。②发展次核心城市，增强次核心城市辐射作用，同时重点扶持城市群西部城市组团，防止形成东强西弱、武汉"一级独大"的不平衡结构。

进一步研究还应拓展到城市群与外部地区的交通流和区域流强度，在更大范围研究考察相邻区域间的经济和空间作用机制。同时，信息、资金流动作为对城市发展不可或缺的要素，二者流动也应作为重要的研究对象。

参考文献

[1] 张伟．都市圈的概念、特征及其规划探讨 [J]．城市规划，2003，（6）：47-50．
[2] 陶修华，曹荣林，刘兆德．基于城市流分析的城市联系强度探讨——以山东半岛城市群为例 [J]．河南科学，2007，（1）：152-156．
[3] 朱俊成．武汉城市圈经济发展与战略分析 [J]．湘潭师范学院学报（自然科学版），2004，（3）：79-83．
[4] 郑义，林爱文，张舟．武汉城市图土地供需格局研究 [J]．国土资源科技管理，2008，（6）：18-21．
[5] 钟业喜，陆玉麒．基于空间联系的城市腹地范围划分——以江苏省为例 [J]．地理科学，2012，32（5）：536-543．
[6] 蔡莉丽，马学广，陈伟劲等．基于客运交通流的珠三角城市区域功能多中心特征研究 [J]．经济地理，2013，33（11）：52-57．
[7] 杨丽华，孙桂平．京津冀城市群交通网络综合分析 [J]．地理与地理信息科学，2014，（2）：77-81．
[8] 姚士谋，朱英明，陈振光等．中国城市群 [M]．合肥：中国科学技术大学出版社，2001：144-157．
[9] 湖北省统计局，2014年湖北省统计年鉴 [Z]．北京：中国统计出版社，2014．
[10] 国家统计局城市社会经济调查司，2013年中国城市统计年鉴 [Z]．北京：中国统计出版社，2014．

黄俊：武汉大学城市设计学院 296866646@qq.com
李军：武汉大学城市设计学
周恒：中工武大设计研究有限公司

就地城镇化视角下中部小城镇城乡一体化规划研究
——以武汉市新洲凤凰镇为例

李军　宋彦杰

摘　要：城乡一体化是新型城镇化的核心内涵之一，是新时期解决"三农"问题的根本途径。小城镇作为未来中部地区推进新型城镇化的前沿阵地，制定好镇域层面的城乡一体化规划尤为重要。然而，以往的城乡一体化规划或缺乏对基层农村居民点的具体指导而流于形式，或由于大规模不切实际的迁村并点而难以实施，即缺乏有效的理论指导和策略方法。本文将就地城镇化的理论创新性地应用于小城镇城乡一体化研究，分别从产业、公服设施、基础设施三方面阐释了城乡一体化规划方法及策略，使得乡村地区宜居、宜业，并以新洲凤凰镇城乡一体化规划为例，论述了相关理论和策略的应用，以期为中部地区推进新型城镇化提供思路。

关键词：城乡一体化规划，就地城镇化，中部地区，小城镇

Research on Urban-rural Integration Planning of Small Towns in Central China Under the Perspective of In-situ Urbanization
——A Case Study of Fenghuang Town in Xinzhou District of Wuhan

Abstract: Urban-rural integration is one of the core connotation of the new-type urbanization. It is the fundamental way to solve the problems of "agriculture, rural areas and farmers" in the new period. As small towns are the frontiers to promote the new-type urbanization, it is especially important to make a better planning of urban-rural integration of small towns in middle region. However, the traditional planning of urban-rural integration would be either a mere formality druing to lacking of specific guidance on rural residential areas at the grass-roots level, or difficult to be carried out because of the large-scale village relocation and combination. In a word, it's lack of effective theoretical guidance and strategy method. In this paper, the theory of the in-situ urbanization is creatively applied to the research on the urban and rural integration of small towns. The article illustrates the planning method and strategy of urban-rural integration with three aspects including industry, public service facilities and infrastructure, enabling the rural areas habitable and appropriate to work. This article, taking the planning of urban-rural integration of Fenghuang Town in Xinzhou district of Wuhan as an example, then discusses the application of the related theory and strategy, so as to provide ideas for promoting new-type urbanization in central China.

Keywords: Planning of Urban-rural Integration, In-situ Urbanization, Central Region of China, Small town

1 引言

城乡二元结构的制度安排和城市偏向发展战略是导致我国城乡差距拉大的根源之一。[1] 在长期的城市偏向制度下，城市人口膨胀及其人地矛盾激化，乡村的社会经济发展始终滞后不前，出现了"大城市病"、"空心村"、"留守现象"等一系列经济社会问题，城乡可持续发展面临严峻挑战。基于此，我国在世纪之初便提出了城乡统筹的国家发展战略，党的"十八大"更是明确提出城乡发展一体化是新时期解决"三农"问题的根本途径。2014年出台的《国家新型城镇化规划（2014—2020年）》，强调要坚持工业反哺农业、城市支持农村和多予少取放活方针，加大统筹城乡发展力度，增强农村发展活力，逐步缩小城乡差距，促进城镇化和新农村建设协调推进。小城镇作为城乡人口和资源交流互动的前沿阵地，在推动城乡一体化进程中发挥着难以替代的作用。目前，对于城乡一体化规划的研究多集中在省[2,3]、市[4-6]和县[7,8]级层面，而小城镇层面的研究较少，此外，现有研究主要阐释了城乡一体化的重要作用以及规划方法和路径，而对规划实施过程中所产生的问题缺乏剖析和应对。本文在深入分析小城镇城乡一体化规划所存在问题的基础上，提出了相应的规划解决策略，并以凤凰镇为例进行实证研究，以期为中部地区推进新型城镇化提供思路。

2 问题：小城镇城乡一体化规划的困境

2.1 城乡的长期分治

在我国法定规划体系中，小城镇的城乡一体化规划是隶属于镇总体规划中的镇域村镇体系规划。以往的城乡一体化规划作为镇总体规划的"附属品"，大多只是按照套路的编制。许多地方政府将城乡统筹规划的重点放在了城乡建设用地指标的核算上，因此在空间上也着重关注村庄居民点的空间重组，以及对公共服务设施方面进行政策性、原则性的规定。就城乡规划编制而言，"重城轻乡"的规划编制思路长期占据主导，村镇体系规划没有得到强化落实，城市、乡村规划分治的问题一直没有得到有效解决。[9]

2.2 土地的无序增减

2004年10月，国务院下发了《关于深化改革严格土地管理的决定》，第一次明确提出"城镇建设用地增加要与农村建设用地减少相挂钩"政策。实行增减挂钩政策的目的是通过不同区域土地的空间置换，既能为城市化发展提供必要的土地资源，促进资源的集聚和集中，又能维持耕地总量的动态平衡，实现城乡统筹发展。[10]然而，作为城乡统筹的重要措施，城市建设用地增减挂钩政策在实施过程中却沦为某些地区增加城市建设用地指标的工具，导致城区建设盲目扩张，浪费了宝贵的土地资源，背离了原有政策的旨意，更违背了城乡一体化的规划理念。[11]

2.3 乡村的肆意拆并

近些年兴起的合村并居、迁村并点等规划理念和方法是城乡建设用地增减挂钩政策的补充、完善和深化，也是对城乡一体化规划的积极探索，正逐步成为各地区编制村镇体系规划的核心内容。一时间，农村拆并工作大行其道，其所带来的负面效应也逐渐暴露出来，部分先行试点地区农民失地、失业，地方特色丧失以及社区管理乏力等现象突出。郑风田在《迁村并居五种不良倾向剖析》中，从农村经济发展的角度指出要避免强制农民集中住居，造成农民"上楼致贫"。[12]林聚任在《村庄合并与农村社区化发展》中提到，由于传统的村落共同体封闭性较高，在村庄撤并后，农民被迫由熟人社会向半熟人甚至陌生人社会转变，血缘和地域关系被打破，乡土性逐渐消失。[13]李长健的《"迁村并居"后的治理困境》则从制度入手，指出新的社区运行存在资金匮乏和人才匮乏两大方面的困难。[14]

综上，小城镇一体化规划目前困境重重，究其原因，是缺乏有效的理论指导和策略方法。那么，路在何方？

3 出路：就地城镇化道路的选择

3.1 何为就地城镇化

就地城镇化是朱宇在研究我国东南沿海地区城镇化时最早提出的，指乡村人口未通过大规模向城市迁移而实现向城镇或准城镇转变的现象，是一种既不同于一般的农民向城市大规模的集中和转移，也不同于战后发达国家大城市向小城镇疏散的都市化现象。[15]随后，有的学者从空间视角对就地城镇化进行了界定，辜胜阻将就地城镇化的空间范围划定在县域范围，认为农业人口实现向县域城镇集中和就地转移为非农业人口。[16]杨世松、张鼎如等认为"就地"是其原有居住地，包括自然村、行政村、合村并成的新社区，农民通过完善基础设施和服务功能，改变生活方式和改善生活条件，享受到同城市人一样的生活。[17、18]有的学者从内涵视角对就地城镇化展开了分析，胡小武、张建云等认为就地城镇化要具备产业支撑、基础设施和公共服务接近城市水平、农民生活方式改善等要素。[19、20]

因此，就地城镇化指的是，农村地区在原行政区域范围内，以相关现代产业体系为推力，以基础设施建设和公共服务供给为重点，逐步实现农民就地就近就业，并享受与城镇均等的公共服务的市民化过程。就地城镇化并非要达到城镇的景观形态，也不是追求户籍的城镇化，更不是土地的城镇化，而是重在完善农村的就业、医疗、养老、教育等基本公共服务，实现农村与城镇区域的等值化或接近的经济社会水平。[21]

3.2 中部地区选择就地城镇化的必然性

我国的城镇化模式大致可以分为两种：异地城镇化和就地城镇化，部分学者认为还有就近城镇化模式[22]。本文认为就地城镇化与就近城镇化属于同种发展思路，且广义的就地城镇化应包含就近城镇化之意，因此，将区别于异地城镇化的就地和就近城镇化都统一为就地城镇化。

异地城镇化是改革开放的产物，是由于社会发展水平、地域经济差异等原因导致的人口流动，是城镇的"拉力"和农村的"推力"相互作用的结果。[23] 目前我国城镇化率已超过50%，东部地区超过60%甚至更高，其中很大一部分都是异地城镇化的贡献。然而，以往的城镇化只强调了速度而忽视了质量，只注重了土地和空间的城镇化而忽视了人口和生活的城镇化，只把大城市作为城镇化的主战场二忽视了小城镇在城镇化过程中发挥着不可替代的作用，以致出现了"伪城镇化"、"半城镇化"现象和严重的城乡发展失衡。

历史经验和实践证明，中部地区的城镇化道路必须吸取东部地区的经验和教训，避免人口大规模向大城市集聚的"异地城镇化"所带来的"大城市病"、空心村、留守群体等种种问题。李克强总理在2014年政府报告中提出了"三个一亿人"，其中之一便是"引导约一亿人在中西部地区就近城镇化"。因此，积极促进农民在家乡安居乐业，积极引导小城镇推进就地城镇化，是中部地区未来城镇化的必由之路。

3.3 就地城镇化视角下的城乡一体化规划的特征总结

3.3.1 以人为本，实现"人"的城镇化

所谓城镇化，其终极目标不是为了让农业人口都走向城市，而是实现人们生活质量的提高和生活方式的转变，从而享受到经济发展和科技进步所带来的便利。就地城镇化打破了"搬迁"、"拆并"等固有城乡一体化思维模式，强调利用现状居民点基础，培育就地城镇化生长点，通过对培育点公共服务设施和基础设施的改造和升级，实现乡村居民就地享受到城镇的配套服务。

3.3.2 产业支撑，推进城乡的可持续发展

"三农"问题的根源是农村产业发展的严重滞后，而长期"农业在乡村，工业在城镇"的发展思路是造成城乡发展失衡的主要症结。以往的城乡一体化正是缺乏对城乡产业的深入研究和规划，造成乡村"留不住人"，部分地区表面上农民住进了楼房，但实际上"失地又失业"，归根到底是没能实现城乡的统筹发展。

就地城镇化的实质是以产业为发展动力、以农民为发展基础、以农村为发展对象，围绕产业、农民、农村三者发挥利益联动效应，从而摆脱"农业真苦、农民真穷、农村真危险"

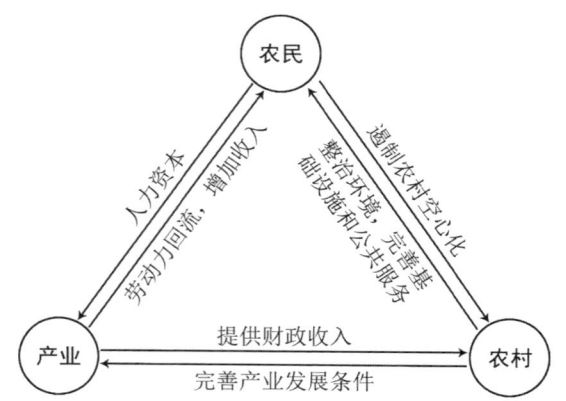

图 1　农村就地城镇化过程中产业、农民、农村的三角联动效应

的传统不利境地。[24] 针对乡村不同的特点和资源优势，发展以新型农业和乡村工业为主的产业体系，使得城乡互为资源、互为市场、互为服务，实现城乡的可持续发展（图1）。

3.3.3　节约资源，保障城乡一体化的落实

城乡公共服务设施和基础设施一体化需要投入巨大的人力物力，以往"一刀切"的规划思路和模式或是因为前期投入巨大而难以实施，或是实施后部分地段利用率极低而造成资源浪费。就地城镇化理论通过对现状村镇条件的系统论证和分析，选取城镇化培育点，有重点、分层次配置相应公服和基础设施，既保证城乡居民能享受到经济发展所带来的便利，又避免公共资源的低效利用和浪费，保证了城乡一体化规划的落实。

3.4　小结

就地城镇化为城乡一体化规划提供了新的理论指导和策略方法，使得城乡一体化规划不再是实施乏力的空头支票，也不再是浪费人力物力的财政黑洞，使其真正实现农民在家乡宜居、宜业。

4　实证：新洲凤凰镇城乡一体化规划研究

4.1　基础条件分析

凤凰镇位于武汉市域东北部，新洲区域西北部，大别山南麓，鄂东举水河西岸，与麻城市、红安县毗邻，是武汉市典型的口子镇，对外交通十分便利。凤凰镇全镇面积57.21km^2，下辖1个社区、19个行政村、156个自然村（湾）。2014年，全镇总人口2.96万人。其中，凤凰镇城镇常住人口0.9万人，常住人口城镇化率为30.4%。

在产业方面，近年来，凤凰镇农业已基本形成茶叶、蔬菜、花卉苗木三大主导产业，生产规模分别达到8320亩、7300亩、6800亩，经济效益与社会效益逐步显现。此外，依托丰富的自然资源和历史文化资源（包括两个历史文化名村），凤凰镇的旅游休闲产业也已初具规模。

凤凰镇产业空间布局现状表 表1

产业项目	分布位置	产业主体
蔬菜	三屋村、四屋村、郑园村、杨元咀村、余山村、余寨新村、周寨村、凤凰寨村	现代企业
水果	三屋村、四屋村、郭家岗村、余寨新村、余山村、凤凰寨村	现代企业
茶叶	关圣寨村、刘家湾村、余山村	现代企业
花卉苗木	三叉路村、杨园咀村、雷家寨村、郑元村、陈田村、余山村、刘家湾村	现代企业
畜牧（猪）	关圣寨村、陈添奇新村、刘家湾村	现代企业
畜牧（蛋鸡）	朱伍峰村	现代企业
水产（鱼）	刘家湾村	现代企业
种植、养殖循环农业	三叉路村、朱伍峰村	现代企业
蔬菜加工、批发、配送	郑园村	现代企业
饲料加工、蛋品深加工	朱伍峰村	现代企业
生物有机肥	毛冲村	现代企业
休闲农业（采摘、垂钓、农家乐）	关圣寨村、三屋村、四屋村、郑园村、杨元咀村	现代企业
商业服务	镇区和行政村	多种主体
蔬菜	三叉路村	合作社或家庭农场
油茶	余山村	合作社或家庭农场
水稻	余山村、陈天村、三屋村、郑园村、陈添奇新村、凤凰寨村、雷家寨村等	合作社或家庭农场
西甜瓜、甜玉米	陈田村	合作社或家庭农场
油菜	余山村、三屋村、郑园村、陈添奇新村	合作社或家庭农场
棉花	郑园村	合作社或家庭农场
甘蔗	周寨村	合作社或家庭农场
香菇	毛冲村	合作社或家庭农场
花卉苗木	三叉路村	合作社或家庭农场
畜牧（猪）	陈添奇、石骨山	合作社或家庭农场
畜牧（鸡）	郑园村、杨元咀村	合作社或家庭农场
水产养殖	关圣寨村、刘家湾村、陈田村	合作社或家庭农场

在城乡公共服务设施和基础配置设施方面，随着近些年来投入力度的不断增大，凤凰镇取得了长足的进步，城乡居民生活水平得到了一定改善，但设施标准较低，服务水平有限等问题依然较为突出，愈发成为进一步推进城乡一体化发展的瓶颈。

作为湖北省4个建制镇示范试点之一，凤凰镇在推进城乡一体化发展中既有优势，又有短板；既恰逢机遇，又面临挑战。如何破解城乡发展失衡的常态，实现城乡跨越式发展，是城乡一体化规划必须要解决的问题（图2）。

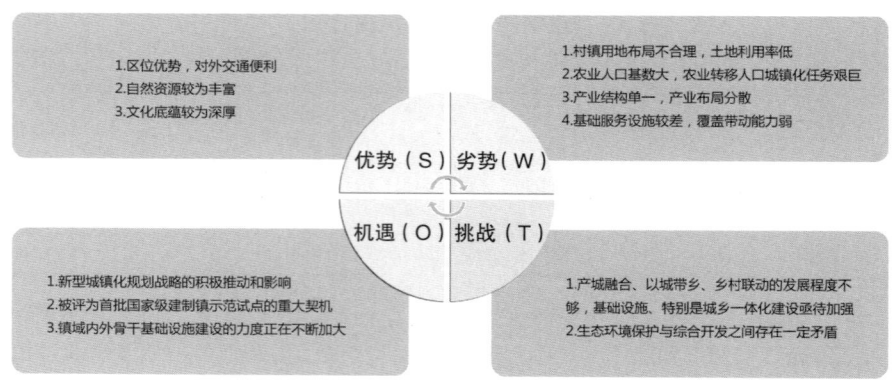

图 2 凤凰镇 SWOT 分析

4.2 规划技术路线

通过对凤凰镇城乡经济、社会、文化等现状资源条件的调查与分析，按照就地城镇化理念确定镇域村镇体系和就地城镇化培育点；根据不同地区资源禀赋发展相关农业产业，积极引导和推动农业规模化和机械化生产，同时大力拓展加工、物流、旅游休闲业等新兴产业，促进不同地区产业的联动发展；根据村镇等级和定位有重点、分层次地配置相应的公服和基础设施，保障城乡居民能够安居乐业，最终实现农业人口的就地城镇化（图3）。

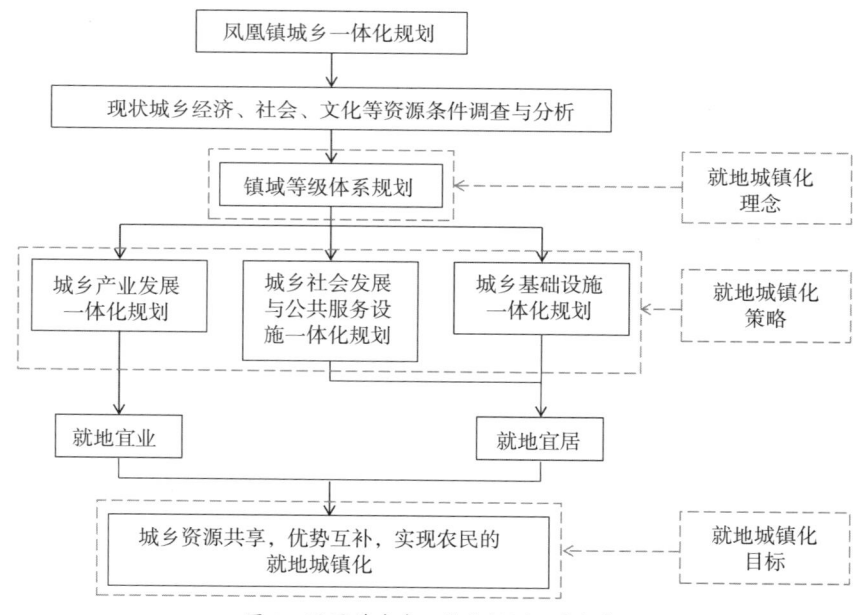

图 3 凤凰镇城乡一体化规划研究框架

4.3 规划内容

4.3.1 基于就地城镇化的镇域等级结构规划

根据现状村镇基础条件，按照就地城镇化的理念，制定就地城镇化目标，选择就地城镇化培育点，规划形成规划形成"1+3+5+n"的基本结构，即由一个镇区，三个中心村，五个特色村和多个基层村形成的金字塔结构。其中，中心村和特色村即为重点培育的就地城镇化生长点，基层村则保留现状，有步骤地鼓励和引导有条件的农民向镇区和培育点转移（图4）。

4.3.2 城乡产业发展一体化规划

1.产业体系构建

（1）创新产业发展格局

凤凰镇现有产业主要涉及第一、第三产业，按重要程度、发展程度和未来趋势可以分为主导产业和辅助（次级）产业两种。

规划在以农业为主导的原有产业格局基础上，充分利用现有资源优势和本地特点，继续拓展农业产业外延，强化水果、花卉种植等弱

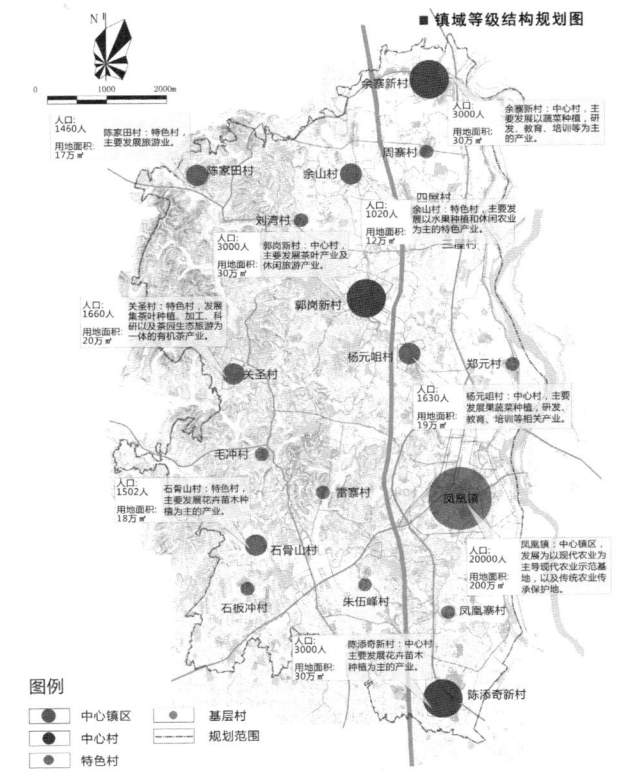

图4 镇域等级结构规划图

势农业产业，同时培育、强化和拓展加工、物流、旅游休闲三大产业，进一步完善和优化产业布局，在现有蔬菜、茶叶、苗木"三足鼎立"的产业格局基础上，不断拓展产业发展空间，完善产业发展链，最终形成以农业（包括蔬菜、水果、茶叶、花卉、苗木、水稻、油菜种植等）为主，以加工、物流、休闲旅游业为辅的、"一主三辅"的立体产业经济发展新格局。

（2）创新产业发展模式

在倡导集约化、现代化生产的同时，注重节约资源，不断提高产品质量，严格生产过程监控，创造高科技、批量化生产与有机、健康、循环的生态型、节约型生产方式相结合的可持续发展模式。

鼓励多方参与开发，鼓励私人资本介入，创造共同投资、共同受益、共同致富的多元发展模式。

2.产业一体化空间布局

依据凤凰镇产业发展现状和未来发展趋势，规划在镇域内建设和完善"五大产业区块"即果蔬种植产业区块、茶叶产业区块、苗木花果产业区块、物流加工产业区块和特色旅游产业区块（图5），同时在各产业区块中建设相应的支撑中心或核心基地（表2）。

产业空间布局表　　　　表2

产业区块	核心分布范围
果蔬种植产业区	郑元村、三屋村、四屋村、余山村、杨元咀村、周寨村、余寨新村
苗木花果产业区	凤凰镇区、雷寨村、石骨山村、凤凰寨村、朱伍峰村、陈添奇新村、石板冲村
茶叶产业区	关圣寨村、刘家湾村、郭岗新村
加工物流产业区	凤凰镇区、石骨山村、朱伍峰村、雷寨村
特色旅游产业区	石骨山村、雷寨村、毛冲村、陈家田村、余山村、石板冲村

4.3.3 城乡社会发展与公共服务一体化规划

针对公共教育、公共医疗卫生、公共文化体育、公共社会保障四项基本公共服务，在资源共享、制度对接、待遇互认、要素趋同、流转顺畅、差距缩小、城乡统一和指挥协调八个方面，初步建立起一体化的制度和机制，基本实现镇域范围内镇村之间基本公共服务一体化（图6）。

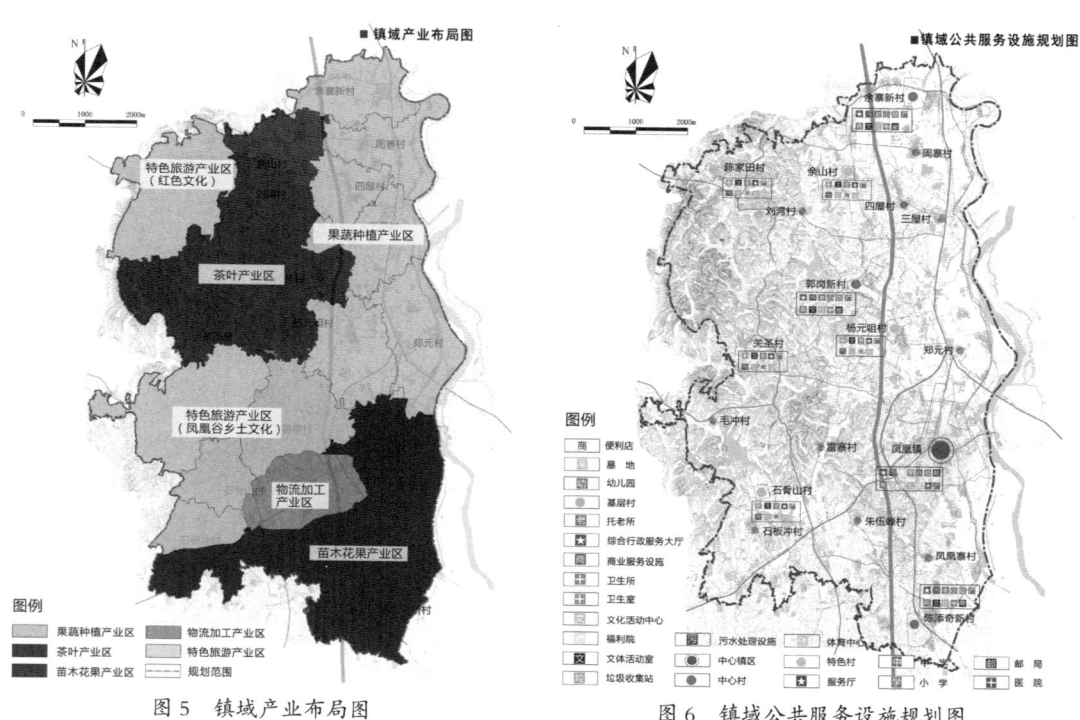

图5　镇域产业布局图　　　　图6　镇域公共服务设施规划图

建立城乡统一的公共服务制度，基本实现城乡基本公共服务均等化。村级公共服务和社会管理水平达到"四个一"：一套适应农民生产生活方式转变要求的基本公共服务和社会管理标准体系；一个保障有力、满足运转需要、均衡的公共财政投入保障机制；一个民主评议、决策、监督公共服务的管理机制；一支协同配合、管理有序、服务有力的村级公共服务和社会管理队伍。到规划期末，基本实现学有所教、病有所医、老有所养、业有所就、居有其所（表3）。

公共服务设施配置一览表　　　　　表3

类别	项目名称	镇区（凤凰社区）	中心村	特色村
行政管理	综合行政服务大厅	●	—	—
	便民服务厅	—	●	●
教育机构	初级中学	●	—	—
	小学	●	●	—
	幼儿园	●	●	—
	托儿所	—	—	●
文体科技	文化活动中心	●	—	—
	文体活动室	—	●	●
	体育中心	●	—	—
	图书馆	●	—	—
	图书室	—	●	●
	影剧院	●	—	—
医疗保健	医院	●	—	—
	卫生所	—	●	—
	卫生室	—	—	●
	福利院	●	—	—
	托老所	—	●	●
商业金融	大型超市	●	—	—
	连锁超市	●	●	—
	便利店	—	—	●
	银行	●	—	—
	储蓄所	—	●	—
	邮政支局	●	—	—
	邮政所	—	●	—
社会保障	福利院	●	—	—
	敬老院	●	—	—
	托老所	—	●	●

4.3.4　城乡基础设施一体化规划

在凤凰镇城乡一体化建设过程中，要扫除基础设施发展障碍，必须依托体制创新和管理创新，突破行政界限，统筹规划布局，整合各类资源，镇、村联手建立和完善基础设施一体化体系，在更高层次、更广范围、更大空间发挥交通、能源、水资源、信息等基础设施对社会经济的支撑和带动作用，为加快凤凰镇城乡一体化进程的目标奠定基础。规划包括以下几方面（图7~图12）：

（1）以现有内外交通体系为基础，通过建设新的连接通道，规划形成"一环、两纵、三横"的镇域道路体系。以镇区为中心建立长途客运交通枢纽，加强镇区与武汉市及邻近各镇、各市县的公交联系。完善公共交通线路，规划以镇区为公交枢纽中心，在中心村增设公交汽车站，

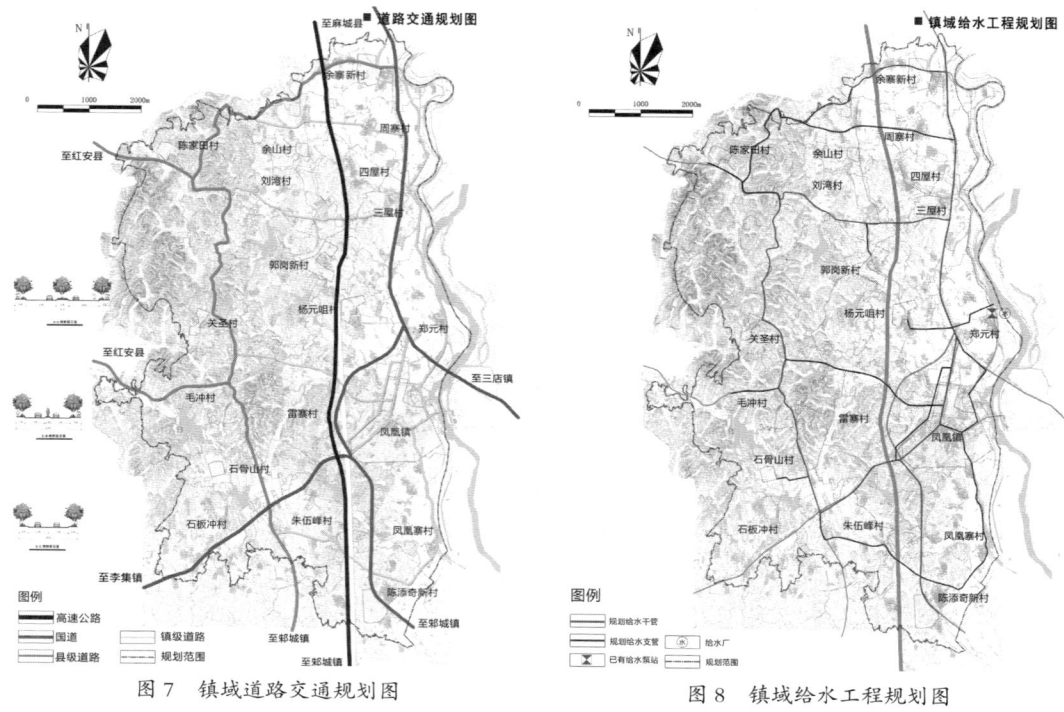

图 7　镇域道路交通规划图　　　　　　图 8　镇域给水工程规划图

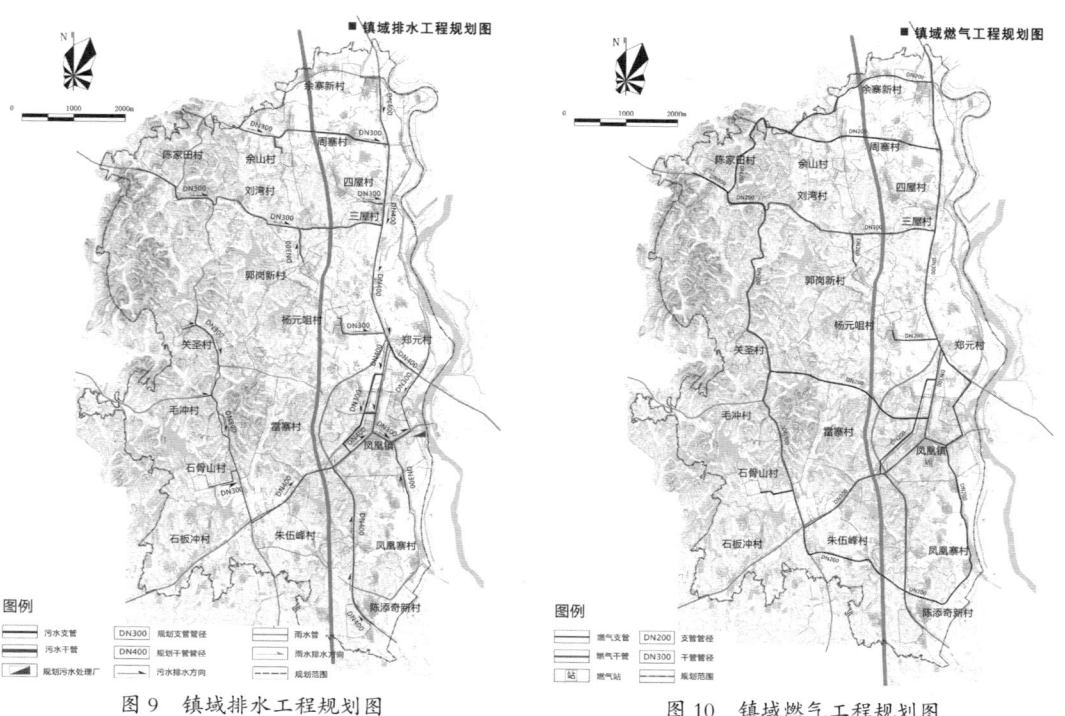

图 9　镇域排水工程规划图　　　　　　图 10　镇域燃气工程规划图

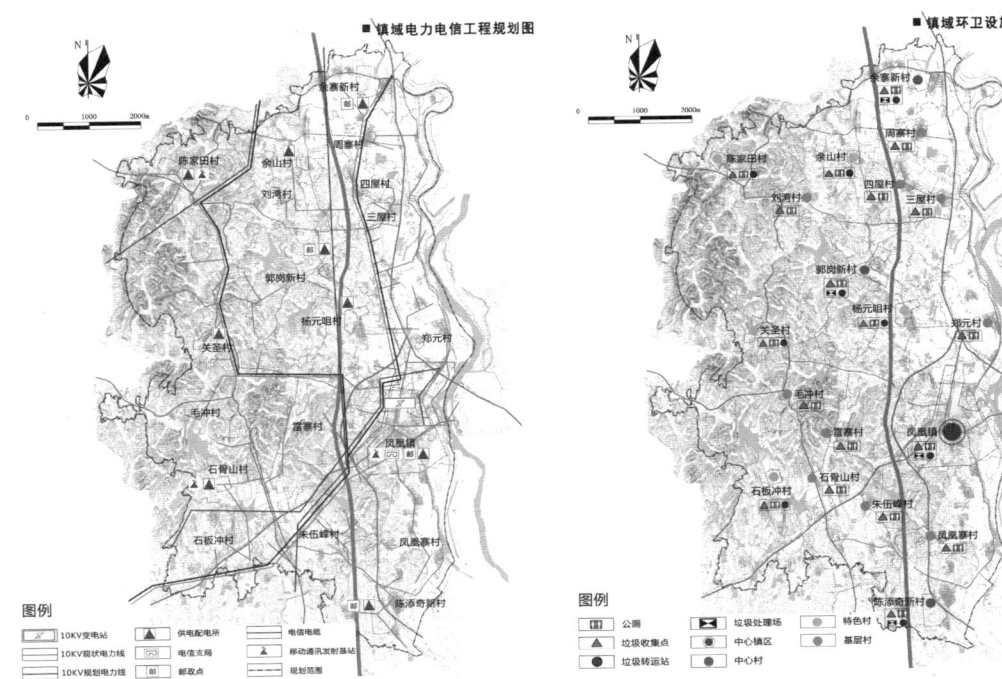

图11　镇域电力电信工程规划图　　　　图12　镇域环卫设施规划图

在其他村各增设公交停靠点，强化镇域内公共交通联系。

（2）全面升级市政给水网络，实施村、镇给水管网连通工程，按照安全饮水标准，完善和升级镇村给水管网系统，干管主要沿国道、区（县）路形成环状到达凤凰镇和中心村，支管到达各基层村。

（3）全面升级市政排水网络，实施镇、村排水管网的连通工程。规划镇区和村庄采用雨污分流制，按照雨污分流的标准，完善和升级镇村排水管网系统。

（4）鼓励各村庄因地制宜，就近使用天然气或使用沼气、太阳能等新能源。规划远期由新洲区引入天然气管线，镇域敷设燃气管道。燃气管道分为干管和支管，干管主要沿国道、区（县）路形成环状到达凤凰镇和中心村，支管到达各基层村。

（5）继续实施镇村电网改造升级工程，保证供电系统的安全性和可靠性。积极推进电信网、广播电视网、互联网三网融合（扩容）工程，全面提高全镇信息化水平。

（6）加快垃圾清运效率，打破行政管理限制，建立城乡一体化的"场—站—点"层级分明的垃圾清运处理体系，镇域内的垃圾统一运至新洲区进行处理，规划区内不再建设垃圾填埋场。

5　总结与讨论

文章从问题入手，论述了目前我国对于推进城乡一体化所进行的探索以及所面临的问题，指出城乡一体化规划的困境正是由于缺乏有效的理论指导和策略支撑。随后阐释了就地城镇化的概念以及中部小城镇选择就地城镇化道路的必然性，并对基于就地城镇化的城乡一体化规划的特征进行了剖析。最后以新洲凤凰镇城乡一体化规划为例，进行了实证研究。整篇文章在原有政策和理论的基础上进行了创新性的研究，理论联系实际，以期对中部地区小城镇的发展提供新的思路。

参考文献

[1] 石培基，李得发，李巍 等. 城乡一体化导向的村庄整治与布局规划 [J]. 中国人口·资源与环境，2013，（04）：147-152.

[2] 杨保军，赵群毅. 城乡经济社会发展一体化规划的探索与思考——以海南实践为例 [J]. 城市规划，2012，（03）：38-44.

[3] 杨德智，张卫国. 山东省城乡一体化规划的探索与实践 [J]. 城市规划，2010，（04）：69-73.

[4] 赵娟. 包头市城乡一体化规划探析 [J]. 规划师，2013，（10）：97-104.

[5] 张振龙. 城乡一体化规划理论与实施机制研究：以苏州市为例 [J]. 现代城市研究，2012，（04）：15-20.

[6] 朱磊. 城乡一体化理论及规划实践——以浙江省温岭市为例 [J]. 经济地理，2000，（03）：44-48.

[7] 朱凯，朱秋诗，张一凡. 县域城乡一体化规划：空间与功能组织优化路径探讨 [J]. 规划师，2014，（05）：83-88.

[8] 刘敏，王明田. 县域城乡一体化规划路径研究 [J]. 城市发展研究，2015，（02）：19-22.

[9] 王浩. 城乡统筹背景下镇域规划编制办法研究——以广东省四会市江谷镇总体规划为例 [J]. 规划师，2013，（05）：55-62.

[10] 薛冰，黄亚平，徐可心. 非均衡制度下土地增减挂钩政策收益分配再认识 [C]. 转型与重构——2011中国城市规划年会，中国江苏南京，2011.

[11] 韩梅，桂徐雄. 城乡建设用地增减挂钩政策的观察与思考 [J]. 当代经济研究，2013，（08）：44-48.

[12] 郑风田. 迁村并居五种不良倾向剖析 [J]. 人民论坛，2010，（30）：50-51.

[13] 林聚任. 村庄合并与农村社区化发展 [J]. 人文杂志，2012，（1）：163.

[14] 李长健. "迁村并居"后的治理困境 [J]. 人民论坛，2010，（30）：52-53.

[15] 朱宇. 超越城乡二分法：对中国城乡人口划分的若干思考 [J]. 中国人口科学，2002，（04）：36-41.

[16] 辜胜阻，易善策，李华. 中国特色城镇化道路研究 [J]. 中国人口·资源与环境，2009，（01）：47-52.

[17] 杨世松. "就地城市化"是中国农民的伟大实践 [J]. 理论月刊，2008，（07）：171-173.

[18] 张鼎如. 中国农村就地城市化刍议 [J]. 中国农学通报，2006，（11）：508-511.

[19] 胡小武. 人口"就近城镇化"：人口迁移新方向 [J]. 西北人口，2011，（01）：1-5.

[20] 张建云. 关于当前传统农业区农村就地城市化问题的思考 [J]. 理论学刊，2011，（08）：64-67.

[21] 胡银根，廖成泉，刘彦随. 新型城镇化背景下农村就地城镇化的实践与思考——基于湖北省襄

阳市 4 个典型村的调查 [J]. 华中农业大学学报（社会科学版），2014,（06）：98-103.

[22] 刘文勇，杨光. 以城乡互动推进就地就近城镇化发展分析 [J]. 经济理论与经济管理，2013,（08）：17-23.

[23] 黄亚平，陈瞻，谢来荣. 新型城镇化背景下异地城镇化的特征及趋势 [J]. 城市发展研究，2011,（08）：11-16.

图片来源：

图 1：胡银根，廖成泉，刘彦随. 新型城镇化背景下农村就地城镇化的实践与思考——基于湖北省襄阳市 4 个典型村的调查 [J]. 华中农业大学学报（社会科学版），2014,（06）：98-103.

图 2、图 3：作者绘制

图 4~ 图 12：《武汉市新洲区凤凰镇城乡发展一体化总体规划（2015—2030）》

表格来源：

表 1~ 表 3：《武汉市新洲区凤凰镇城乡发展一体化总体规划（2015—2030）》

李军：武汉大学城市设计学院

宋彦杰：武汉大学城市设计学院 1054431116@qq.com

高铁影响下武汉市及其城市圈空间形态演变探析

鲁晨　杜宁睿

摘　要：普铁向高铁的巨大变革，大大缩短了城市之间的时间距离。京广高铁和沪汉蓉高铁这"一纵一横"高铁线路的相继通车，使得武汉成为长江中游地区重要的交通枢纽。武汉作为长江中游城市群的中心城市，发挥着不可替代的作用。本文以武汉市及其1+8城市圈为研究对象，并选取京广高铁和沪汉蓉高铁通车前和通车后作为时间节点，即2005年、2010年、2012年、2015年四个时间节点，采用城市群空间引力模型，计算出武汉城市圈，各个城市间的经济联系强度9×9矩阵，再运用社会网络分析方法计算各城市的中心性、网络密度和聚类子群，通过分析结果总结出武汉城市圈空间形态演变规律。

关键词：高铁，武汉，1+8城市圈，社会网络分析，空间形态

Abstract: The great transformation of ordinary railway to high-speed railway greatly shortens the time distance and space distance between cities. Beijing-Guangzhou high-speed rail and Huhanrong high-speed rail that "one vertical and one horizontal" high-speed rail lines have been opened, making Wuhan an important transport hub in the Yangtze River region. Wuhan, as the central city of the Yangtze River city group, plays an indispensible role. In this paper, Wuhan and its 1 + 8 city circle as the research object, and select the Beijing-Guangzhou high-speed rail and Huhanrong high-speed rail before and after opening as a time node, that is, 2005, 2010, 2012, 2015 four time nodes, using the social network analysis model and the urban agglomeration spatial gravitation model, obtains the Wuhan city circle network structure map of these four time nodes, further clarifies the city group spatial level division, carries on the social network from the centrality, the network density, and the condensing subgroup aspect and analyzes the evolution of Wuhan urban agglomeration.

Keywords: High-Speed Rail, Wuhan, 1 + 8 City Circle, Social Network Analysis, Spatial Form

1 引言

目前有很多研究表明，城市群空间结构的优化会受到高速铁路的影响，并且这个影响较

为深远[1-4]。从国外发达国家的发展情况看（日本、法国等），高速铁路的建设不仅从时空上缩短了城市的距离，而且对沿线城市的经济发展具有极大的带动作用[5, 6]。

而我国拥有全世界规模最为庞大、运营速度最快的高速铁路网。也即将迎来"8 小时生活圈"时代。以湖北武汉为枢纽中心的"米"字形高铁架构，武汉优越的地理位置使得湖北成为中部重要的战略支点[7]。武汉被誉为"九省通衢"，正向全国中心城市发展。武汉作为京广铁路与沪汉蓉铁路交会点，是长江中游乃至全中国的"金十字架"区域。长江中游城市群是我国内陆最重要的城市群，武汉不仅是长江水系的枢纽，现在还是"米"字形高铁网的枢纽，这些枢纽的存在为武汉"1+8 城市圈"提供了前所未有的发展契机。目前，京广铁路和沪汉蓉铁路的通车，以及武汉城市群城际铁路的加紧建设，武汉 1+8 城市群内的交通可达性和经济建设都得到进一步的增强。本文以武汉市及其 1+8 城市圈为研究对象，运用社会网络分析方法探讨高铁开通后武汉城市圈的空间形态演化规律。

2 武汉城市圈高铁现状

武汉城市圈，又称之为"武汉大都市圈"、武汉"1+8 城市圈"，是指以武汉为中心、黄石为副中心、周边的黄冈、咸宁、鄂州、潜江、仙桃、天门、孝感等大中型城市所组成的城市群[4, 8]。武汉城市圈建设涉及工业、交通、教育、金融、旅游等诸多领域。

南北横贯武汉城市圈的京广高铁，是连接环渤海经济圈、中原经济区、武汉都市圈、长株潭城市群以及珠三角经济区的重要铁路干线，武汉段于 2009 年 9 月 28 日通车，这条高速铁路的贯通给武汉城市圈内的武汉、咸宁、孝感三个城市带来了前所未有的发展契机。东西横贯武汉城市圈的汉沪蓉高速铁路由上海出发，经过南京、合肥、武汉、重庆等长江沿线城市，到达四川成都，该线段在湖北段内连接武汉、仙桃、潜江、荆州、枝江及宜昌，其中合武段、汉宜段于 2012 年 7 月 1 日正式通车，将武汉和仙桃、潜江连成了一个有机的经济整体。与此同时，武汉与周边八个城市的城际铁路也相继建成，截止至 2015 年武汉—黄石、武汉—咸宁、武汉—黄冈；2013 到 2016 年间建成武汉至孝感城际铁路；2015 到 2017 年间建成武汉至仙桃、潜江、天门城际铁路。2015 武汉城市圈铁路网络格局如图 1 所示。

3 研究方法和数据来源

3.1 社会网络分析模型

社会网络分析方法是一类刻画网络整体的形态、特性和结构的重要分析方法。从"关系"的角度出发研究结构问题是社会网络分析的核心。这个结构可以分为很多种，可以是行为结构、社会结构，也可以是经济结构或政治结构。武汉城市圈的城市群空间结构，可以从网路密度、中心性和凝聚子群三个方面来进行分析[8]。

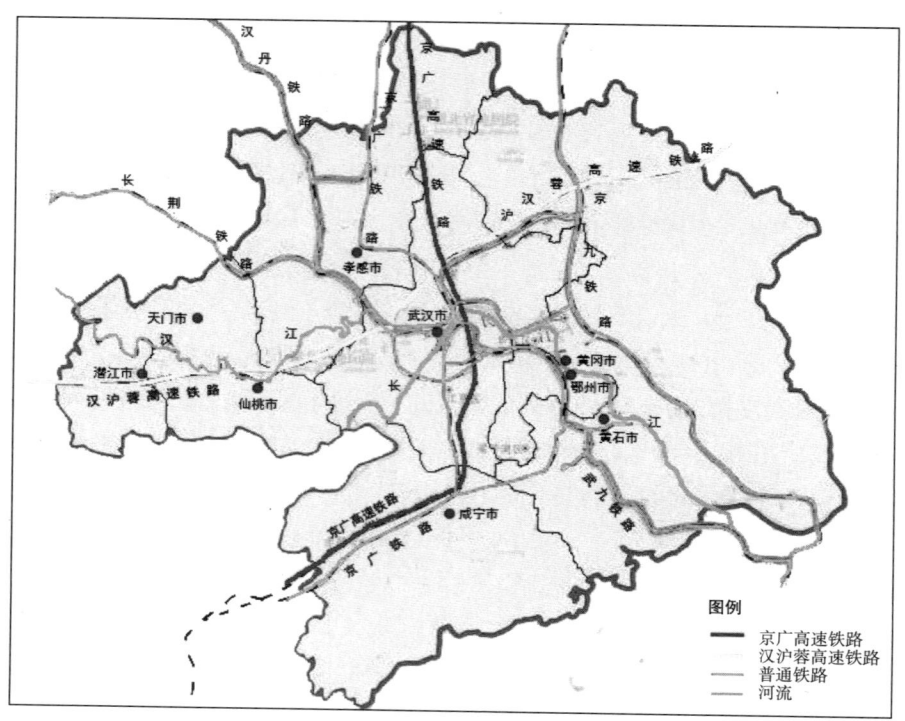

图 1 武汉城市圈铁路网格局图（作者自绘）

网络密度，主要是反映城市群中各个城市之间关联关系亲疏程度的指标。在网络密度中关联关系的数量越多，则网络密度越大。其计算公式为整体网络的实际关联关系数除以理论上最大的关联系数，在无向的关系网络中，如果该网络有 n 个行动者，实际包含的关联关系数目为 m [9]。

中心性，社会网络分析的重点是"中心性"，中心度指数和中心势指数是关于"中心性"的量化指标。中心度是对单个城市权力的量化分析，度数中心度、接近中心度和中间中心度都是衡量中心度的指标。度数中心度是较为简单的指数，如果一个城市与周围许多城市直接相连，那么我们就可以称这个城市具有较高的度数中心度。接近中心度是一种不接受他人控制的测度，如果一个城市与网络中所有其他城市的距离都很近，那么该城市就具有较高的接近中心度。中间中心度是行动者对资源控制的程度，表示该城市圈内的城市在很大程度上是网络中其他城市的中介，但是如果一个城市处于其他城市的最短路径上，那么该城市就具有较高的中间中心度。中心势是度量整个网络中心化的程度，测量网络的总体整合度或者一致性，如星形网络，所有成员只围绕一个成员发生联系，其他成员间都没有联系，这样网络的中心势最高[9]。

凝聚子群。研究凝聚子群的目的主要是为了寻求城市群中各个城市之间存在的或潜在的关系模式，各个城市间有什么关系，各个凝集的城市间存在的关系具有什么样的特点[10]。如果该城市群中存在较多的凝聚子群，并且这些凝聚子群间缺少交往，这种关系结构不利于城市群整体网络的发展。凝聚子群分析，实际上就是分析城市圈内关系相对"密切"、联系相对较强的群体，也就是指城市间"凝聚"的团体。主要是为了分析哪些城市之间有最紧密、最直接、最频繁的经济联系[9]。

3.2 城市群空间联系引力模型

城市群的经济联系关系矩阵是进行城市群空间结构网络分析的基础。引力模型是计算城市群经济联系的基础，也是社会网络分析的基础，其计算结果为社会网络分析提供关系数据。

进行城市群空间结构社会网络分析基础是城市群经济联系关系矩阵。城市群经济联系关系矩阵需要借助于引力模型，引力模型是社会网络分析的基础，通过其计算的结果为社会网络分析提供关系数据。国外学者 Jefferson 和 Zipf，首次将万有引力模型运用到城市空间体系，建立了城市群空间结构的相互作用理论基础[11]，国内的一些学者也开始尝试使用引力模型。本文尝试运用引力模型来探索武汉城市圈各城市的经济联系矩阵，为了避免城市间经济引力的差异性和单向性，对引力模型做了如下优化[8]：

$$① \ R=\frac{\sqrt{P_i \cdot V_i} \cdot \sqrt{P_j \cdot V_j}}{D_{ij}^2} \qquad ② \ R_{ij}=\frac{V_i}{V_i+V_j} \cdot \frac{\sqrt{P_i \cdot V_i} \cdot \sqrt{P_j \cdot V_j}}{D_{ij}^2}$$

式中：优化前①式中 R 表示城市间引力的大小；P 表示人口指标；D_{ij} 表示两城市之间的距离；V 表示城市的经济指标。优化后②式中引入参数更加具体的对城市间经济联系关系进行计算，②式中 R_{ij} 表示城市 i 对城市 j 的引力；V 表示该城市的 GDP；P 表示该城市常常住人口；D_{ij} 表示两城市之间的时间距离。

3.3 数据来源

本文中所有数据来源于 2005—2015 年《湖北省统计年鉴》，2005—2015 武汉城市圈内各市国民经济与社会发展公报，以及 12306 铁路客户服务网提供的火车运行时间等相关信息。

4 结果分析

4.1 城市群空间联系强度

武汉城市圈的高铁线路主要依托沪汉蓉高铁、京广高铁两条高铁路线，城市圈内城际铁路网也在不断建设，京广高铁武汉段于 2009 年正式通车，汉沪蓉高铁于 2012 年正式通车，武汉城市圈内城际列车也于 2014 年相继建成通车，由于高铁通车的影响具有时间滞后性，本文以高铁开通前后的时间作为时间节点进行分析，即 2005 年、2010 年、2012 年、2015 年为时间节点，时间距离测算标准计算为：高铁和铁路未开通时，以公路的时间距离计算；普铁开通以后，以普铁时间距离和公路时间距离的几何平均时间计算；高铁开通后，以普铁时间距离和高铁时间距离的几何平均时间计算（未通高铁和动车的城市以普铁的时间距离和公路的时间距离计算）；带入优化后的引力模型进行计算，得出武汉城市群，各个城市间的经济联系强度9×9矩阵，结果见表1。

武汉城市群各城市经济联系前度矩阵　　　　表1

	武汉	鄂州	咸宁	黄石	黄冈	孝感	仙桃	天门	潜江
武汉	0/0/0/0	489/233/64/16	570/356/119/21	437/224/87/30	1236/752/102/39	469/399/172/53	160/73/33/13	154/85/27/8	97/57/14/0
鄂州	33/16/5/1	0/0/0/0	3/3/2/1	256/142/40/10	23/17/12/5	3/2/2/1	3/1/1/0	3/1/1/0	3/1/0/0
咸宁	54/34/11/2	5/4/2/1	0/0/0/0	6/4/3/1	14/10/7/3	16/12/5/2	4/3/2/1	10/7/1/1	6/4/1/0
黄石	49/29/11/5	431/263/70/23	7/6/4/2	0/0/0/0	45/38/25/13	6/5/3/2	6/2/2/1	4/3/1/1	5/4/1/0
黄冈	180/112/16/6	50/37/26/11	21/16/11/5	58/44/31/13	0/0/0/0	17/13/9/4	7/4/4/2	11/3/2/1	3/2/2/0
孝感	63/55/25/9	6/5/188/2	22/17/831/3	7/5/920/2	16/12/3001/4	0/0/0/0	10/7/3583/2	7/5/1842/2	4/3/769/0
仙桃	9/4/2/1	2/1/1/0	3/2/1/1	3/1/1/0	3/2/1/1	4/3/2/1	0/0/0/0	94/26/4/2	5/3/2/0
天门	6/3/1/0	2/1/0/0	4/3/1/1	1/0/0/0	3/1/1/0	2/2/1/1	69/19/3/1	0/0/0/0	32/11/3/0
潜江	5/3/1/0	2/1/0/0	3/2/1/0	2/2/0/0	1/1/1/0	2/1/1/0	4/3/2/1	39/16/4/1	0/0/0/0

4.2 武汉城市群整体网络密度分析

将经济联系强度矩阵逐年带入到UCINET6软件中进行计算，首先，将矩阵数据转化为二值关系数据，再运用NETDRAW功能进行绘制，绘制出四个时间节点的城市网络密度图（图2~图5）。

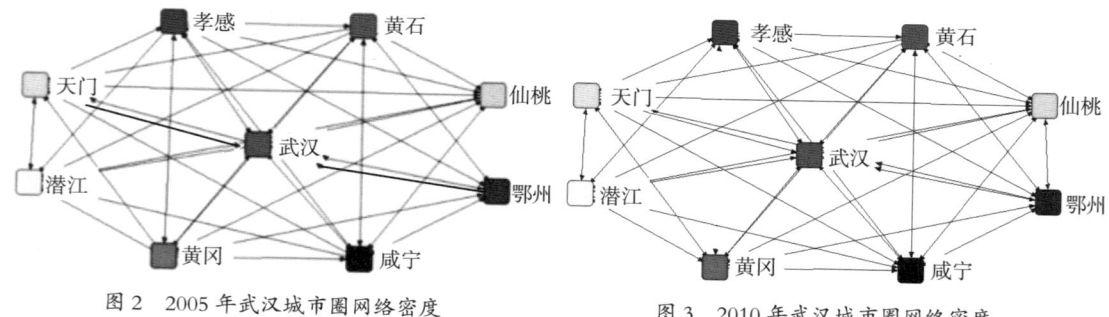

图2　2005年武汉城市圈网络密度　　　　图3　2010年武汉城市圈网络密度

图4　2012年武汉城市圈网络密度　　　　图5　2015年武汉城市圈网络密度

图 2～图 5 中，节点位置表示城市，节点之间的联系和箭头表示其城市间经济联系的方向。

从图 2、图 3 可以看出鄂州、黄冈两市的经济联系强度有所增加，他们与各城市间的经济联系密度也有所加强，仙桃、鄂州增加双向联系关系，表明两市经济联系桥梁开始建立。

从图 3、图 4 可以看出黄石市与其他城市联系更加紧密。潜江市与武汉市的经济联系方式也发生了变化，双方双向建立经济联系。

从图 4、图 5 可以看出 2012 至 2015 年间，各城市的经济联系强度变化不大，图中的密度变化不明显。为此，本文根据网络密度的公式，进一步计算出 2005 年至 2015 年这几年间武汉城市圈的整体网络密度（表 2）。

武汉城市群整体网络密度　　　　　　　　　　　　　表 2

年份	2005	2010	2012	2015
整体网络密度	0.7778	0.9306	1.0000	1.0000

从表 2 中我们可以看出，武汉城市圈的整体网络密度处于一个较高的水平，2005 至 2015 这几年间呈现一个持续上升的趋势，而在京广高铁和汉沪蓉高铁开通后的 2010 年、2012 年这两年间，武汉城市圈的网络密度达到了最高值 1.0000，可见，高铁对武汉城市圈经济联系联系的影响是非常深远的。2012 年以后，武汉城市圈的网络密度已经达到饱和状态，武汉城市圈的空间形态区域完善。

4.3　中心性分析

由于个城市自身的特点和经济联系的差异性，导致了城市间经济联系网络的有向性，在每个节点也就是每个城市都可以分为点出度和点入度，"点入度"指的是进入该点的度数，表示该城市受其他城市影响的程度。反之，"点出度"指的是从该点出发的度数。表示的是该城市对其他城市影响的程度。本文主要运用中心度主中的度数中心度，接近中心度和中间中心度进行计算和分析。

4.3.1　度数中心度

衡量武汉城市圈各城市之间中心度的变化，就需要利用 UCENT6 软件对四个时间节点的中心性进行计算，计算结果见表 3。

武汉市城市圈度数中心度　　　　　　　　　　　　　表 3

城市	2005 年		2010 年		2012 年		2015 年	
	点出度	点入度	点出度	点入度	点出度	点入度	点出度	点入度
武汉	3.153	0.390	2.156	0.251	36.220	4.255	36.521	4.028
鄂州	0.293	0.862	0.220	1.225	3.042	9.095	3.303	9.976

续表

城市	2005年		2010年		2012年		2015年	
	点出度	点入度	点出度	点入度	点出度	点入度	点出度	点入度
咸宁	0.195	0.536	0.112	3.384	1.297	7.264	1.159	6.421
黄石	0.780	0.910	0.408	3.775	5.818	4.255	5.589	7.787
黄冈	0.715	1.057	0.352	10.989	3.840	13.846	3.514	13.522
孝感	12.890	1.040	8.930	0.680	1.812	7.264	1.372	5.243
仙桃	0.130	0.341	0.049	12.664	0.689	1.862	1.233	3.255
天门	0.081	0.260	0.035	6.533	0.682	2.427	1.213	2.664
潜江	0.033	12.874	0.035	2.763	0.484	1.41	0.586	1.565

从表2可知：

（1）从时间纵向来看，随着时间的推移和高铁的开通，各城市的点出度和点入度都有一定的提升，2010年和2012年上升幅度尤为明显，高速铁路的开通，不仅缩短了城市间的时间距离，而且密切了武汉城市圈内9个城市的经济文化交流。

（2）从横向城市间的对比来看，我们可以看出，武汉和孝感的点出度和点入度远远大于其他城市，武汉的点出度相对于其他城市较大，可以看出武汉市对其他城市的影响是较大，武汉城市圈的各个城市以武汉市为中心，向其他城市呈现辐射扩散状态，是城市群内重要的增长极。

4.3.2 接近中心度

度数中心势表示一个城市受其他城市影响的能力，那么，想要得知一个城市不受其他城市影响能力，不受其他城市控制的能力，就可以用接近中心度来衡量，也可以称为该城市的流动性能力。"接近中心度"是用点与点，也就是城市与城市之间的距离来测算。如果一个城市到城市群内周围其他城市的距离都较短，我们就可以称为该点具有较高的接近中心度。接近中心度的值与联系程度成正比，接近中心程度越大，就说明该城市与周围其他城市之间的关系越密切。反之，就说明联系越少，关系越生疏。通过UCIENT6计算我们得知四个时间节点内武汉城市圈的接近中心度（表4）。

武汉城市圈接近中心度　　　　表4

城市	2005年		2010年		2012年		2015年	
	点出度	点入度	点出度	点入度	点出度	点入度	点出度	点入度
武汉	80	100	100	100	100	100	100	100
鄂州	66.667	72.727	88.889	88.889	100	100	100	100
咸宁	80	100	100	100	100	100	100	100
黄石	66.667	100	88.889	100	100	100	100	100
黄冈	80	100	100	100	100	100	100	100

续表

城市	2005年		2010年		2012年		2015年	
	点出度	点入度	点出度	点入度	点出度	点入度	点出度	点入度
孝感	88.889	100	100	100	100	100	100	100
仙桃	88.889	80	100	100	100	100	100	100
天门	88.889	61.538	100	100	100	100	100	100
潜江	88.889	50	88.889	100	100	100	100	100

由表4可以看出：

（1）从时间纵向对比，2005年至2015年间，武汉城市圈的接近中心度整体呈现上升的趋势。2005年武汉城市圈内的接近中心程度普遍较低，2009年京广高速铁路建成通车后，武汉城市圈的接近中心度提升显著，2012年汉沪蓉高铁通车后，武汉城市圈内所有城市的接近中心度都达到其最高值100，这表明了高铁使得武汉城市圈各个城市的经济交流与往来更加密切，优化了城市圈的空间形态。

（2）从城市间的横向对比来看，2005年，鄂州、黄石的接近中心度偏低，说明鄂州、黄石与其他城市的往来相对较弱，武汉的点入度只有80，说明武汉对城市圈内其他城市的影响还相对较弱，2009年京广高铁通车后，在黄石、鄂州设站，两个城市之间的接近中心度得到了提升，同时也带动了城市圈内其他城市的经济往来。武汉市的点入度得到了提升，达到最高值。2010年，潜江、鄂州、黄石的接近中心度相对较低，但是在2012年汉沪蓉高铁线路通车后，在潜江设站，优化了整个城市圈的网络空间结构，使各城市之间经济往来更加的密切。

4.3.3 中间中心度

中间中心度是用来测量节点（城市）控制流动资源的能力的指标，通过UCIENT6计算四个时间节点武汉城市圈的城市中心度，见表5。

武汉城市圈中间中心度　　　　表5

城市	2005年	2010年	2012年	2015年
武汉	12.679	1.684	0	0
鄂州	0	0	0	0
咸宁	2.679	1.684	0	0
黄石	0.255	0.255	0	0
黄冈	2.679	1.684	0	0
孝感	9.643	1.684	0	0
仙桃	11.786	1.684	0	0
天门	1.607	0.255	0	0
潜江	0	0	0	0

从表 5 来看：

（1）武汉城市圈的中间中心度整体水平较低，并呈现下降的趋势，这说明武汉城市圈内的交通条件总体较好，交通通达性较强，城市间往来方便。2005 年潜江、鄂州、黄石、天门的中间中心度较低，这四个城市与城市群内其他城市的往来不够密切，交通通达性不高；武汉、孝感、仙桃的中心中间度最高，可以看出城市群内的城市间的往来都是以这些城市为中间城市来完成的。

（2）武汉市充当媒介的次数较高，为 12.619 次。相对于 2005 年来说，2010 年的中间中心度的值有所下降，说明京广高铁建成通车后，城市群内各城市对"媒介"城市的依赖有所降低。2012 年，各城市的中间中心度降到 0，这也表明，随着高铁时代的来临，武汉的核心地位受到了动摇，各城市的经济往来对武汉市的依赖程度越来越小，武汉城市圈的交通网络得到了均衡发展。

4.4 凝聚子群分析

本文主要采用的是 UCIENT6 中迭代相关收敛法（CONCOR）进行非重叠性的聚类分析。分析结果见表 6。

武汉城市圈聚类子群分析　　　　　　　　　　　　　表 6

序号	2005 年	2010 年	2012 年	2015 年
1	武汉	武汉、孝感	武汉	武汉
2	孝感、潜江	鄂州、黄石	鄂州、黄石	鄂州、黄石
3	黄石、鄂州	潜江	咸宁、孝感	咸宁、孝感
4	黄冈	黄冈	黄冈	黄冈
5	咸宁、仙桃	仙桃、咸宁	仙桃、潜江	仙桃、潜江
6	天门	天门	天门	天门

从表 6 可知，武汉城市圈的聚类子群可以分为 6 个子群，主要呈现以武汉市为中心，其他城市形成小子群围绕。随着高速铁路的相继建成，子群内部也发生着变化。

从总体来看，武汉城市圈城市聚类子群分类较多，说明武汉城市圈的城市结构还存在问题，城市间的来往不够密切。

但是，2009 年，京广高铁通车后，高铁沿线城市武汉、孝感，鄂州、黄石，形成组团，四个城市间的经济联系和交通联系加强。2012 年，汉沪蓉高铁通车，铁路沿线的仙桃、潜江打破原有的组团，重新成团；咸宁、孝感之间亲密程度进一步加强，武汉市中心程度得到凸显。

直至 2015 年，武汉城市圈内的网络结构趋向优化，但由于黄冈、天门的区位原因，暂时没有高铁站的眷顾（图 1）。武汉城市圈在建设城际铁路时，应该加强黄冈、天门两市与其他城市之间的联通，进一步优化城市圈内铁路网。从总体来看，武汉城市圈城市聚类子群分类较多，说明武汉城市圈的城市结构趋近完善。

4.5 武汉及其城市圈空间形态演变规律

综上所述，2005—2015 年间武汉城市圈空间形态分布可分为两个阶段，由区域不均衡性向集中性演变。

第一阶段，2005—2010 年的城市整体网络密度分别为 0.7778、0.9036，武汉城市圈空间分布呈现为区域不均衡性，主要表现为以武汉为中心，仙桃—潜江—天门，鄂州—黄石为小组团分布，黄冈、咸宁、孝感相对独立。城市圈内各城市之间的经济联系强度较弱。

第二阶段，2012 年以后，武汉城市群空间向集中性演变，整体网路密度达到最高值 1.0000，城市圈的空间分布整体上趋于紧凑与集中，城市圈内各城市依托京广、汉沪蓉高铁通过横向延伸和纵向深入，实现了各城市之间的优势互补。

从总体上看，武汉城市圈的空间分布趋向"大集中、小分散"的规律，除黄冈、天门外，其他城市空间形态已呈现集中状态，黄冈、天门由于自身区位原因相对分散。为进一步优化武汉城市圈空间形态分布，应加强对天门、黄冈两市城际铁路的建设。加强与其他城市的空间联系，促进区域一体化发展。

5 结论

从总体来看，在高铁影响下，武汉城市圈的经济活动往来更加密切了，缩短城市间经济交流的时间距离，是武汉城市圈的空间结构逐渐优化，从分析的结果可知，武汉城市圈内各城市之间的网络密度总体水平较高，在两条高铁线路的影响下，使得武汉城市圈的网络密度，度数中心度，接近中心度和中间中心度都达到了最高值，城市圈内的交通网络和城市聚类子群进一步优化，逐渐形成了以武汉市为中心，周边城市延高铁线辐射抱团的空间结构形式。高铁的通车对武汉城市圈的空间结构产生了极大的影响，但是潜江和天门也相对受到孤立，武汉城市圈的城市聚类子群较多，不利于城市圈内部的经济往来，这就需要武汉城市圈在城际铁路的建设时，统筹考虑天门和黄冈的优化问题，让武汉 1+8 城市圈形成一个有机经济整体，推动武汉城市圈一体化进程。

参考文献

[1] 朱文晶. 城市群空间演化视角下杭温高铁的必要性 [J]. 城市学刊，2015，(06)：37-43.

[2] 王洁，刘亚萍. 高速铁路与城市旅游发展研究——以武汉市武广高铁旅游发展为例 [J]. 资源开发与市场，2011，(12)：1146-1149.

[3] 杨金华, 钟佩玲. 高铁背景下的湖南城市群城际可达性变化研究 [J]. 资源开发与市场,2013,(12)：

1273-1275.

[4] 汪德根. 武广高铁对沿线都市圈可达性影响及旅游空间优化[J]. 城市发展研究, 2014, (09): 110-117.

[5] Taylor P, Hoyler M. The spatial order of European cities under conditions of contemporary globalisation[J]. 2000, 91 (2): 176-189.

[6] Friedmann J, Miller J. The urban field [J]. Journal of the American Institute of Planners, 1965, 31 (4): 312-319.

[7] 张翠. "米"字形高铁网络对中原城市群的影响[J]. 现代经济信息, 2016, (08): 461.

[8] 刘军. 整体网分析讲义[M]. 上海: 上海人民出版社, 格致出版社, 2009.

[9] 方大春, 孙明月. 高铁时代下长三角城市群空间结构重构——基于社会网络分析[J]. 经济地理, 2015, (10): 50-56.

[10] 李响. 基于社会网络分析的长三角城市群网络结构研究[J]. 城市发展研究, 2011, (12): 80-85.

[11] 林先扬, 陈忠暖, 蔡国田. 国内外城市群研究的回顾与展望[J]. 热带地理, 2003, 23 (1): 44-49.

鲁晨：武汉大学城市设计学院 371880287@qq.com
杜宁睿：武汉大学城市设计学院

武汉市建设用地空间扩张特征与机理研究

马莉莎　詹庆明

摘　要：在经济飞速发展、城市人口激增等多重背景下，我国城市化进程迅猛，城市建设用地急剧扩张。遥感对地观测技术已成为监测城市土地利用变化最有效的手段之一。及时掌握城市用地状况，了解城市建设用地范围，分析建设用地扩张的时空特征，有利于指导城市的可持续发展。本文以武汉为研究区域，利用2000、2005、2010、2015四期Landsat TM/ETM+遥感影像，运用决策树分类方法提取较完整的不透水面信息。根据图像处理的"膨胀腐蚀原理"，除去不透水面中不必要的毛刺和细小连接，提取并分割以像元个数为面积的各连通区域，得到城市建设用地范围。在获取建设用地面积的基础上，综合相关年份统计年鉴数据及一系列空间扩张分析指标测算的结果，分析评价武汉市建设用地空间扩张模式及特征，进一步理解城市空间扩张现象的影响因素。研究结果表明：①从空间发展形态上看，武汉总体沿长江、汉江呈"斜十字"状不断向外蔓延扩张；②从空间扩张模式上看，武汉以边缘式扩张、飞地式增长为主，内部填充为辅，新区和高新技术开发区的建设成为武汉城区扩张的主要方式；③武汉的大面积扩张与其人口经济因素、交通条件、国家政策的引导息息相关。

关键词：城市建设用地，城市扩张，不透水面，武汉

Characteristics and mechanism of urban land expansion in Wuhan

Abstract: In the background of increasingly developed economy and urban population explosion, urbanization proceeds fast, city built-up areas rapidly expand. At present, remote sensing earth observation technology has become an effective approach to monitor urban land use and land cover changes. Understanding the condition of urban land, analyzing the spatio-temporal changes of city construction lands are beneficial to protecting ecological lands and guiding city's sustainable development. This paper chooses Wuhan as the study area, uses decision tree classification approach to extract impervious areas from Landsat TM/ETM+ images of Year 2000, 2005, 2010, 2015. The decision tree classification approach is using normalized difference vegetation index, modified normalized difference water index and the value of the short-wave infrared band to exclude water, vegetation and bare land, so that impervious areas of the urban, suburb and rural areas are extracted. After removing the fractional patches and thin connections of the extracted impervious areas according to image dilation and erosion principle, each connected regions are divided and obtained, whose areas can be calculated by the number of their image cells. Unqualified regions of impervious areas will be rejected if their areas do not meet the threshold value, i.e. the qualification to form an urban construction area, so that the range of urban construction lands is obtained. On the basic of obtaining city construction areas, after comprehensively analyzing census data and a series of spatial expansion index, the pattern of Wuhan city construction land expansion and characters are evaluated, the factors affecting city expansion are further comprehended. The results show that: ① On the aspect of the pattern of urban expansion, marginal expanding and enclave expanding are the major modes and internal filling is the auxiliary mode for Wuhan city construction area expansion. On the one hand, large water areas were changed to city built-up areas, which is the internal filling mode of city built-up area increase. The development of new residential districts as well as high and new tech development zones is the marginal and enclave expanding mode of city built-up area expansion. ② On the aspect of city's spatial development morphology, Wuhan city sprawled along the Yangtze river and Hanjiang river in oblique cross. ③ The great expansion of Wuhan city built-up areas is closely geared to foreign population flock in, economy developing, transportation and national strategy.

Keywords: City built-up Area, Urban Sprawl, Impervious Areas, Wuhan

1 引言

城市化是当今一场世界性的运动，代表着一个地区领土的扩张和社会经济的进步，即城市由小的孤立的人口中心向大的连通的以社会、经济、文化共同发展为特征的城市景观区域转变，尤以发展中国家最为突出[1]。联合国人口基金会曾表示，2025年约80%的世界人口将居住于城市。根据中国国家统计局《2016年国民经济运行情况》数据显示，中国城镇常住人口达7.93亿人，城镇人口占总人口比重为57.35%。按照新型城镇化目标，到2020年我国城镇化率将超过60%，这意味着更多农村人口将转移到城市生活，新形势下城市的发展将面临更多机遇和挑战。

城市空间扩张作为衡量城市化发展状态的一大重要指标，深刻反映着城市化进程及城市空间结构的变化规律及矛盾[2]。在经济飞速发展、城市人口激增等多重背景下，城市化进程加快，城市建设用地急剧扩张。对城市用地需求的大量增加，导致城市周边各类生态用地被侵占，土地供需矛盾尖锐[3]。及时掌握城市用地状况，了解城市建设用地范围，分析建设用地扩张的时空特征，有利于保护生态用地，指导城市的可持续发展。

现阶段，遥感对地观测技术已成为监测城市土地利用变化最有效的手段之一[4]，能快速准确地获取城市建设用地的动态扩张状况，科学有效管理城市土地的时空数据。城市不透水面是指例如水泥车道、停车场、屋顶等人造的，具有能阻止水渗透的不透水性的物质[5]。城市不透水面属于典型的城市人造地物，在城市空间扩张分析中扮演着重要角色。不透水面具备明显的人为特性，可以利用遥感影像提取不透水面定量反映城市建设用地的扩张情况[6-8]。

武汉市作为中国中部的核心城市，处于长江黄金水道的核心地带，起着连接东西部的桥梁作用。2015年中国政府工作报告首次把长江经济带、京津冀协同发展和"一带一路"明确为"三大支撑带"。2016年3月发布的《长江经济带发展规划纲要》中提到，"各市要提高城镇化质量，优化城镇化空间格局"，并指出"城市不能摊大饼"、"产业发展要更加集约"等相关要求，进一步明确武汉正处于城市发展的关键时期，开展武汉市建设用地空间扩展相关研究具迫切性。本研究基于遥感影像获取武汉不同时期建设用地的分布状况，并借助多种分析工具对其空间扩张的变化特征进行分析评价，在此基础上，探讨武汉市建设用地扩张的动力机制，为促进武汉的有序发展提供支持。

2 研究区与研究方法

2.1 研究区概况

武汉（E113°41′–115°05′，N29°58′–31°22′），中国湖北省省会，位于长江中下游平原，江汉平原东部。长江与汉水横贯市境中央，将城区一分为三，形成武昌、汉口、汉阳三镇隔江鼎立格局。武汉作为华中地区的区域中心城市，良好的区位优势和自身适宜建设发展的地形地貌在经济发展中起到了重要作用。截至2015年，武汉市下辖7个中心城区和6个远城区，

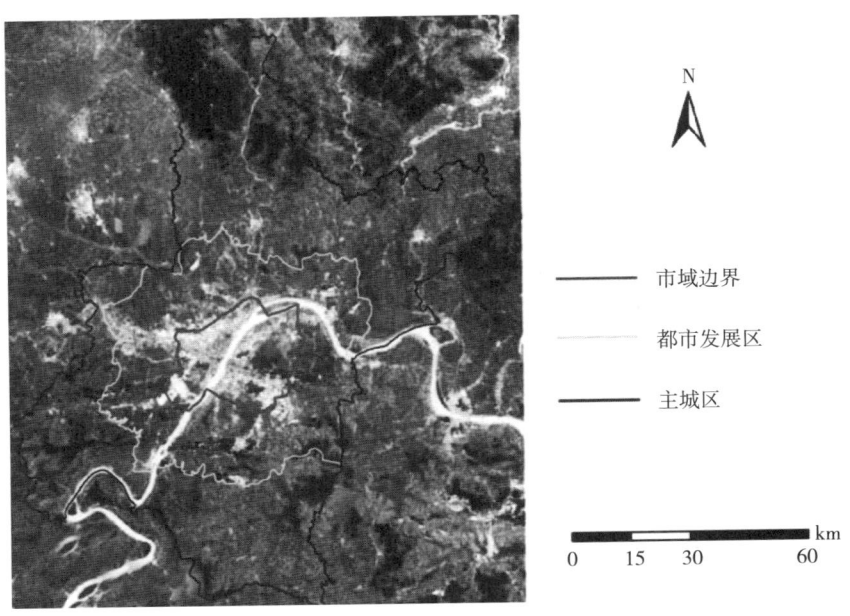

图 2-1 研究区位置图

3个国家级开发区，总面积8594平方公里，全市常住人口1060.77万。由于武汉市发展迅猛，城市开发扩张已超出主城区边界，武汉市规划部门提出了都市发展区的概念。为了更全面细致地分析武汉市空间扩展状况，本文选取武汉都市发展区为主要研究区。

2.2 研究方法

2.2.1 城市建设用地提取

本文以2000、2005、2010、2015四期Landsat TM/ETM+遥感影像为原始数据，其成像时间均在6-9月内，确保影像完整质量良好。经几何校正、裁剪、配准等预处理步骤后，使用决策树分类方法提取不透水面，得到武汉市建设用地范围。本文采用的决策树分类方法为通过计算归一化差分植被指数NDVI、归一化差异水体指数MNDWI以及中红外波段DN值，排除植被、水体和裸地，得到较完整的不透水面信息，即城市与农村建设用地范围。由于两者属性一致，从光谱信息上看难以分辨。通过仔细观察、对比分析后不难发现，从聚合体面积大小的角度上看，城市建设用地面积往往大于农村建设用地面积。因此，根据图像处理的"膨胀腐蚀原理"[9]，除去不透水面中不必要的毛刺和细小连接，提取并分割以像元个数为面积的各连通区域，通过设立面积阈值，剔除面积不符合要求的不透水面区域，得到城市建设用地的范围，从而生成多期城市建设用地分布图。

2.2.2 空间扩张分析指标

（1）扩张速度

城市扩张速度指的是某研究单元在研究期内的年平均扩张面积，可通过定量化来展示建设用地扩张的快慢。其公式为：

$$V=\frac{U_a-U_b}{T}$$

式中　V——年扩张速度；

　　　U_a、U_b——研究期内的末年和初始年的城市建设用地面积；

　　　T——时间跨度。

（2）城市用地扩张幅度指数

通过用研究区的用地面积对其年均扩展速度进行标准化处理，直接反映城市空间扩张的幅度，即城市用地扩张幅度指数[10]。其表达式为：

$$UEI_i=(U_{i,t}-U_{i,0})/U_{i,0}\times100\%$$

式中　UEI_i——城市用地扩张幅度指数；

　　　$u_{i,0}$和$u_{i,t}$——城市初期和末期的建设用地面积。

（3）扩展合理性分析

城市面积-人口弹性系数描述了城市扩展速度与城市人口增长速度之间的关系，是用来评价城市扩展合理性的指标之一[11]。其数学表达式为：

$$R(i) = \frac{A(i)}{Pop(i)}$$

式中　$R(i)$——第 i 时段城市扩展弹性系数；

　　　$Pop(i)$——第 i 时段市区人口平均增长率；

　　　$A(i)$——第 i 时段城市建设用地面积平均增长率。

3　武汉市建成区空间扩张规模及格局

随着城市化和城市经济的快速发展，城市建成区空间范围不断扩张，土地需求愈加强烈。通过对 2000、2005、2010、2015 四期 Landsat TM/ETM+ 遥感影像城市建设用地的提取，研究 2000 年以来武汉市城市空间扩张规模及格局演变。

3.1　武汉市空间扩张总体态势

2000 年，武汉市建设用地面积为 145.37km²，主要集中在武昌、汉口和汉阳老城区。

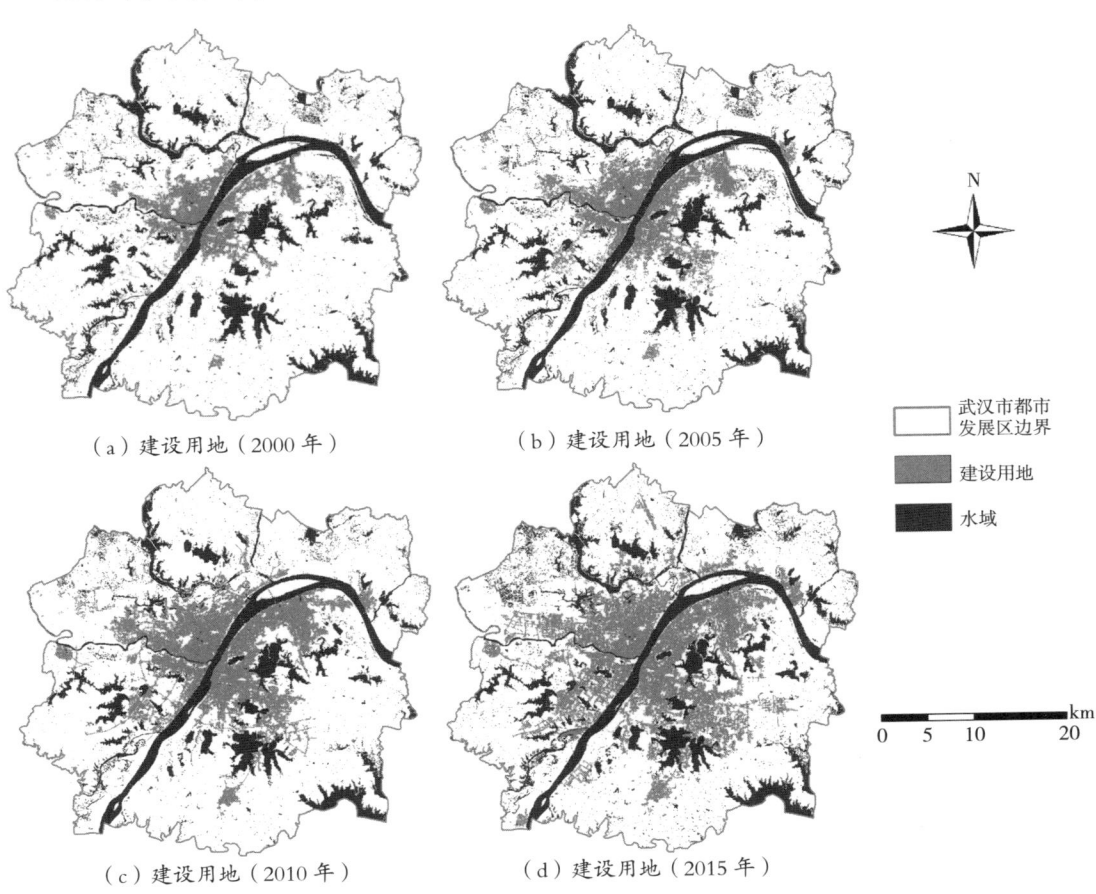

图 3-1　武汉市各时期建设用地扩张示意图

2005年建设用地总面积为192.60km², 比2000年增加47.23km², 年均增长率为5.79%, 新增用地分布在主城区周边区域。2010年武汉市建设用地总量为343.23km², 比2005年增加了150.63km², 每年以30.13km²的扩张速度增长, 达高速扩张水平。2015年继续保持增长态势, 建设用地总面积为425.24km²。

根据表3-1可知, 2000-2005年, 武汉市建设用地面积扩张稳中有升, 每年以9.45km²的速度增长。2005-2010年, 武汉开始步入发展黄金期, 年扩张速度为30.13km², 处于高速扩张阶段。2010-2015年, 随着经济发展、城市化不断提升, 武汉市空间扩展越来越趋于合理化, 每年以16.40km²的速度增长, 保持快速发展模式, 年均增长率为4.38%, 扩张幅度指数为0.24, 弹性系数为2.68, 数值逐渐接近理想值。

武汉市建设用地及相关指标　　　　表3-1

年份	建设用地面积（km²）	年均增长率	扩张速度	扩张幅度指数	弹性系数
2000	145.37				
2005	192.60	5.79%	9.45	0.32	4.49
2010	343.23	12.25%	30.13	0.78	4.60
2015	425.24	4.38%	16.40	0.24	2.68

3.2 武汉市空间格局特征分析

2000-2015年期间, 武汉市建成区面积增长迅速。如图3-2所示, 该图描述了武汉市十五年间城市建设用地面积变化的状况, 其中, 黄色区域表征2000年城市建设用地, 黑色区域代表2005年新增建设用地, 紫色区域表示2010年新增建设用地, 红色区域为2015年新增建设用地。由图可知, 2000-2015年的扩张区域主要集中在主城三环线上及外围地区, 而一环线和

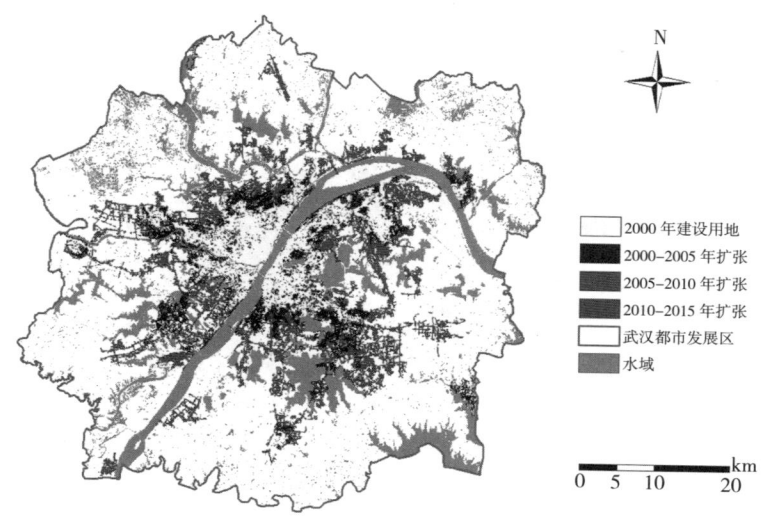

图3-2　武汉市2000-2015年建设用地空间扩张示意图

二环线内的新增用地建设发展已接近饱和。

武汉三镇形成"一市三城"格局,奠定了多中心的城市构架,武钢、沌口、关山等组团与主城区联系紧密。2000年至今,主城区的空间格局变化不大,而外围的都市发展区范围内出现了众多的新组团,如流芳-纸坊、吴家山、阳逻、盘龙城等,这些组团与主城区的空间距离较远、功能较独立,形成诸多外围的亚中心。这一时期外围组团的涌现也改变了原有的"多中心组团"城市结构,最终导致簇群式城市结构的出现。现阶段,外围组团的开发已远远超越了中心组团,成为都市发展区土地开发的主导。

武汉市逐渐演化为以主城区为核心,依托区域性交通干道和轨道交通组成的复合型交通走廊,由主城区向外沿阳逻、豹澥、纸坊、常福、吴家山、盘龙城等方向构筑六条城市空间发展轴,集合新城组团,相应布置六大新城组群,在各组群居中位置分别建设六大组群中心,各组群间以东湖、武湖、府河、汤逊湖、青菱湖、后官湖等生态绿楔和开敞空间相隔离,共同构成都市发展区以交通为导向的有机生长的"轴向组群式"城市空间拓展形态[12]。

综上而言,在空间格局形态方面,由于地理位置的特殊性,武汉总体沿长江、汉江呈"斜十字"状不断向外蔓延扩张,大致分布于西南、东南、西部三个方位,武汉整体城市空间呈现由"沿江"向"离江"发展的势头。

3.3 武汉市用地扩展模式分析

图3-3展示了武汉市2000-2015年新增城市建成区的分布状况,其中,①为盘龙城经济开发区;②为吴家山海峡两岸科技产业园,即吴家山经济开发区的前身;③为武汉经济技术开发区;④为蔡甸经济开发区,蔡甸区、武汉经济技术开发区、汉阳区构成了"两江一路"武汉新区的主要版块;⑤为汉南经济开发区;⑥是江夏经济开发区;⑦为东湖新技术产业开

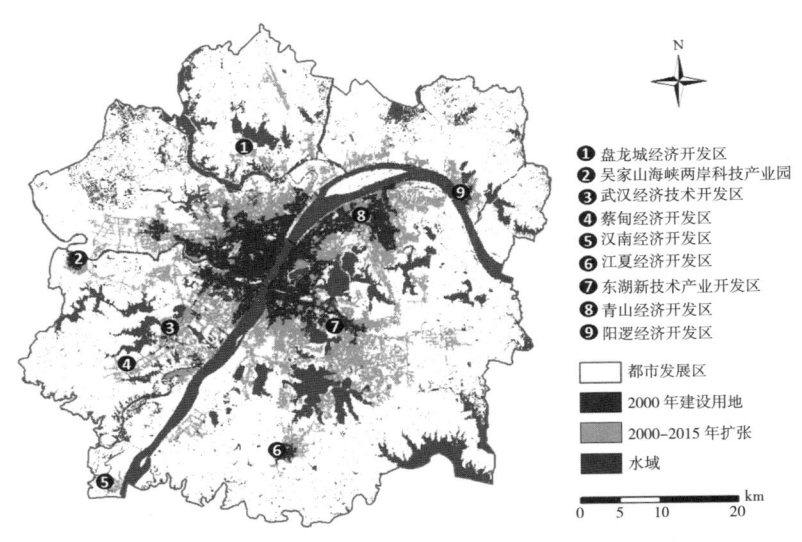

图3-3 武汉市2000-2015年新增城市建成区重点区域分布图

发区，是包括豹澥新城和流芳组团在内的科技新城组团集群；⑧是青山经济开发区；⑨为武汉阳逻经济开发区外扩。从图中可看出主城区的建成区面积增长较少，这说明主城区发展接近饱和。

北部方向，武汉市建设用地扩张主要以边缘式扩展、飞地式增长为主，其中盘龙城经济开发区（图中①）是 2005 年国家发改委和省政府审核批准的省级开发区，核定规划建设面积 20 平方公里。其地处黄陂最南端，市区北部近郊，位于武汉外环线和中环线之间，是阳逻深水港、汉口火车站、天河机场之间的一个"金三角"地带，是武汉市新的经济发展带，区位优势独特。

西部方向，建设用地扩张主要以吴家山海峡两岸科技产业园为基础边缘式扩展（图中②）。吴家山海峡两岸科技产业开发园为武汉市三大国家级开发区之一，环绕汉口城区，交通便利。园区下设鑫桥高新技术产业园、海口工业园、金银湖生态保护区等十余个特色"园中园"，开发总面积达 138 平方公里，是武汉经济三大增长极之一。城市经济的发展带动城市用地迅速扩展，促使城市建成区逐年向外扩展。

西南方向，由长江、汉江和京珠高速公路围合而成的"两江一路"武汉新区，是 2004 年为实现武汉三镇均衡协调发展作出的开发建设汉阳的重大战略决策。武汉新区涵盖汉阳区、武汉经济技术开发区（图中③）、蔡甸区（图中④）和汉南区（图中⑤）的一部分，规划面积 368 平方公里，建设用地 160 平方公里，规划人口 100 万。交通优势和地理区位条件推动武汉市建成区迅速向西南方向扩张，并以蔡甸经济开发区为契机，从 2000 年到 2015 年实现了飞地式快速发展。常福新城、纱帽新城和薛峰组团、军山组团以武汉经济技术开发区为依托，以汽车整装、机电制造、物流工贸等产业为主导，汉南经济开发区则以工业为主，以汽车制造、生物工程、IT 产业为支柱，新城的建设极大地推动了建成区的扩展。

南部方向，江夏经济开发区（图中⑥）介于武汉市中环线与外环线之间，西与武汉经济开发区隔江相望，南与江夏纸坊街相连，北与东湖新技术开发区接壤，交通区位优势明显。依托武汉市中心城区和东湖新技术开发区的辐射力，借助光谷的推动力，长效综合发展。

东南方向，新增建设用地是以东湖新技术开发区（图中⑦）为依托，以光电子产业和科教研发产业等高新技术产业为主导而发展起来的职住功能综合平衡的科技新城组团集群，包括豹澥新城和流芳组团。东湖高新区仍是扩展热点，主要表现为原有生长点的扩大以及聚合。

东北方向，靠近主城区方位的是青山经济开发区（图中⑧），内驻有武汉钢铁集团、中冶集团武汉钢铁设计研究总院等 10 多个大型企业和科研机构，是国家投资建设的新型工业基地。2006 年武汉火车站开建，2009 年底建成启用。杨春湖城市副中心依托武汉火车站的建设，成为主城区东部的经济发动机。远离主城区方位的是阳逻经济开发区（图中⑨），规划面积 35 平方公里，分为港口物流区、工业园区和综合生活配套区。2001 年，武汉国际集装箱转运中心、武汉外环高速公路等一批大型基础设施建设项目稳定推进。2004 年，阳逻形成通达"两港"（深水港、航空港），连接"两线"（京九、京广铁路线），贯通"两路"（京珠、沪蓉高速公路）

为重点的立体交通网络。2015 年,阳逻港集装箱吞吐量再次突破百万标箱,达到 106.14 万标箱,比上年增长 5.4%。

汉口地区建成区以填充式发展和边缘式扩展为主,汉正街的北迁为汉口北部的发展带来商机,推动建成区向北部扩张。汉阳地区以汉阳大道和龙阳大道为轴继续向西向南边缘式扩展。武昌东北部有两处地方增长较快,一处位于东湖西北部,一处位于东湖与武钢之间,均表现为建成区之间的填充和聚合。另外,黄家湖东南岸出现建成区的新生。整体而言,武汉在空间扩张模式上以边缘式扩张、飞地式增长为主,内部填充为辅,新区和高新技术开发区的建设成为武汉城区边缘式及飞地式扩张的主要方式。

4 武汉市空间扩张动力机制研究

4.1 人口因素

人口是城市中最具有活力的因素之一,也是影响城市用地变化最主要的社会经济因素[13]。随着经济的快速增长,城镇人口比例迅速提高。2000 年武汉市常住人口为 804.81 万人,2015 年为 1060.77 万人,十五年间增加了 255.96 万人,相当于 2015 年美国芝加哥辖区内人口数,其中非农业人口从 2000 年的 441.14 增长至 2015 年的 561.59 万。人口的迅速增长导致居民对居住和交通、公共设施的增加,更多的土地被占用,城市建设用地迅速扩张以满足这种需求。

图 4-1 展示了 2000-2015 年武汉市建设用地规模与常住人口基本保持同步上升的趋势。图 4-2 从新增人口数量与新增建设用地面积之间的关系上看,两者增减趋势一致,且建设用地增加的波动性更大。

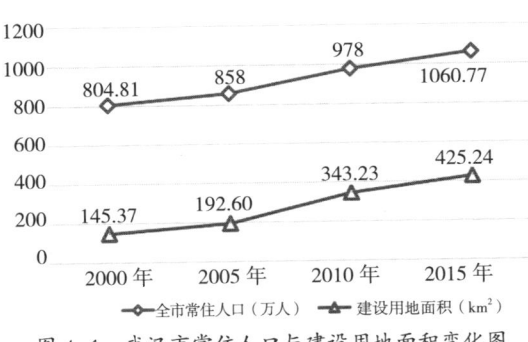

图 4-1 武汉市常住人口与建设用地面积变化图

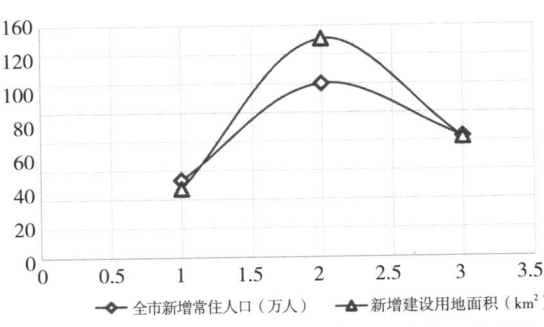

图 4-2 武汉市新增人口与新增建设用地变化关系图

4.2 经济发展因素

经济全球化发展为武汉市产业结构调整和优化带来了新的契机[14]。随着经济全球化趋势的增强,全球生产要素和产业转移加快,沿海产业加速向内地转移。武汉市产业基础雄厚、土地和劳动力成本相对较低,在内陆地区具有承接东部产业转移的显著优势,这为全市促进产业结构调整和优化,加快现代制造业、高新技术产业和现代服务业的发展带来了新的契机。

图 4-3 为武汉市 2000-2015 年国民生产总值变化示意图，由图可知，十五年间武汉市国民生产总值不断提升，由 2000 年 1207 亿元增至达 2015 年 10905.6 亿元，中国内地城市排行第八，且增长速度越来越快。图 4-4 为武汉市三大产业生产总值变化图，以 1985 年为基准年，十年为一单元区间，三大产业的产值均处于上升阶段，增长速率呈阶梯状分布，从快到慢依次为第三产业、第二产业及第一产业。

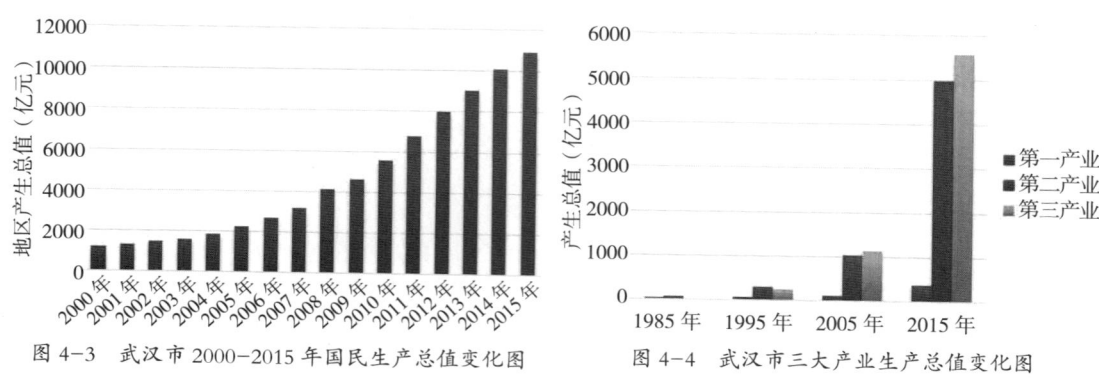

图 4-3　武汉市 2000-2015 年国民生产总值变化图　　图 4-4　武汉市三大产业生产总值变化图

产业结构调整是经济发展的重要现象之一，可引发城市用地结构和空间结构的变化。近年来，武汉市加大了对产业结构的调整力度，通过整合协调，发展特色经济和优势产业，调整产业结构。图 4-5 是 1985 年/1995 年/2005 年/2015 年武汉市产业结构示意图，可知第一产业比重逐年减少，2015 年降至 3%，第三产业的比重则逐年增加，而第二产业比重表现为在 1985-2005 年期间先降低，继而在 2005-2015 年期间再上升的趋势，这与武汉市建设用地扩张的变化趋势基本吻合。

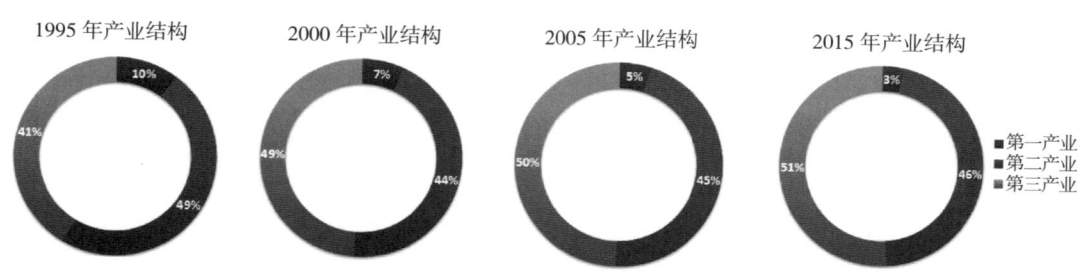

图 4-5　武汉市产业结构示意图

4.3　交通因素

城市形态的演变与交通的发展是分不开的[15]，武汉城市的形成得益于两江交汇及水陆交汇优势。作为中国内陆最大的水陆空交通枢纽，中国经济地理的"心脏"，武汉具有承东启西、沟通南北、维系四方的作用。京广、京九、汉丹、沪汉蓉、京港 5 条铁路干线和京珠、泸蓉等 6 条国道在此交汇，武汉成为全国四大铁路运输枢纽之一。武汉港是我国长江流域重要的枢纽港和对外开放港口，拥有华中地区最大的航空港——天河机场。巨大的区位交通优势推动了武汉现代物流业的快速发展。

以建设国家级物流枢纽城市为目标,合理规划并布局以现代物流园区、物流中心、配送中心为节点的现代物流体系,武汉作为联结国内外两个市场和促进中国东、中、西部互动的桥梁纽带功能逐步显现。2000–2015年期间,武汉建设用地的增长基本位于主要出境交通线路周围或市内外环高速附近。

4.4 国家政策

2001年湖北省提出以武汉为龙头的城市圈建设构想,开展跨市区域统筹规划。2004年"中部崛起"战略提出。2007年武汉被确定为两型社会改革试验区。2009年被确立为东湖国家自主创新示范区。2013年习主席提出"一带一路"战略,武汉成为"一带一路"城市网络的核心城市。2015年《长江中游城市群发展规划》获批,同年武汉入列国家八大全面创新改革试验区。2016年3月发布的《长江经济带发展规划纲要》指出,武汉作为长江经济带的主要节点城市之一,需增强其中心城市功能,发挥武汉引领作用;发展现代航运服务,加快武汉长江中游航运中心建设;推动区域互动合作和产业集聚发展,打造武汉成为内陆开放型经济高地;优化城镇化格局,统筹武汉的城乡发展。

在打造中部崛起战略支点大格局中,武汉发挥了其在中部地区的经济核心作用、示范带动作用和杠杆传导作用,提升了其在全国经济发展格局中的战略地位和作用,利于促进武汉创新发展循环经济,促进资源集约利用,实现城市的可持续发展[16]。

5 结论与讨论

本研究提出了一种新的城市建设用地提取方法。通过决策树分类方法提取不透水面,再结合图像处理"膨胀腐蚀"的原理,根据面积阈值提取各连通区域,算法清晰简洁,通用性强。

在城市发展相关理论指导下,借助多种分析工具对武汉市2000–2015年建成区的时空变化特征进行分析评价,充分展示了建设用地的空间分布格局及演变规律。结果表明:① 2000–2015年武汉市建设用地面积从$145.37km^2$增长为$425.24km^2$,增加了$279.87km^2$,年均增长率是7.42%,年扩张速度达$18.66km^2$,处于高速扩张阶段。②从空间发展形态上看,武汉总体沿长江、汉江呈"斜十字"状不断向外蔓延扩张,逐渐呈现由"沿江"向"离江"发展的势头,大致分布于西南、东南、西部三个方位。③从空间扩张模式上看,武汉在空间扩张模式上以边缘式扩张、飞地式增长为主,内部填充为辅,新区和高新技术开发区的建设成为主要扩张方式。④武汉的大面积扩张与其人口因素、经济发展因素、交通条件、国家政策的引导息息相关[17]。

城市化与城市空间扩张的测度研究应依据不同形态特征城市的具体情况,合理选用相关指标及评价方法。除此之外,城市扩张的动力机制复杂多样,本研究对驱动因子的选取相对简单,且多集中于定性方面的解释,缺少定量的直观表现。针对以上局限,需纳入多方面量化指标,定性定量相结合,避免因指标或实证方法单一而得到片面的结论。

参考文献

[1] Aguilera F, Valenzuela L M, Botequilha-Leitão A. Landscape metrics in the analysis of urban land use patterns: A case study in a Spanish metropolitan area[J]. Landscape & Urban Planning, 2011, 99 (3-4): 226-238.

[2] 陈江龙, 高金龙, 徐梦月, 陈雯. 南京大都市区建设用地扩张特征与机理[J]. 地理研究, 2014, 33 (3): 427-438.

[3] 胡晓明, 李月臣, 黄孝艳, 何志明. 城市空间扩展研究及进展[J]. 现代城市研究, 2013, 6: 60-65.

[4] 李雪瑞, 王秀兰, 冯仲科. 基于土地利用程度的北京城市扩展特征[J]. 地理科学进展, 2009, 28 (3): 398-402.

[5] 任金华, 吴绍华, 周生路, 林晨. 城市不透水面遥感研究进展[J]. 国土资源遥感, 2012, 4: 8-15.

[6] Alberti M. Advances in Urban Ecology[M]. New York: Springer, 2009.

[7] Zhou B, He H S, Schulz J H, Nigh T A. Mapping and analyzing change of impervious surface for two decades using multi-temporal Landsat imagery in Missouri[J]. International Journal of Applied Earth Observation & Geoinformation, 2012, 18 (1): 195-206.

[8] 白杨, 宁晓刚, 张继贤. 基于不透水面和引力模型的城市建成区提取与分析[J]. 测绘科学, 2014, 39 (1): 59-63.

[9] 徐涵秋, 杜丽萍, 孙小丹. 基于遥感指数的城市建城区界定与自动提取[J]. 福州大学学报: 自然科学版, 2011, 5: 707-712.

[10] 张利, 雷军, 李雪梅, 高超, 曾玮瑶. 1997-2007年中国城市用地扩张特征及其影响因素分析[J]. 地理科学进展, 2011, 30 (5): 607-614.

[11] 李爱民, 刘杉, 吕安民. 基于卫星遥感影像的郑州市建成区扩展变化研究[J]. 郑州大学学报（工学版）, 2011, 32 (2): 125-128.

[12] 刘艳芳, 汤硕华, 谭荣辉, 孔雪松. 武汉市1999-2012年城市扩张的时空分异[J]. 安徽师范大学学报: 自然科学版, 2015, 38 (3): 272-277.

[13] Bruegmann R. Sprawl: A Compact History[J]. Mobility, 2005, 96 (25): 666-667.

[14] Skonhoft A, Solem H. Economic growth and land-use changes: the declining amount of wilderness land in Norway[J]. Ecological Economics, 2001, 37 (2): 289-301.

[15] 鲍丽萍, 王景岗. 中国大陆城市建设用地扩展动因浅析[J]. 中国土地科学, 2009, 23 (8): 68-72.

[16] 陈有川. 大城市规模急剧扩张的原因分析与对策研究[J]. 城市规划, 2003, 4: 33-36.

[17] 刘涛, 曹广忠. 城市用地扩张及驱动力研究进展[J]. 地理科学进展, 2010, 29 (8): 927-934.

项目信息：测绘地理信息公益性行业科研专项-全球地表覆盖数据分析（项目编号：201512028）。

马莉莎：武汉大学城市设计学院

詹庆明：武汉大学数字城市研究中心　地球空间信息技术协同创新中心

2014282090088@whu.edu.cn；qmzhan@whu.edu.cn

长江经济带背景下万州城镇化发展趋势研究

肖磊　赵倩

摘　要：作为长江出川门户，万州同时是渝东北、川东北区域中心。在长江经济带影响下，万州自三峡移民以来面临的政策与交通瓶颈得以突破，在及成渝城市群以及渝东北的区域地位得以提升，发展能量将得以释放。同时，新时期万州城镇化动力与区域作用机制也面临深刻变化，区域人口流动日趋复杂，目前万州的城镇化人口包含本地新生代农民工、返乡务工人群、区域流入劳动力、非就业性进城人口等多重来源，也存在就业与生活两种截然不同的发展动力，形成工业与物流带动型、现代服务带动型、生活导向型、乡镇企业带动型四种类型的城镇化发展路径。研究立足万州新时期发展机遇和以人为核心的新型城镇化的要求，明确万州不同城镇化发展路径下的差异化人口政策，并提出相应政策建议与城市空间布局调整的构想。

关键词：万州，长江经济带，城镇化，三峡库区

Study on the Wanzhou's Development Trend of Urbanization in the Background of Yangtze River Economic Belt

Abstract: As the gateway to the Yangtze River, Wanzhou is also the regional center of northeastern Chongqing and northeastern Sichuan. Under the influence of the Yangtze River economic belt, Wanzhou breakthrough many policies and traffic bottlenecks since the Three Gorges immigrants. The development of its energy will be released. The dynamic mechanism of urbanization and the regional mechanism are facing profound changes. Regional population movements are becoming increasingly complex in the new era. Wanzhou urbanization population will include the local new generation of migrant workers, home-return workers, regional inflow labors, non-employment population and other multiple sources. There are two distinct development momentums including employment and life. Based on Wanzhou's historical development opportunity under the Yangtze economic belt strategy and the requirement of new urbanization with human being as the core, this paper clarifies the differentiated population policy under Wanzhou's different urbanization development path, and puts forward corresponding policy suggestions and the adjustment of urban spatial layout.

Keywords：Wanzhou，Yangtze River Economic Belt，Urbanization，Three Gorges Reservoir Area

1 引言

在长江经济带成为国家战略的背景下，沿江地区的发展逐渐成为学术界、规划界关注的重要问题[1-3]。在生态、产业、交通等方面新的发展背景下，沿江地区城镇化发展动力、机制也在不断深刻变化。而在以城市群为主导形态的国家战略思路影响下，长江经济带上的长江三角洲城市群、长江中游城市群、成渝城市群等相继编制了相应的发展规划[2]，对区域城镇空间的演化产生深远影响。

当前针对长江经济带城镇化发展的研究多集中在如下几个方面：①对长江经济带或重点城市群整体形态的分析、度量或评价，部分对城镇空间优化提出相应的意见[2-6]：如方创琳、周成虎等人提出长江经济带应以流域一体化和交通一体化为主线，构建"1+2+3"分级梯度发展的长江经济带城市群新格局[2]；樊杰、王亚飞等人提出未来长江经济带空间结构演变的主导因素将会转向创新驱动的作用及效果[4]。②从单个领域切入探讨长江经济带背景下的变化，从而分析对整体布局的影响，如生态、产业、航运、农村、区域协调等[7-12]：如王成金，程佳佳等人在对长江立体化综合交通运输走廊的空间组织模式的研究[8]；孙威等以长江经济带125个地级市、州和2个直辖市为单元，对长江经济带承接产业转移的分析[9]。各类型研究侧重点不同，包括发展机制、空间规律、案例地区的规划建议等。③以省域为研究尺度，探讨长江经济带沿江区域的城镇化特征和趋势[13, 14]：如官华平等在对湖北省农业转移人口的研究中发现，目前我国各地的社会保障以及社会福利政策都由地级政府制定，农业转移人口迁移只要跨越了地级政府，各种社会保障制度都会受到影响，并提出通过制度创新促进农业转移人口市民化的相关措施[13]；乐章等对湖北省沿江48个小城镇的调查研究等[14]。

目前，从单个地区的发展实际入手，在长江经济带战略背景下探讨城镇化发展的趋势的文章较少。本文以万州及其所在地区城镇化为例，研究城镇化趋势规律，研究未来区域城镇化路径，并提出相应政策意见，力求将内在规律的揭示与新型城镇化政策启示结合。

2 研究区概况与研究思路

2.1 研究区概况

万州是长江出川的咽喉，历来是成渝联系长江中下游的门户（图1）。辖区面积3457km²，2015年GDP828亿元；常住人口160.7万；城镇化率62.4%，城市人口84.3万。

万州处在长江经济带上最重要的城镇化潜力地区。万州所在的川渝东北部地区距离成都、重庆核心区距离较远，发展水平相对不高，万州极核地位突出。该片区人口基数大、城镇化水平低，城镇化潜力大。根据重庆、四川统计年鉴，2014年川东北地区常住人口2099万，城镇化水平39.2%；渝东北地区常住人口817万，城镇化水平43.2%。历史上在长江门户与川北腹地的共同支撑下，万州万商云集、故而得名"万县"，一度"成渝万"并驾齐驱。

万州城镇化发展对长江三峡库区稳定发展具有重要意义。自三峡移民以来，库区遗留的社会问题到现在依然没有完全解决；万州经济发展也受到很大影响，一定时期内川渝两地不愿在万州落地项目，近十年来万州铁路基本没有发展，原陆路枢纽地位也被达州替代。三峡库区重庆段面临的最大问题是本地造血能力不足，缺乏足够就业支撑，难以两性发展，作为本地区最大城市和传统中心城市，提升万州带动作用十分关键。

2.2 研究思路：研究新时期万州城镇化趋势规律，提出政策对策

在长江经济带建设的背景下，区域发展格局、发展动力，区域联系方式都将发生深刻变化，万州有机会突破既有的发展瓶颈，迎来区域地位的中兴回升，并带动三峡库区与邻近的武陵山区、秦巴山区脱贫发展，研究新时期万州城镇化趋势便显得尤为必要，研究将立足于万州自身实际与当前宏观经济发展态势，探讨万州未来城镇化路径特征（图2），主要包括如下内容：①长江经济带对万州发展的影响；②新时期城镇化动力与人口来源分析；③万州城镇化路径模式再认识，并对此提出相应的政策建议。

3 长江经济带背景下对万州发展的影响

作为长江上游重要港口，万州受长江经济带建设影响深远，城镇化发展动力因区域政策地位、交通地位变化而调整，因而在此先分析新时期万州所受影响，从而更好地认识研究区域的发展态势，为后文判断城镇化发展方向作基础。

图1 万州在成渝区位图

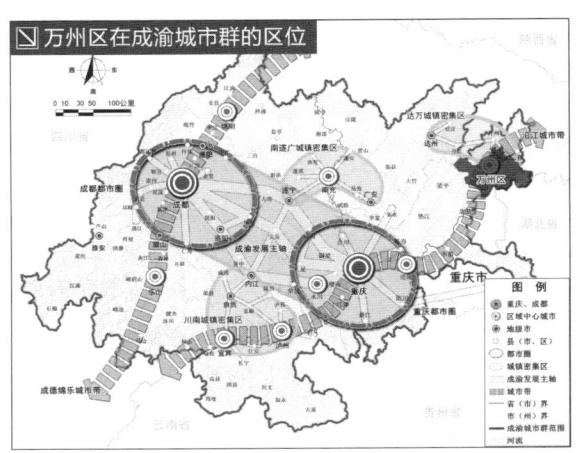

图2 万州在成渝城市群中的地位

3.1 区域政策地位影响分析

长江经济带对万州政策影响主要体现在两个方面：一是促进沿江地区的产业发展，包括下游产业向中上游的转移整合，以及沿江口岸开放带来的临港经济机遇；二是构建成渝城市群等主体来推动城镇化进程，万州在《成渝城市群发展规划》中被确定为达万城镇密集地区的区域中心城市，是成渝城市群东北部的重要节点。此外，习总书记强调长江"共抓大保护"，对于处在"渝东北生态涵养发展区"、长期面临库区安全保护要求的万州而言，在沿江城市发展中具有特殊的示范意义。

在长江经济带的总盘子下，成渝城市群上升到国家地位，对万州突破行政区划限制、辐射联动广大腹地意义重大。①川东北部分地区长期是万州腹地，但在成渝分家的背景下，万州与川北的经济联系逐渐弱化、成达万区域通道长期未能贯通，成渝城市群有望促进川渝省市协调共建，万州重拾历史腹地；②作为曾经的地级市，万州进入重庆版图后管辖范围从原来三区八县转变为单个辖区，与邻近地区的协调成本提高，成渝城市群重新确立了万州的区域中心地位，有利于万州发挥辐射带动作用，进一步提升发展。

在此基础上，重庆市也认识到万州区域地位的重要性，提出"万开云一体化"发展。一方面整合万开云板块资源（相当于促进万州与周边协调），提升万州区域功能；一方面推动万州作为重庆的重要战略支点，参与长江经济带与成渝城市群等国家战略。重庆市《万开云一体化协同发展规划》中，明确指出万开云板块发展是重庆参与国家竞争的战略举措、有利于发挥重庆国家中心城市的作用，从将万州发展提升至新的战略高度。

3.2 区域交通发展机遇分析

万州港是长江十大优势港之一，长江上游重要的水陆货运中转点，具有联动西北、川东北、鄂西与长江水道的战略地位，主要运转货物为煤炭、粮食、建材等大宗货物，以及部分集装箱。万州同时是渝东北地区重要的客运集散中心，拥有片区唯一支线机场，2015年旅游集散超过1200万人次。当前阶段存在的问题包括：①铁路与公路数量偏少，公水铁联运能力不足，未充分发挥区域物资转运作用；②高等级公路集散能力不足，区域性客运目前大部分依靠县道集散，难以满足实际需求。

而在长江经济带背景下，国家层面已规划确定多条铁路、高速公路经过万州，从相当程度上将强化万州综合枢纽地位，促进万州公水铁多式联运发展。主要规划建设通道包括：长三角方向的沿江铁路；郑州方向的郑万高铁；西安方向的渝西高铁（选线未定）、万安高速；兰州方向的达万复线铁路；成都方向的成达万城际铁路；重庆方向的郑渝高铁、渝西高铁（未定）、沿江铁路；黔江方向的忠黔铁路、沿江高速南线；恩施方向的万利高速。

新交通通道建设的影响体现在：①万州将形成多向对外放射的陆路对外通道新格局，区域交通地位得到明显提升的同时，到重庆（主城）、恩施、黔江方向缺乏直接通道的短板也得以补齐。②随着长江经济带建设突破1.5亿吨三峡翻坝能力，兰州－西安－万州铁路连接万州－

上海长江水运的通道，将成为中国东西向成本最低货运走廊（每吨综合运价168元，远低于其他走廊价格），万州是该走廊上水陆转运节点。

因此，万州有条件成为成渝联系国家其他经济板块、联动成渝腹地的重要桥头堡，综合交通地位将显著增强，经济带动能力将明显提高。

4 新时期人口城镇化路径分析

新时期万州人口城镇化机制也不断变化。研究一方面从城镇化动力角度出发，考察未来城镇化的需求；一方面从未来人口城镇化来源出发，考察区域城镇化的人口供给。在二者分析的基础上，总结人口城镇化的主要路径，区分不同路径在人口集聚模式、人口特征方面的差别。

4.1 城镇化动力分析

就业增长是万州城镇化发展的重要支撑。2014年全区非农劳动力58万人，主要就业部门包括：制造业10.4万、建筑业13.9万、仓储物流业3.8万、生活服务业17.5万、公共服务业9.9万、生产性服务业2.2万；另外采矿业、水电气就业数量相对较少。58万就业人口中，在城镇就业的占50万，另有8万劳动力在农村从事非农职业。

结合当前经济环境与万州产业特点，判断未来就业发展趋势如下：①制造业会在长江经济带背景下有较大提升空间，对相关企业访谈发现，70%企业表示近年来处在上升势头，80%企业提出五年内的扩张计划，龙头企业长安跨越计划占地1500亩打造30万辆汽车整车生产基地；②物流业企业普遍对新时期发展势头看好，目前园区用地落地慢、信息平台不到位、市场过度集中在老城，制约了物流业发展，未来等董家、高峰物流园落地后，仓储物流包括商贸业会有较大发展；③伴随着高铁建设、机场升级，区域政策地位提升，万州在三峡旅游集散、创新服务方面地位会有所增强，消费服务与生产性服务业还将有一定提升空间；④万州历来区域公共服务地位突出，基于万州大城小区空间结构考虑，未来城镇化将吸引一定数量外来人口，随着总人口增长公共服务就业人口总量也会有所提高；⑤万州未来将逐渐迈过依赖固定资产投资拉动的阶段，因而建筑业就业长期会逐渐减少。

除就业以外，公共服务也是集聚人口的重要动力。现场调研发现，迁居到万州的农村人口、外来人口中，许多以享受优质公共服务为主要目标，部分转移人群的家庭业务收入可能都不在万州本地。常见的情形是：家庭劳动力在沿海或主城务工，而将家属送入到万州城市生活，这样小孩读书、老人看病方便，形成了异地工业化带动本地城镇化的特殊路径。

这种动力模式主要依赖万州高品质的公共服务。医疗方面，万州的重庆三峡中心医院业务量居全重庆第3，47%病人来自外地、心脏手术成本低于主城40%，万州全区住院人口中20%来自区外，这一比例还在不断扩大。教育方面，万州高级中学、万州二中在2015年重本升学率方面排名全重庆第10、第11位，这在教育资源高度集中的重庆是十分难得的。万州中职75%生源、高职85%生源来自区外，重庆三峡学院的学生中万州本地人只占8%。

万州在行政区划不断收缩的背景下，保持了原三区八县中心城市的公共服务资源，在渝东北片区具备很强的中心地位，甚至对四川达州、湖北恩施都有较强的服务影响力。三峡中心医院领导交流中提出，万州医疗辐射人口超过2000万，实际相当于"副省级"地位。在可预见的未来，万州公共服务区域优势还将长期持续，保持对区域人口的吸引力。

4.2 城镇化人口来源分析

经历过过去10多年全国性的人口大规模机械变动，区域性人口城镇化的趋势已经放缓，广大农村地域内已经不存在多少"剩余劳动力"，相反镇村层面的空心化情况更加严重。这一背景使得人口来源的研究和人口城镇化政策的制定尤为重要。

万州未来人口城镇化来源主要包括三个方面：一是本地农民进城，除了小孩进城读书外，主要是新生代的农民，包括部分走出农门的知识分子；二是区域人口流入，包括外出务工人员返乡，以及单纯流入的外地人口；三是人口自然增长，绝对规模小，此处不详细说明。

本地农民进城方面，根据万州区统计年鉴与人社局提供数据，2014年万州本地总劳动力约121万，劳动力流出26万、流入3万，本地就业约98万。其中城镇就业50万，基本为非农就业；农村就业总量48万，其中非农就业8万、纯农业劳动力17万，还有20多万农村兼业人口。兼业人群以中老年为主，生活在农村，农忙时候协助务农，农闲时候从事各类灵活就业，如农产品加工、做小生意、打短工等，生活空间倾向于农村的低成本和习惯。这一结构随着时间推移会逐渐调整，因为农村新成年人基本不会务农，生活习性更加倾向于进城（很早进城念书），必然会选择城镇化。原农村劳动力中，除必要的务农人口外，兼业人口总量会随着人口年龄更迭而逐渐减少。本地进城人口以新生代农民为主，转移速度取决于人口年龄结构，进城后以就业为主要目标。

外部流入人口的情形比较复杂，包括就业导向人群与非就业导向人群，可细分为如下部分：①区外的新生代农民工或新毕业知识分子，就业为导向；②外出务工人员返乡，部分回乡养老，也有部分选择创业；③以生活为导向的流入人群，包括求学学生；④一部分来万州从事投资、企业经营人员；⑤旅游人口，2014年全区旅游当量人口约5万人，未来这一规模还将扩大，在城市发展中需要纳入考虑。但可以肯定的是，万州依托渝东北、川东北人口潜力区，区域政策与交通地位在当前时期不断提升，又有优质公共服务支撑，流入人口支撑正常城镇化进程还有较大的潜力。

4.3 城镇化发展的路径小结

在城镇化动力与人口来源分析结果基础上，结合人口就业意愿经验结论，可以将万州城镇化发展的路径归结为如下几个方面：

①工业、仓储物流业发展带动路径，主要就业人群来自本地与外部流入的新生代农民工，中老年劳动力难以适应现代工业的规范化管理，更愿意参与灵活性就业模式，企业招工将以年轻人为主导；②现代服务业发展带动路径，包括生产性服务业（培训、研发、信息等）、旅游集散、城市消费服务等，以新毕业的学生和部分新生农民工为主导，还存在一定数量的区外流入的投资和企业经营人员；③以生活为导向的城镇化路径，城镇化人口主要包括读书学生、陪读老人等非就业人群，主要受优质公共服务吸引而进入万州，其中外地流入人口占较大比例；④乡镇企业发展带动路径，返乡人群占相当比例，就业模式较为灵活，与本地农村兼业人口、老龄劳动力较为契合。

5 总结与建议

5.1 城镇化趋势判断总结

万州是长江经济带重要节点，长江上游联系中游的门户。万州是三峡库区长江段的中心城市，其所在的成渝东北部地区是全国最大的人口城镇化潜力地区，同时也是重要的生态涵养区，全国重要的扶贫开发区。

万州近年长期受政策环境影响明显，除三峡库区移民的直接影响外，所辖行政区范围持续缩小，且受到成渝跨省协调影响，辐射川北传统腹地作用下降。新时期万州面临新机遇：一方面是长江经济带、成渝城市群助推万州区域地位提升，促进跨行政区协调发展；另一方面是陆路交通瓶颈得以突破，客货组织运输能力有所加强，多式联运的枢纽功能得到释放，有机会成为成渝联动多向开放的桥头堡。

不同于传统两化互动的城镇化发展模式：万州周边区域存在就业带动、生活带动两种并行的城镇动力，农民进城不一定依赖就业与经济增长；人口来源方面，除本地农民就近就地城镇化外，区外人口流入规模同样显著。万州在区域经济中的优势地位，以及高等级的公共服务功能，是当前时期城镇化发展的重要支撑。

在此基础上，研究将未来城镇化路径归纳为人口来源、发展动力存在显著差异的四种类型：工业与物流带动型、现代服务带动型、生活导向型、乡镇企业带动型。其他城镇化发展更多是上述四种路径主导下的"配套服务 – 吸纳人口"作用的再循环。

5.2 城镇化政策建议

基于四种城镇化路径，提出差异化的人口城镇化政策。并基于万州老城拥堵、亟待建设新城的发展实际，提出相应的空间规划建议：

（1）工业与物流带动型。针对就业人员以新生代农民工为主的特点，建议加强专业技术培训、增加保障房供给。空间上以南部经开区片区为主导，短期内加快产业用地开发，未来逐步完善各类配套服务功能，推动南部新城建设。

（2）现代服务带动型。针对高学历人口相对多、集散人群数量多（不统计为常住人口但需要按当量人口配置设施）的特点，以北部高铁片区为主导，加快推动酒店、写字楼、商业设施开发，构建信息服务、研发创新等功能发展平台，加强建设客运疏散通道。

（3）生活导向型。面向迁入万州城区，而且以生活导向为目的的人群，建议加强公共服务发展，完善转移人口接受服务的体制机制。空间上以东部江南片区为主导，加快职业教育、优质基础教育、优质医疗、新兴商圈等功能集聚发展。同时稳步推进高品质居住区建设，突出新区宜居环境，适度发展都市休闲旅游，吸引本地居民与流入人群置业安居。

（4）乡镇企业带动型。针对返乡人员较多、创业比例高的特点，建议在万州城市以外，结合重点镇布局设置返乡创业园区，积极完善返乡创业各项政策扶持。结合地方特色农业、乡村旅游发展，在园区建设规模管控的前提下推动楼宇式乡镇工业发展，完善从重点镇到乡村的配送系统。

参考文献

[1] 刘毅,周成虎,王传胜 等.长江经济带建设的若干问题与建议[J].地理科学进展,2015,34（11）：1345-1355.

[2] 方创琳,周成虎,王振波.长江经济带城市群可持续发展战略问题与分级梯度发展重点[J].地理科学进展,2015,34（11）：1398-1408.

[3] 张宇,曹卫东,梁双波 等.长江经济带城镇化协同演化时空格局研究[J].长江流域资源与环境,2016,25（5）.

[4] 樊杰,王亚飞,陈东 等.长江经济带国土空间开发结构解析[J].地理科学进展,2015,34（11）：1336-1344.

[5] 郑德高,陈勇,季辰晔.长江经济带区域经济空间重塑研究[J].城市规划学刊,2015,（3）.

[6] 李小帆,邓宏兵,马静.长江经济带新型城镇化协调性的趋同与差异研究[J].地理科学进展,2015,34（11）：1419-1429.

[7] 王振波,罗奎,宋洁 等.2000年以来长江经济带城市职能结构演变特征及战略思考[J].地理科学进展,2015,34（11）：1409-1418.

[8] 王成金,程佳佳,马丽 等.长江立体化综合交通运输走廊的空间组织模式[J].地理科学进展,2015,34（11）：1441-1448.

[9] 孙威,李文会,林晓娜 等.长江经济带分地市承接产业转移能力研究[J].地理科学进展,2015,34（11）：1470-1478.

[10] 吴传清,董旭.长江经济带工业全要素生产率分析[J].武汉大学学报（哲学社会科学版）,2014,67（4）：31-36.

[11] 王旭熙,彭立,苏春江 等.城镇化视角下长江经济带城市生态环境健康评价[J].湖南大学学报：自然科学版,2015,（12）：132-140.

[12] 滕堂伟，胡森林，侯路瑶 等．长江经济带产业转移态势与承接的空间格局[J]．经济地理，2016，（5）．

[13] 官华平．长江经济带农业转移人口市民化战略与实施路径选择——以湖北省为例[J]．湖北社会科学，2015，（12）：61-66．

[14] 乐章，李芳，常贤波．长江经济带沿江小城镇建设研究——基于湖北省沿江城镇调查数据的分析[J]．中国人口科学，2015，（1）：106-114．

原创性声明

本人所投稿件是本人独立完成的研究成果，本人在论文写作中参考的其他个人或集体的研究成果均在文中以明确方式标明，本人依法享有和承担由此论文而产生的权利和责任。

肖磊：中国城市规划设计研究院西部分院 76893656@qq.com

赵倩：重庆市规划研究中心

基于多要素聚类分析的武汉大都市区范围研究

吴昊　刘凌波　焦洪赞　李志刚

摘　要：为强化武汉市地域中心的地位并促进武汉及周边城市的一体化协同发展，有必要确定武汉市大都市区范围并针对性地制订协同发展策略。依托大都市区的发展理论，本文通过经济流、信息流、交通流等多要素流对武汉市及其周边湖北省内城市间的关联进行了测度，并基于 SPSS 及 SOM 神经网络两种聚类方法在此基础上对各市与武汉市间的联系度进行了分级，进而从定量角度划定了武汉市大都市区范围。

关键词：大都市区，要素流，聚类分析，范围

Multi-feature clustering analysis for the Research on Scope of Wuhan Metropolitan Region

Abstract: To strengthen the position of regional center and facilitate the collaborative development of the surrounding cities, Wuhan's metropolitan area scoping and targeted joint development strategy is necessary. Relying on the metropolitan development theory, this research calculated the connection degree of Wuhan city and the other cities of Hubei Province through economy flow, information flow and traffic flow. Based on two kinds of clustering methods SPSS and SOM Neural network these cities' connection hierarchy with Wuhan city were graded, then the Wuhan's metropolitan district was scoped from a quantitatively analyzed perspective.

Keywords: Metropolitan, Flow of Elements, Cluster Analysis, Scoping

1　引言

2015年4月5日，《长江中游城市群发展规划》经国务院批复实施。这是《国家新型城镇化规划（2014—2020年）》出台后，国家批复的首个跨区域城市群规划。长江中游城市群是以武汉、长沙、南昌三大城市为中心的特大城市群组合，位于长三角、京津冀、珠三角之后，排居第四位。与中国的长三角与珠三角城市群相比，长江中游城市群存在的主要问题是

中心城市辐射带动能力不强[1]，这也对以武汉市为首的中心城市提出了更高的要求。为强化武汉市区域中心作用，推进武汉市及周边区域一体化协同发展，武汉"1+8"城市圈的名称自2007年起正式确立并获批了"两型社会"建设综合配套改革试验区，但武汉与周边城市的协同发展或具体联系状况却缺乏有效的量化指标。与"城市圈"这一提法相比，"大都市区"（Metropolitan）的定义在20世纪的欧美等发达国家就已被确立，并有着众多学者对其进行研究，因此本文借鉴了大都市区的相关理论及研究中的分析方法，尝试从定量的角度来具体分析武汉市与湖北省内其他城市之间的联系，并据此界定武汉市大都市区的范围。

大都市区是指一定规模的中心城市及与中心城市具有紧密社会经济联系的外围地域。作为城市地域的一种高级形式，大都市区是城市化达到较高水平才出现的。当城市规模较小时，城市功能的对应空间主要集中在中心区和建成区；而当核心城市的集聚超过一定的门槛规模时，核心与周围地域的空间相互作用将产生具有一体化特征的紧密联系区，即大都市区。与大都市区概念类似的还有大都市圈、大都市带的概念[2]。国内研究中关于大都市区的概念界定可分为两类，一类将大都市区限定在城市行政边界以内，以方便统计各项数据并具备较强的实施性，另一类则接近了大都市圈或都市带的概念，突破原有行政边界将多个城市一并研究，其结果对指导区域城市发展更有价值。但总体而言，可认为大都市区（圈）是以某个或几个城市为中心，中心城市与周边地区社会经济相互联系，有一定空间层次、功能分工和景观特征的巨型地域综合体。大都市区的形成过程，不仅是大都市空间的扩展，还包括经济、社会、生态等各个方面的发展过程。

2 相关研究综述

国内学者对美国、德国、日本等国家的大都市区界定方法进行了罗列，基本指标包括人口密度、非农人口比例、与中心城区的通勤率等[2-4]。大都市区的概念来源于美国，更多强调的是单核的中心城市；而来源于日本的大都市圈概念则往往包含了一个以上的中心城市，呈多核结构且结构较为自由松散；而一旦都市之间的结构不是类似环状而是带状，则是法国提出的大都市带概念；在中国与之类似的概念则是城镇群或城市群。可以看到国外对于大都市区（圈）定义与界定都各有不同，而且考虑到国情与城市发展阶段的不同，国外的大都市区界定方法并不能直接应用于国内，因此也有很多学者从国内的实际出发，研究如何界定大都市区（圈）的范围，例如通过城市腹地与边缘区的联系来测算断裂点[5]。断裂点公式常用的方法是引力模型，即通过空间距离、经济指数等模仿重力公式来进行影响值的计算，这也是大多数研究者所采用的方法，例如姜晓丽等人采用的Huff模型[6]、段德忠等人研究的城市腹地的交通通达性模型等[7]。

在之前的研究中，由于数据来源的匮乏，大多数研究仍然只是基于少量数据来进行的，如空间距离及简单的经济数据，而在数据采集手段更丰富、数据更详实的近几年，学者们对于大都市区的划分也变得更加趋向定量化与精细化,如康盈等人提出综合卫星影像解译、手机信令数据及区间客运交通、经济产业关联度及功能联动等多个类型的数据,采用综合数据叠加分析法划定重庆市大都市区的范围和空间层级关系[8]。除了引力模型这一常用方法以外,也有学者从别的途径来进行大都市区的研究,如何春阳等人基于元胞自动机(CA)的仿真模拟研究[9]以及王海羽等人利用DMSP/OLS夜间灯光数据来进行的城市圈研究等[10]。

综上所述,最终本次研究决定采取多要素综合的方式来进行武汉市与周边区域的联系测度,分别整理人口经济数据、信息流数据、交通流数据等各类别的要素流数据,对武汉市与湖北省其他城市的联系度进行测度,再以各类要素流数据构建多元数据模型,采用SPSS聚类分析技术与自组织映射(SOM)人工神经网络聚类技术分别对湖北省内武汉市与其他城市之间的关联进行自动分析,依次排列出与武汉市联系紧密度的不同层级,作为大都市区范围界定的依据。

3 多要素流数据统计

3.1 经济流测算

经济流测算方面采用的是常规的重力模型法(公式1)。首先根据《湖北省统计年鉴》采集了2007年至2013年湖北省内各城市的GDP数据及人口数据,再将湖北省内各城市在ArcGIS中进行空间定位、测算中心点的欧式距离,并将GDP、人口数据赋值给各个城市作属性字段,再代入引力公式进行计算(表1)。

$$T_{ij}=k\times\frac{P_iP_j}{d_{ij}^b}$$

(公式1)

湖北省内其他城市与武汉之间的经济引力 表1

年份	2007	2008	2009	2010	2011	2012	2013
仙桃市	260.8012	325.8381	360.5332	437.5372	548.0787	644.3132	732.0125
十堰市	32.90477	40.46063	46.66936	59.32822	69.34322	79.52877	89.88845
咸宁市	449.706	568.8494	656.2659	825.7225	1010.051	1188.466	1359.183
天门市	171.3335	211.4975	228.9835	274.0165	335.8354	394.0914	442.137
宜昌市	89.89809	113.1091	136.3071	164.9433	212.1458	249.0676	281.1535
恩施州	19.84779	24.3895	28.89892	34.84114	41.79867	48.81526	55.72776
潜江市	77.89531	102.2385	116.8024	144.0726	179.9109	211.0551	237.7526
神农架	0.757634	0.91512	1.058397	1.367996	1.606033	1.866041	2.087418
荆州市	265.6868	328.1735	379.7277	455.8101	556.5421	646.4287	725.1583
荆门市	178.2238	223.9287	260.5365	315.0809	393.5896	458.2389	511.7749
襄阳市	145.4524	185.4177	220.379	275.0067	354.8583	416.9435	470.7519

续表

年份	2007	2008	2009	2010	2011	2012	2013
鄂州市	932.0257	1192.255	1417.54	1727.833	2119.45	2454.739	2775.62
随州市	179.9436	223.1802	254.2814	302.6069	376.0728	435.4222	490.9773
黄冈市	946.3557	1203.428	1439.556	1725.19	2082.32	2415.299	2718.808
黄石市	585.3452	722.5083	793.9598	976.4555	1220.077	1406.328	1569.07
孝感市	1758.899	2206.681	2551.312	3047.917	3665.322	4260.333	4800.091

可以看到如果仅从经济方面分析，湖北省内与武汉市联系最为紧密的为孝感、黄冈、鄂州三市，黄石、咸宁在近七年之中虽然有变化但也仍大大领先其他城市。对数据曲线可视化如图1所示，可以看到随着近几年的经济发展，各城市与武汉之间的引力变化已成一条直线，排序基本固化，孝感为遥遥领先的第一层级。

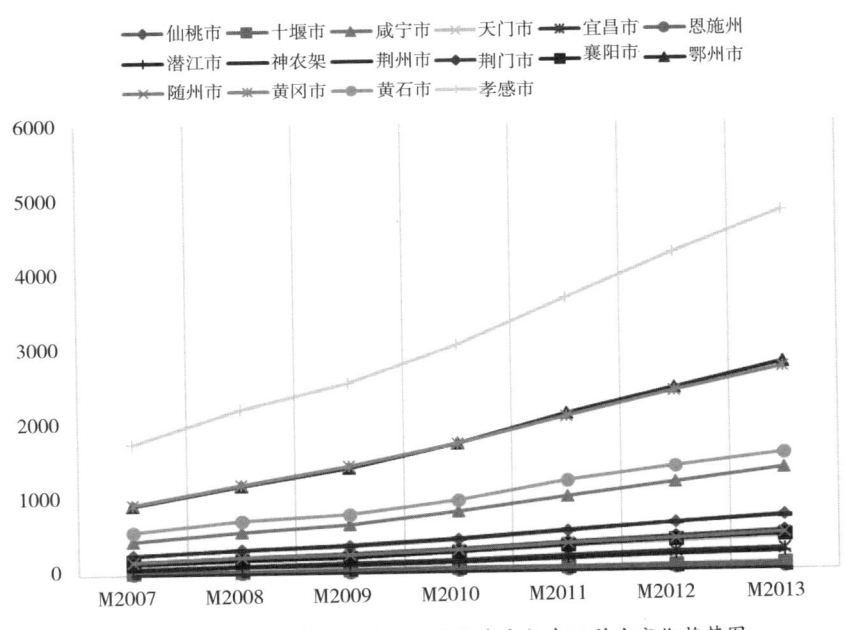

图1 基于GDP与人口的湖北省内城市与武汉引力变化趋势图

3.2 交通流测算

我们搜集整理了武汉市与湖北省内其他城市之间的交通联系量（表2），包括高铁/城际铁路、动车、普通列车、汽车等，并根据各种交通方式的速度差异，采用公式（2）对交通联系量进行定义，在公式（2）中，M_{ij}为i城市向j城市的交通联系量；M_{ji}为j城市向i城市的交通联系量；R_{ij}为i城市与j城市之间的交通联系量均值；R_i是i城市的交通联系总量；A_{ij}为每日的i城市向j城市的长途汽车班数；B_{ij}为每日的i城市向j城市的普通火车班数；C_{ij}为每日的i城市向j城市的动车班数；D_{ij}为每日的i城市向j城市的高铁班数。

$$M_{ij}= \frac{1}{3}A_{ij}+0.4B_{ij}+\frac{5}{6}C_{ij}+D_{ij}$$
$$R_{ij}=(M_{ij}+M_{ji})/2$$
$$R_i =\sum_{j=1}R_{ij}$$

（公式2）

最终得到的湖北省内各城市与武汉的交通流要素强度见表3。可以得知与武汉市交通联系较强的城市都主要分布在武汉以南，例如宜昌、咸宁、荆州等城市（图2）。初步分析可能是武汉市与省外的交通联系主要是往南及往西，与广东省等发达的南方城市交通较为频繁，因此在武汉以南按需布置了较多线路。

武汉市与其他城市的客运交通　　　　表2

区间	高铁/城际	动车	普通火车	铁路总数（趟）	公路（公里）
武汉——黄石	9	11	17	37	80
武汉——孝感	8	2	20	30	18
武汉——荆州	8	52	1	61	79
武汉——十堰	0	3	15	18	9
武汉——襄阳	0	11	25	36	17
武汉——宜昌	8	51	12	71	90
武汉——鄂州	9	10	18	37	45
武汉——荆门	0	0	8	8	84
武汉——咸宁	47	1	15	63	60
武汉——随州	0	10	19	29	29
武汉——黄冈	10	2	0	12	21
武汉——恩施	6	25	10	41	17
武汉——仙桃	1	17	0	18	27
武汉——天门	5	32	1	38	56
武汉——潜江	7	30	1	38	46
黄石——武汉	9	11	14	34	67
孝感——武汉	9	2	20	31	117
荆州——武汉	10	49	1	60	19
十堰——武汉	0	3	16	19	4
襄阳——武汉	0	11	26	37	12
宜昌——武汉	10	49	12	71	28
鄂州——武汉	9	7	16	32	115
荆门——武汉	0	0	8	8	124
咸宁——武汉	43	1	17	61	53
随州——武汉	0	9	20	29	79
黄冈——武汉	9	3	0	12	27
恩施——武汉	6	25	10	41	3
仙桃——武汉	1	15	0	16	25
天门——武汉	9	32	3	44	42
潜江——武汉	6	28	0	34	46

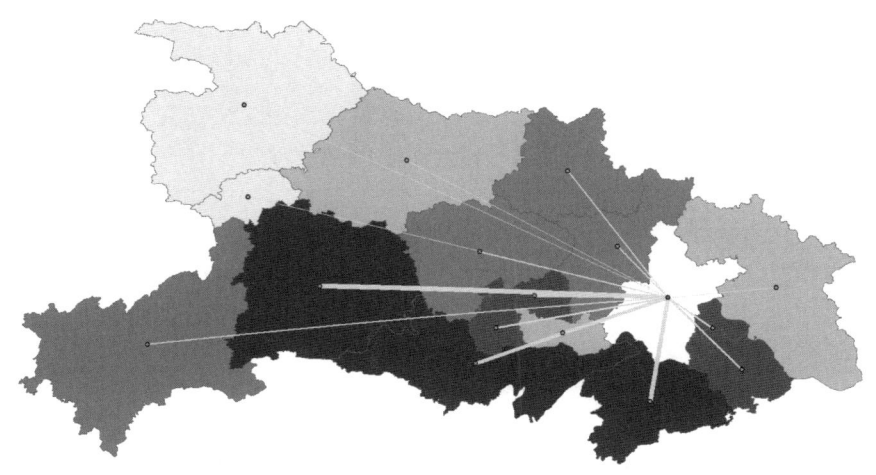

图2 湖北省内各城市与武汉市的交通联系强度图

武汉市与其他城市的交通联系度　　　　　　　　　　表3

城市	2015 数据
仙桃市	527.6388889
十堰市	117.6833333
咸宁市	5042.816667
天门市	2580.635556
宜昌市	5541.656667
恩施州	1161.916667
潜江市	2132.088889
神农架	50
荆州市	4494.037778
荆门市	1389.44
襄阳市	585.2388889
鄂州市	2354.868889
随州市	1070.933333
黄冈市	382.6666667
黄石市	2380.296667
孝感市	1364.777778

3.3 信息流测算

百度指数是以百度海量网民行为数据为基础的数据分享平台，是当前互联网乃至整个数据时代最重要的统计分析平台之一，自发布之日便成为众多企业营销决策的重要依据。通过百度指数可以以关键词查询在特定区域的搜索情况，本次研究用其来测度两个城市之间相互关注的程度，也就是信息关联度。部分城市在2015年9月之前存在时间段节点指数为零的情况，应属于统计缺失，因此采集了湖北省内武汉市与其他城市在 2015 年 9 月至 12 月之间的互相搜索的百度指数的均值。其原始数据经标准化见表 4。

武汉市与其他城市的信息流联系度 表 4

城市	武汉搜	搜武汉	乘积
黄石	5.088377	7.399347	5.669054
十堰	9.145688	6.800871	9.365237
宜昌	9.560793	7.834603	11.27843
襄阳	12.69416	5.658324	10.81508
鄂州	5.396358	6.800871	5.525901
荆门	5.530262	6.474429	5.391195
孝感	5.677558	8.541893	7.302197
荆州	7.632566	8.5963	9.87916
黄冈	4.807177	8.705114	6.300899
咸宁	6.829138	6.800871	6.993076
随州	5.824853	5.386289	4.724029
恩施州	7.150509	5.603917	6.033462
仙桃	5.516872	5.277476	4.383863
潜江	4.432244	4.896627	3.267823
天门	4.31173	4.678999	3.037683
神农架	0.401714	0.54407	0.032909

最终基于百度指数得到的城市间的信息关联度强度如图 3 所示，可以看到在百度指数上各个城市之间的联系强度再次发生了变化，此时最强的层级为十堰、襄阳、宜昌与荆州。我们推测可能是武汉市与这几个城市之间人口基数较大，同时武汉市出城的旅游搜索较多导致关注提升。

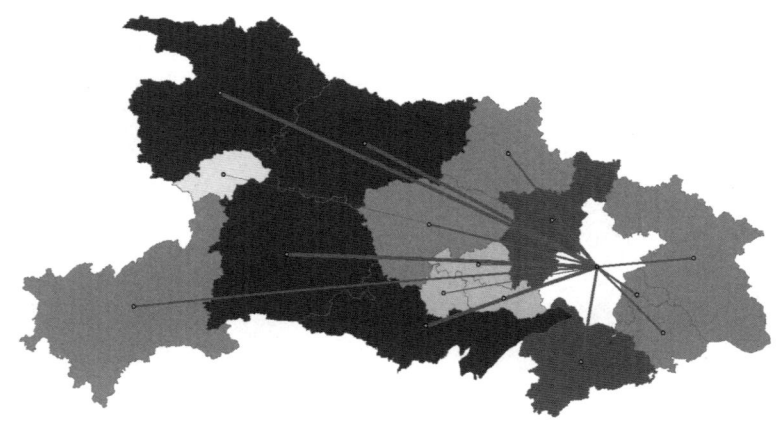

图 3 武汉与其他城市的信息关联度强度分级图

4 聚类分析及 SOM 神经网络分析

从三种联系度来看，湖北省内与武汉市联系的分级各不相同，因此无法对各个城市与武汉之间的联系笼统做直接判定。以下将进一步对各城市进行数据分析，采用的方法为基于三类联系度数据的 SPSS 聚类分析以及 SOM 神经网络的自组织聚类分析。将三类数据整合为每个城市的三个属性数据（表 5），在此基础上进行分析聚类。

武汉市周边城市三类联系度指数表　　　　表 5

城市	经济联系度 2015	交通联系度 2015	百度指数 2015
仙桃市	732.0125	527.6389	4.383863
十堰市	89.88845	117.6833	9.365237
咸宁市	1359.183	5042.817	6.993076
天门市	442.137	2580.636	3.037683
宜昌市	281.1535	5541.657	11.27843
恩施州	55.72776	1161.917	6.033461
潜江市	237.7526	2132.089	3.267823
神农架	2.087418	50	0.032909
荆州市	725.1583	4494.038	9.87916
荆门市	511.7749	1389.44	5.391195
襄阳市	470.7519	585.2389	10.81508
鄂州市	2775.62	2354.869	5.525901
随州市	490.9773	1070.933	4.724029
黄冈市	2718.808	382.6667	6.300899
黄石市	1569.07	2380.297	5.669054
孝感市	4800.091	1364.778	7.302197

4.1 基于 SPSS 的聚类分析

基本流程：数据导入—数据标准化—聚类分析（系统聚类）—数据输出（图 4）。

根据分析结果，总体联系度上跟武汉市最贴近的为孝感市，无论是分为几级孝感都处于最高一级层面，而鄂州、黄冈、黄石在分五级的时候列入第二层级（表 6），分四级的时候四个城市同属于最高一级的第四级。

4.2 基于 SOM 神经网络的自组织聚类

基本流程：数据导入—数据标准化—数据训练—数据输出。

本次数据分析基于 Matlab 软件，首先依据以上表格形成 3×16 的数据矩阵，然后设定聚

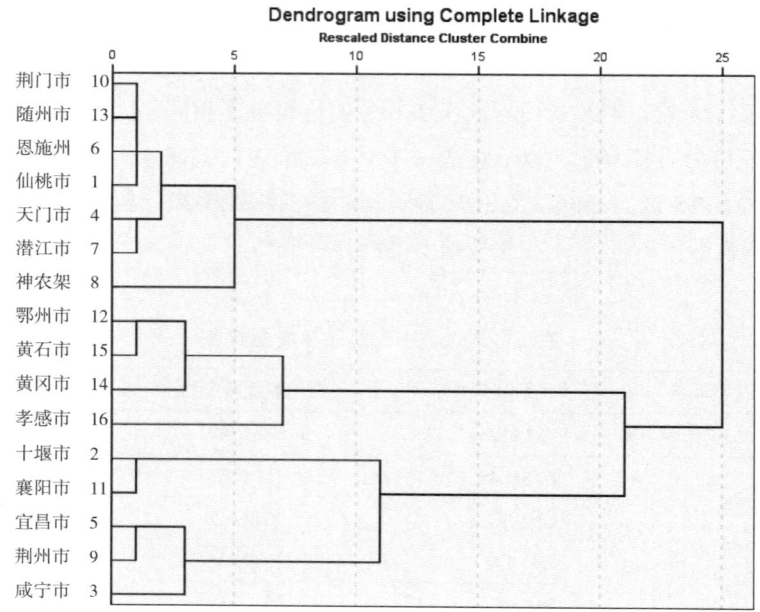

图4 各市与武汉的关联度聚类树状图

各市关联度分级表　　　　　　　　　表6

城市	分五级	分四级	分三级	分两级
仙桃	1	1	1	1
天门	1	1	1	1
恩施	1	1	1	1
潜江	1	1	1	1
神农架	1	1	1	1
荆门	1	1	1	1
随州	1	1	1	1
十堰	2	2	2	2
襄阳	2	2	2	2
咸宁	3	3	2	2
宜昌	3	3	2	2
荆州	3	3	2	2
鄂州	4	4	3	2
黄冈	4	4	3	2
黄石	4	4	3	2
孝感	5	4	3	2

类的分类数量。为与SPSS中的数据进行对比，本次选择了2×2=4类以及2×3=6类两种类别数据。计算过程中截图见图5，最终的分类结果为文字输出。

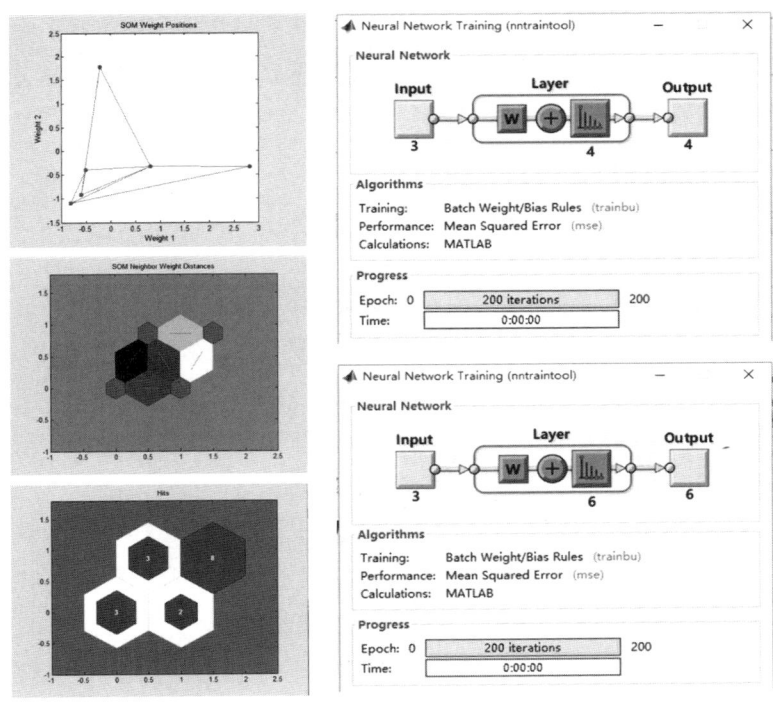

图 5　Matlab 运算过程截图（4 类及 6 类）

SOM 神经网络聚类结果　　　　　　　　　　　　　　　　　　　　　　　　　表 7

分四类运算结果		分六类运算结果	
城市	联系度	城市	联系度
仙桃市	第 1 类	仙桃市	第 2 类
十堰市	第 2 类	十堰市	第 3 类
咸宁市	第 4 类	咸宁市	第 5 类
天门市	第 1 类	天门市	第 2 类
宜昌市	第 4 类	宜昌市	第 5 类
恩施州	第 1 类	恩施州	第 2 类
潜江市	第 1 类	潜江市	第 2 类
神农架	第 1 类	神农架	第 1 类
荆州市	第 4 类	荆州市	第 5 类
荆门市	第 1 类	荆门市	第 2 类
襄阳市	第 2 类	襄阳市	第 3 类
鄂州市	第 3 类	鄂州市	第 4 类
随州市	第 1 类	随州市	第 2 类
黄冈市	第 3 类	黄冈市	第 4 类
黄石市	第 1 类	黄石市	第 4 类
孝感市	第 3 类	孝感市	第 6 类

在 SOM 神经网络分析中，选择 2×2 的网格之后所有城市根据三组联系度数据被分成了四类，其中孝感、黄冈、鄂州仍被归为同一类；而选择 2×3 网格所有城市被分为六类，其中孝感为单独一类，黄石、黄冈、鄂州为另外一类。

5 结论

综合两种聚类分析方法，对湖北省内武汉及周边城市的联系度指数进行分析，可得到如下结论：武汉与孝感为联系度最紧密的第一层级，而黄石、黄冈、鄂州仅次于孝感为第二圈层（图6）。但总体而言，比较其湖北省内其他城市，已有的"1+8"城市圈内各城市的联系还未如预期般建立起来，并不能简单地将武汉大都市区等同于"1+8"城市圈。从另一方面来看，"汉孝一体"发展具备一定的现实基础，可作为武汉大都市区的扩展基础。

本文通过多要素对武汉市与周边城市的联系进行了测度，并综合了多要素对各城市进行了聚类分析，最终以定量的方式实现了对武汉市大都市区的范围界定，但由于数据采集难度的问题，本文中所采用的经济流、信息流等要素流仍采用了较为简单的计算方法，因此后续研究将从以下方面进行深化：在基于信息流的联系测度上，如手机数据获取可行的话，将补充武汉与各城市间的通话量来进行指标修正，从而使得信息流这部分的内容更具备可信度；在经济流联系测度上，将加入对各城市的内向、外向经济联系来进一步对该指标进行核算，提高该项指数的精细度；最后，在武汉市大都市区的实体边界研究上，将基于多年的时序遥感影像，对湖北省内的城市用地扩张趋势进行研究，以明确各城市的实体建成区边界。

图 6　基于要素流的武汉市与周边城市联系度分级

参考文献

[1] 新华网. 长江中游城市群发展规划获批 武汉地位强化 [DB/OL]. 2015；Available from：http：//hb.qq.com/a/20150406/007401.htm.

[2] 洪世键，黄晓芬. 大都市区概念及其界定问题探讨 [J]. 国际城市规划，2007，22（5）：50-57.

[3] 张京祥，刘荣增. 美国大都市区的发展及管理 [J]. 国外城市规划，2001，（5）：6-8.

[4] 唐燕. 德国大都市区的区域管治案例比较 [J]. 国际城市规划，2010，（6）：58-63.

[5] 黄娜. 大都市区范围界定方法及其应用 [D]. 浙江大学，2005.

[6] 姜晓丽，张平宇. 基于 Huff 模型的辽宁沿海港口腹地演变分析 [J]. 地理科学，2013，33（3）：282-290.

[7] 段德忠，刘承良. 基于城市腹地的乡镇通达性的时空格局及其演化——以湖北荆州市 112 个乡镇为例 [J]. 长江流域资源与环境，2015，24（04）：548.

[8] 康盈，桑东升，李献忠. 大都市区范围与空间圈层界定方法与技术路线探讨——以重庆市大都市区空间发展研究为例 [J]. 城市发展研究，2015，（1）：22-27.

[9] 何春阳，陈晋，史培军，范一大. 大都市区城市扩展模型——以北京城市扩展模拟为例 [J]. 地理学报，2003，58（2）：294-304.

[10] 王海羽，庞小平，李艳红，赵羲. 基于 DMSP/OLS 夜间灯光数据的武汉城市圈拓展研究 [J]. 测绘地理信息，2015，（01）：80-83.

吴昊：武汉大学城市设计学院
刘凌波：武汉大学城市设计学院
焦洪赞：武汉大学城市设计学院 jiaohongzan@whu.edu.cn
李志刚：武汉大学城市设计学院

基于长江经济带网络社会空间格局的荆门城市定位研究

宋靖华 张超

摘　要：长江经济带是未来新型城镇化的高地。长江经济带城市呈现金字塔式等级层次，城际间联系度呈现出"西弱东强，北密南疏"的特征。长江下游城市群职能分工明确，互补性强，而中上游城市尚未形成明确的城市定位。荆门属于长江经济带中游城市圈的边缘城市，合理的城市定位可以优化区域间的协调运作，促进荆门城市内部产业格局的优化。采用社会网络结构分析（SNA）方法，通过SNA的中心性分析、凝聚子群分析、核心—边缘结构分析，解析荆门网络与长江经济带大规模网络的网络结构关系，依据网络关系进行荆门城市定位研究。使用Pajek软件对长江经济带社会网络空间结构类型与空间合作途径进行分析，结合荆门城市内在制约因素与优势，在微观、中观、宏观层面对荆门"中国农谷"的功能定位进行合理性论证。结合长江上游农业旅游资源丰富的网络，在长江经济带上联合打造创意农业精品旅游线路，同时提出网络结构拓扑图。综合分析得出荆门定位中国农谷具有合理性，城市网络社会结构朝向块茎化方向发展。

关键词：长江经济带，中国农谷，网络社会空间，荆门

The Study of Jingmen Urban Function Based on Social Network Space in Yangtze River Economic Belt

Abstract: The Yangtze River economic belt will be new heights in the future. Urban's hierarchy is similar to pyramid in the Yangtze River economic zone. While their links show the feature that North and East area is stronger than south and west. The urban function have clear division in the downstream urban agglomeration of the Yangtze River functions, but upstream cities has not yet formed a specific function. Jingmen locate in edge of metropolitan cities that are the middle reaches of the Yangtze River economic belt. Urban function will effectively improve the interurban industrial coordination, and promote internal industrial structure in the urban of Jingmen. Using method of social network analysis (SNA), relationship between Jingmen network and network-wide network of Yangtze River economic zone are analysis, by the center of the SNA analysis, condensed subgroup analysis and core-edge structure analysis. The research of Jingmen urban function depends on the different network. Pajek is used to space analysis structure and space cooperation in Yangtze River economic belt by social networks. The inherent constraints and advantages of Jingmen urban are combined. At the micro, meso and macro levels of network prove justification "China's agriculture valley". the networks of agricultural tourism resources in the Yangtze River economic belt are combined to create creative agriculture tourist's routes, while network topology diagrams are given. To sum up, it is reasonable. And the networked social structures of the urbans have tendency to the direction of tuber.

Keywords: the Yangtze River Economic Belt, China's Agriculture Valley, Network Social Space, Jingmen

1 引言

城市功能定位研究一直是城市规划学、区域经济学关注的热点话题。进入21世纪以后，全球化、信息化的加速，任何区域与城市的发展都不是在闭合的系统内进行。从世界、国家或地区层面来看，城市的发展已经跨越了自身界限，通过各种高速网络将各个城市及其设施紧密地联系在一起,形成了多样化的世界或地区性城市网络[1]。同时结合社会网络分析法理论，可以将长江经济带、长江中游城市群、荆门可以被称为不同类型的城市网络。

Castells 提出了的流空间（Space of flow）的概念，强调了城市节点在塑造整个网络体系中的价值[2]，荆门网络一定程度上是长江经济带大规模网络的节点。荆门网络合理的功能定位，物质流、信息流等在网络中的高效流动，可以促使长江经济带全流域的协同发展。倪鹏飞将城市竞争力模型分析引入城市功能分析，具有大量研究运用竞争力模型分析法[3]。朱才斌从区域性视角用断裂点与交通流量法确定城市首要的外向联系能力，通过这种方法确定城市的功能定位[4]。李健采用主因子和因子分析法，得出各地的比较优势来确定城市的功能定位[5]。高凌采用姆尔的返回分析法计算出城市的优势功能和突出功能，然后用AHP决策法进行功能定位[6]。荆门网络功能定位是基于网络社会层面，采用社会网络分析方法进行城市定位研究是没有做过的课题，对城市定位研究方法上有所贡献。

2 研究范围与研究方法

2.1 研究范围

研究范围涵盖整个长江经济带空间范围。长江经济带的空间范围覆盖9省2市。占国土面积为210.65万 km^2。2014年长江经济带总人口5.84亿。长江经济带相关省市构成大规模网络。中游城市群占国土面积为20.6万 km^2，2014年总人口为1.1亿，构成中游城市群网络。荆门地域面积1.24万 km^2，2014年总人口300万人。涵盖荆门市管辖的东宝区、掇刀区、漳河新区、京山县、沙洋县、钟祥市和屈家岭管理区共同构成荆门网络,各个县区为荆门网络的子群。[6]

2.2 社会网络分析方法

社会网络分析是研究一组主体和客体之间关系的研究方法。他们的关系模式映射出的现象和数据是网络分析的焦点。从社会网络的角度出发,在社会环境中的相互作用可以表达为基于关系的一种模式或规则,而基于这种关系的有规律模式反映了城市群内部结构,这种结构的量化分析是社会网络分析的出发点。社会网络分析关注的焦点是关系和关系的模式,采用的方法从概念上有别于传统的统计分析和数据处理方法。社会网络分析方法中包含凝聚子群密度、中心 – 边缘度、中心性三个指标。

2.2.1 凝聚子群的密度(External-Internal Index,E-I Index)

凝聚子群密度主要用来衡量大一级网络中小团体现象出现的程度。凝聚子群密度是分析网络内部空间结构关系的重要指标。网络中包含许多内聚力很高的小团体,很可能就会出现小团体间相互竞争的现象,凝聚子群密度的取值范围为[-1,+1]。该值越向 +1 靠近,意味着派系林立的程度越大;该值越接近 -1,意味着派系林立的程度越小;该值越接近 0,表明关系越趋向于随机分布,表现出没有派系林立的现象。[7] 根据坐标 x、y 值的平均值求得子群的中心坐标(x_0,y_0)。K_i 值为每个点到中心点的空间距离。K_i 公式如下:

$$K_i = \sqrt[2]{X_i^2 + Y_i^2} \sqrt{X_0^2 + Y_0^2}$$

根据每个离散点的 K_i 值,将 K_i 值代入 E-I Index 公式,求网络中每个子群的 E-I Index 值。E-I Index 公式如下:

$$L_i = (\sum_{n=1}^{n} n)/n$$

2.2.2 中心 – 边缘度

中心 – 边缘度是指城市的某一种功能或这个诸多的功能对本城市其外区域的辐射影响程度。城市对外辐射范围值越高,代表中心 – 边缘度值越高;反之,越低。鉴于数据的科学性与数据采集的科学性,参考国内相关学者的观点[8-9]。指标包括:GNP、人均 GDP、人均消费品零售总额、固定投资占 GDP 比率、公共财政预算占 GDP 比率,外在功能:货物中转量、旅客周转量、公路总长度、年度邮电业务总量以及经济联系强度。进行测算之初,对获取的原始数据进行标准化整理,采用的公式如下:

$$M_{ij} = \frac{N_{ij} - N_{minj}}{N_{max} - N_{minj}}$$

M_{ij} 为处理后的标准值;N_{ij} 为原始值;N_{minj} 为评价指标 j 的原始最小值;N_{maxj} 为评价指标 j 的最大值。基于此可以通过中心 – 边缘度计算公式 $E_i = \sum_{j=1}^{n} W_j Y_{ij}$($W_j$ 为权重值),借助 Pajek 软件绘制网络图。

2.2.3 中心性

中心性是社会网络分析方法中一个重要指标。节点在其社会网络中具有怎样的权力和处于怎样等级层次，这一指标是社会网络研究者探讨最深入的内容之一。节点的中心度（Centrality）是测量节点处于网络中心的程度，反映了该点在网络中的重要性等级。网络中节点数目代表网络中具有多少中心度的值。

3 实证结果与分析

通过社会网络分析方法，基于三个网络层面综合解析荆门城市的定位，包含微观网络层面：荆门自身的特征进行解析；中观网络层面：荆门与中游城市群内部；宏观网络层面：荆门与长江经济带全区域之间，研究框架如图1所示。

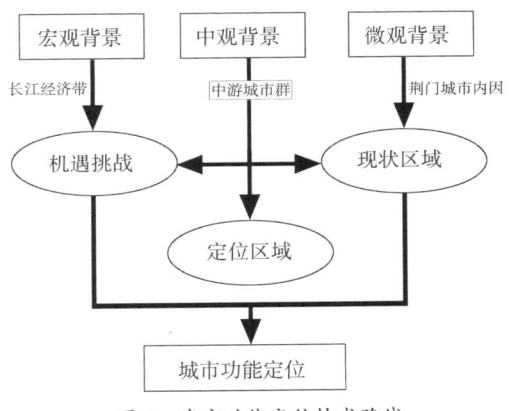

图 1　城市功能定位技术路线

3.1 荆门网络层面－荆门城市内部因素对荆门城市定位的影响

3.1.1 凝聚子群密度分析法

凝聚子群密度是分析荆门网络内部结构关系的重要指标。通过表1的统计可以发现 E-I Index 向 +1 靠近，意味着派系林立的程度高，在荆门网络内部具有许多内聚力很高的小团体，小团体间相互竞争的现象严重。

荆门内部分为钟祥市、京山县、掇刀区、东宝区、沙洋县，通过凝聚子群密度分析，荆门网络中呈现出 5 个高内聚度的子群。基于社会理论分析方法，小团体现象的出现会导致各个子群之间的激烈竞争，各个子群现状产业均为第一产业占产业的比重高，应该在荆门网络

荆门网络 E-I Index 统计表　　　　　　　　　　　　　表 1

凝聚子群	对应离散点	E-I Index
钟祥市子群	郢中街办、洋梓镇、长寿镇、丰乐镇、胡集镇、双河镇、磷矿镇、文集镇、冷水镇、石牌镇、旧口镇、柴湖镇	0.7
京山县子群	新市镇、永兴镇、曹武镇、罗店镇、宋河镇、三阳镇、坪坝镇、杨集镇、孙桥镇、石龙镇、永漋镇、雁门口镇	0.68
沙洋县子群	五里铺、十里铺、纪山、拾回桥、后港、毛李、官垱、李市、马良、高阳、沈集、曾集、沙洋	0.75
掇刀区子群	掇刀石街道、白庙街道、团林铺镇、麻城镇	0.92
东宝区子群	龙泉街道、泉口街道、牌楼镇、子陵镇、漳河镇、石桥驿镇、马河镇、栗溪镇、仙居乡	0.93

定位中避免子群之间的斗争。在第一产业的范围内，合理地对各个子群进行差异化的定位。既可以延续目前的农业产业基础，同时也可减少小团体内部的恶性竞争，节点关系网络图如图2所示。

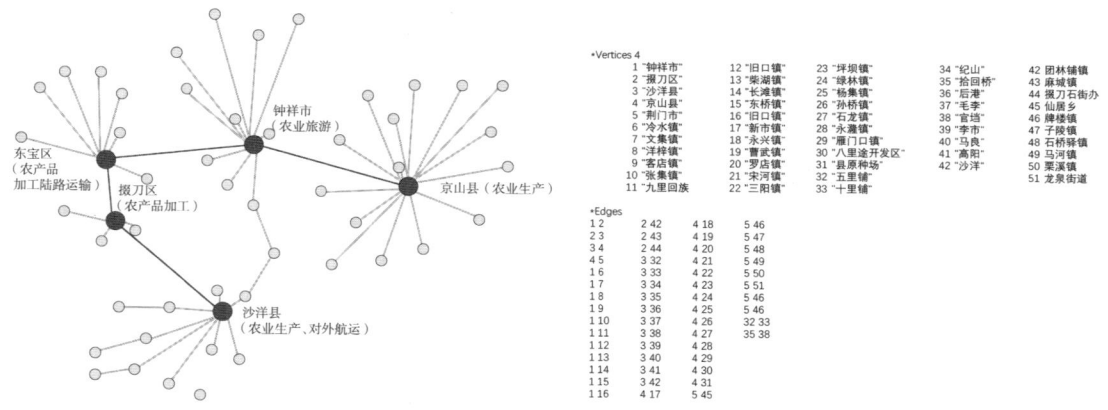

图2 Pajek 生成荆门市网络结构图

2015年三农发展水平全省领先。粮、棉、油、生猪、水产等主要农产品人均产量高于全省平均水平；农产品加工业发展钟祥、京山两县市进入前十名。荆门在农业生产、加工、农业文化上为中国农谷战略的实施提供了良好的基础。从农业生产的地理资源要素、农业加工业基础、便捷的交通网络、适宜的交通条件论述荆门网络定位为农业生产与加工的独特优势。将钟祥市、京山县、掇刀区、东宝区、沙洋县分别打造为粮油优势生产区、蔬菜优势生产区、水果优势生产区、农副产品加工区、水产功能区。结合水路和陆路交通的优势，东宝区为陆路交通的枢纽，沙洋县为水路交通的枢纽，为荆门网络以外的网络提供剩余农业产品。

通过凝聚子群值和现状子群产业基础的分析可以发现，不同子群之间基于农业进行差异化定位，可以有效应对子群之间的恶性竞争，促进农业中的不同产业的协调发展，增强荆门农业整体的竞争能力，形成产业集群效应。

3.1.2 荆门网络适宜发展农业的地理环境基础分析：文化、交通、气候

（1）农耕文化历史：屈家岭文化遗址距今已有4600~5300年历史，是我国农耕文化发源地，留下了源远流长的农耕文化；农耕文化与现代文明交相辉映。

（2）便捷的交通网络

襄荆高速公路（襄樊—荆州）、二〇七国道：在市境内长127.1km、汉宜公路、寺沙线、荆新线、小应线、分当线、大天线、文乐线、南荆线。荆门站为二级客货联运站，荆门南站为三级货运站，荆门东站为三级货运站，钟祥站和京山站为三级客货联运站。便捷的内部和外部交通网络格局促进产业布局和融合，给农产品生产、农产品加工、农副产品加工、农产品销售建立交通基础。

（3）适宜的气候条件：降水、气温、湿度、地温、风环境

荆门地处中纬度北亚热带季风气候带。数据来源1958—1985年28年气候资料，通过已有荆门气候数据，荆门的气候适应作物生长具有高匹配度[10]。数据来源为荆门地方志和荆门气象局官方网站。荆门气候条件见表2。

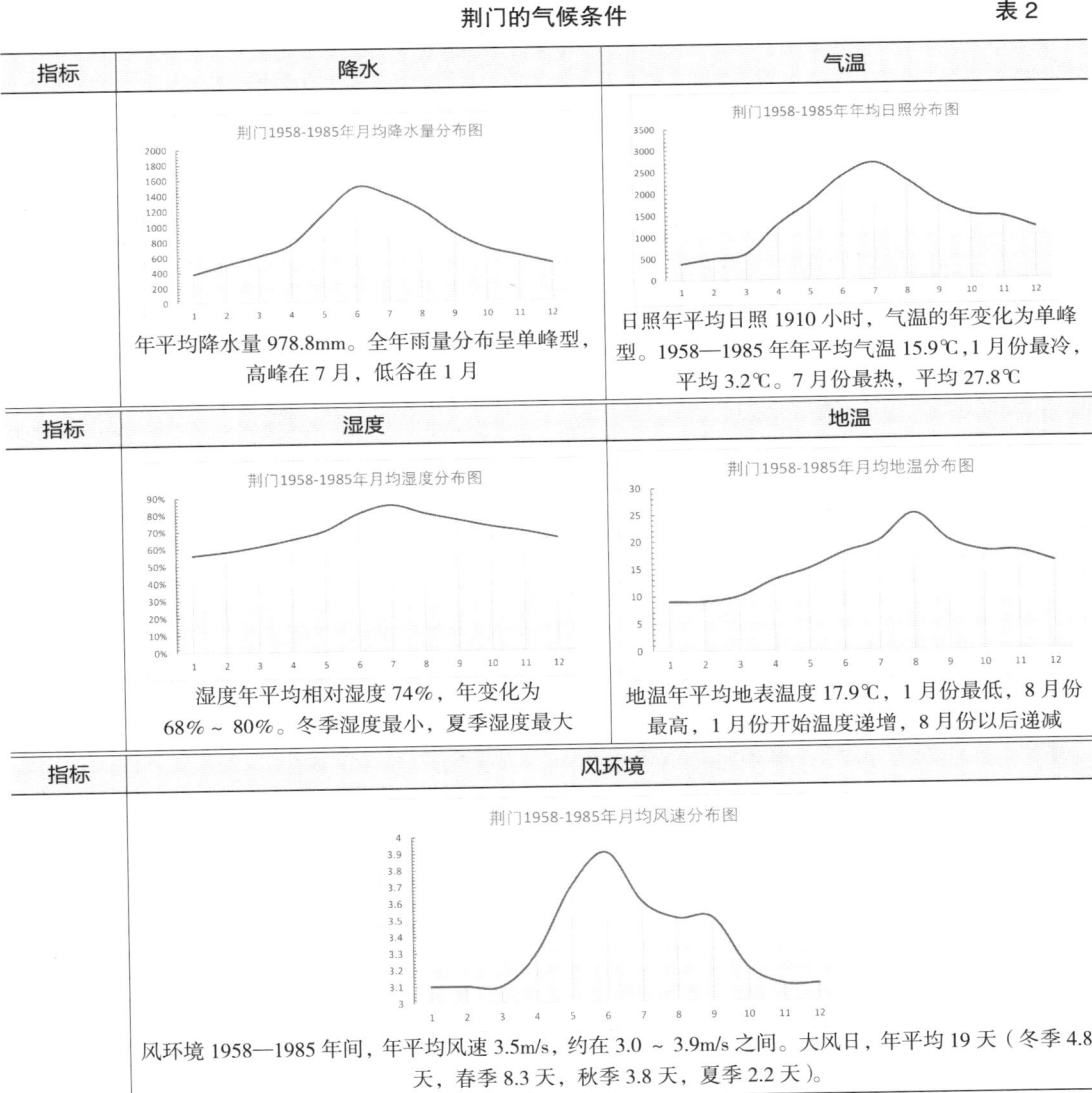

荆门的气候条件　　　表2

指标	降水
	年平均降水量978.8mm。全年雨量分布呈单峰型，高峰在7月，低谷在1月

指标	气温
	日照年平均日照1910小时，气温的年变化为单峰型。1958—1985年年平均气温15.9℃，1月份最冷，平均3.2℃。7月份最热，平均27.8℃

指标	湿度
	湿度年平均相对湿度74%，年变化为68%~80%。冬季湿度最小，夏季湿度最大

指标	地温
	地温年平均地表温度17.9℃，1月份最低，8月份最高，1月份开始温度递增，8月份以后递减

指标	风环境
	风环境1958—1985年间，年平均风速3.5m/s，约在3.0~3.9m/s之间。大风日，年平均19天（冬季4.8天，春季8.3天，秋季3.8天，夏季2.2天）。

3.2 中观网络层面－长江中游城市群对荆门城市定位的影响

3.2.1 中心－边缘度指标

通过中心－边缘度分析结果表明荆门网络影响范围仅局限于长江中游城市群，荆门影响范围限于长江经济带中游城市群，长江中游城市群总体定位为全国重要的综合交通枢纽，中

部地区核心增长极,科技创新,先进制造和现代服务业基地,内陆开放合作示范地区,资源节约型和环境友好型社会建设示范地区[11-12]。第二、三产业属于上游产业,荆门在上游产业的市场化竞争中处于弱势地位。反之,荆门定位为第一产业具有可行性。连接度图反映出荆门的城市之间的联系度,如图3所示。数据来源为2015年国民经济和社会发展公报以及2015年各省统计年鉴。

中心-边缘度指标权重表 表3

	指标	单位	权重
内部功能	GNP	亿元	0.13
	人均GDP	元	0.05
	固定投资占GDP比率	%	0.05
	人均消费品零售总额	元	0.02
	公共财政预算占GDP比率	%	0.02
外部功能	货物中转量	亿t·km	0.26
	旅客周转量	亿人·km	0.15
	公路总长度	km	0.1
	年度邮电业务总量	亿元	0.16
	经济联系强度	亿元×万人/千米	0.06

3.2.2 中游城市群中经济圈对荆门网络功能定位的影响

2014年提出长江经济带,在此前既有的经济圈对荆门网络的定位具有一定的影响。通过对"一主两圈"、"8+1城市圈"的既有战略进一步分析荆门定位为第一产业的合理性[13],如图6、图7所示。

湖北省逐步确立了"一主两圈"区域发展体系,武汉"8+1城市圈"已具雏形,宜昌定位"世界水电旅游名城",襄阳定位省域副中心城市,合作与竞争并存。仅鄂西生态区包含荆

中游城市群中心-边缘指标表 表4

城市	指标	标准差	城市	指标	标准差	城市	指标	标准差
武汉	0.33	−0.28	长沙	0.30	−0.25	南昌	0.29	−0.24
黄石	0.06	−0.01	株洲	0.05	0	九江	0.08	−0.03
鄂州	0.05	0	湘潭	0.05	0	景德镇	0.04	−0.01
孝感	0.06	−0.01	衡阳	0.06	−0.01	鹰潭	0.06	0.01
黄冈	0.08	−0.02	岳阳	0.04	−0.01	新余	0.05	0
咸宁	0.06	−0.01	益阳	0.04	−0.01	抚州	0.04	−0.01
仙桃	0.05	0.01	常德	0.04	−0.01	宜春	0.06	0.02
潜江	0.05	0.01	娄底	0.04	−0.01	萍乡	0.04	−0.01
天门	0.04	0.02	襄阳	0.04	−0.01	上饶	0.04	−0.01
宜昌	0.10	−0.05	荆州	0.05	0	吉安	0.06	0.01
荆门	0.05							

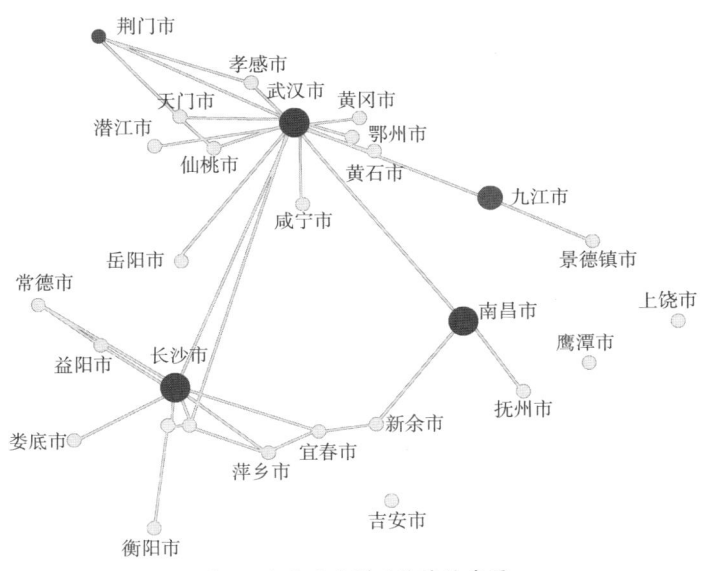

图 3 中游城市群网络连接度图

门,其他区域经济区未包含荆门地区,荆门市在区域社会经济发展中的地位面临着被边缘化的危险[14]。表现出荆门不宜定位上游产业,适宜定位第一产业。在长江经济带的建设中,荆门需要明确在长江中游地区的地位,为下一步的城市发展与建设提供重要的基础。连接度图数据来源于 12306 网站数据,包含始发、途经、终到荆门的铁路路线。荆门与中游城市群均具有良好的联系度,为第一产业产品的输出提供必要支撑。

跨区域城市群联动发展,是在更大的规模网络内组织资源,实现多重国家战略叠加[15]。长江经济带大规模网络下,网络内部联动发展是个持续、复杂的动态进程,城市群经济的整体发展要求各个网络功能分工显著,交通网络在空间上具有贯通性,产业布局上具有互补性。合理的区域功能定位,有利于降低交易成本,促进资源高效配合,要素之间合理流动,避免市场分割[16]。

以荆门为核心,宜昌市、襄阳市、荆州市、潜江市、天门市处于 1h 交通圈层之内,孝感市、十堰市、武汉市位于 2h 圈层之内,咸宁市、岳阳市、鄂州市、常德市、黄冈市位于 3h 圈层之内[17]。长江经济带城际经济联系网络空间结构反映出荆门与各经济圈的物理空间距离小,随着交通布局的趋于完善,荆门的产业疏解通道会趋于便捷。国家中心的地理位置,荆门的荆门网络具有广阔的市场(图 4~图 7)。

3.3 大规模网络层面 – 长江经济带对荆门功能定位的影响

交叉关联把网络群以及个体联系在一起。网络之间产生了以获取人口和资金资源为目的的合作和竞争行为。中心度大的节点竞争力大,会吸收上游产业和高素质人口资源。荆门城市中心度为 0.05。城市的功能定位应位于第一产业。沿江经济带空间跨度大,荆门能级影响

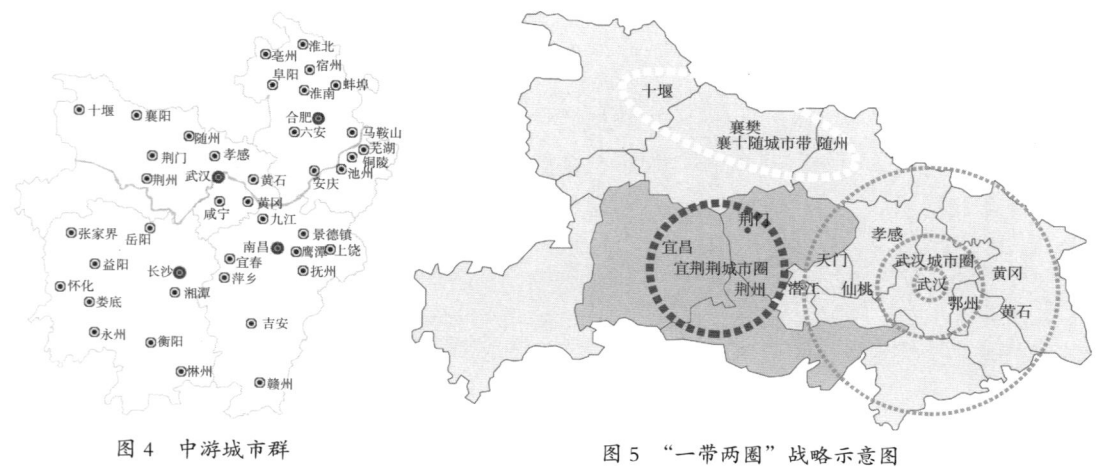

图 4 中游城市群　　　　　图 5 "一带两圈"战略示意图

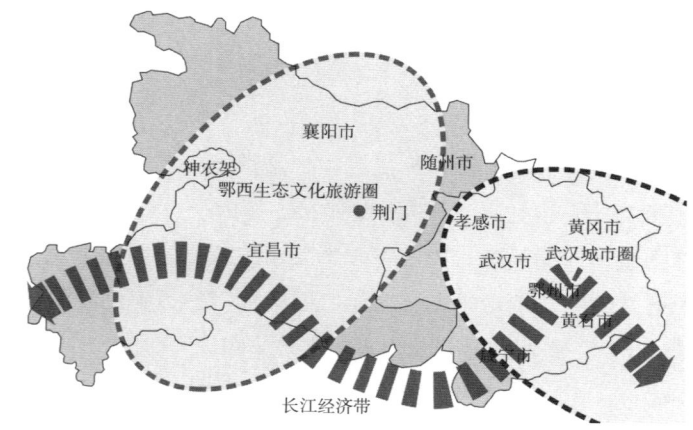

图 6 鄂西生态文化圈与武汉城市圈

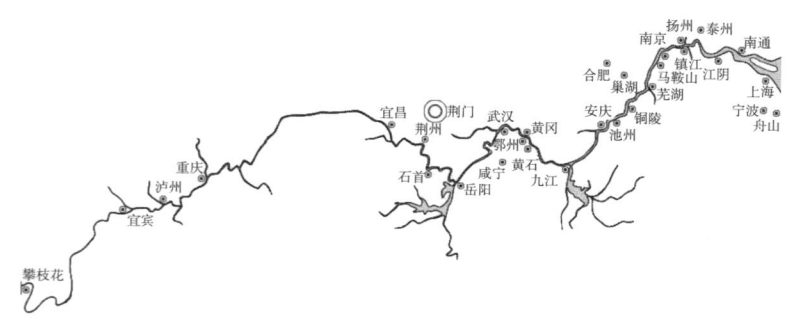

图 7 宏观层面－荆门与长江经济带主要城市网络区位图

范围经过分析仅能覆盖中游城市群。以农为依托,结合下游城市群发展形成以创意农业为核心竞争力的精品休闲旅游线路。

网络功能性质和能级各不相同,长江经济带范围内的网络在规模、经济总量、地理位置等方面都存在差异,要实现价值增值和可持续发展,需要合理空间布局[18]。通过社会网络分析方法中的中心性分析，不同中心性的网络协调合作会存在恶性竞争关系，确定与荆门相同中心性的荆门网络，联合打造创意农业观光带，如图 8 所示。由点及带吸引长江经济带全网络的客源，带动其他边缘性城市的创意农业的发展。中心度和网络连接图数据均来源于 12306 网站，收集每个城市中铁路始发、途经、终到站的数量，绘制长江经济带城市中心度图，如图 9、图 10 所示。

通过中心性的分析，可以发现位于边缘性和一般性城市为绍兴、舟山、镇江、扬州、苏州、无锡、常州、湖州、嘉兴、宜昌、鄂州、荆州、铜陵、黄冈、咸宁、恩施、岳阳、九江、泸州、攀枝花、水富、宜宾、涪陵、万州，如图 9 所示。相同等级中心性的城市定位见表 5。

通过网络图的分析发现，旅游客源主要聚集地为下游城市群，荆门与上游城市群通过核心节点武汉，可以便捷地联系客源地，通过同等级中心性的城市功能定位（表 5）中发现，舟山、嘉兴、荆门、南通、万州均包含涉农旅游产业，将资源整合，打造基于长江经济带的精品创意农业旅游线路，如图 11、图 12 所示。

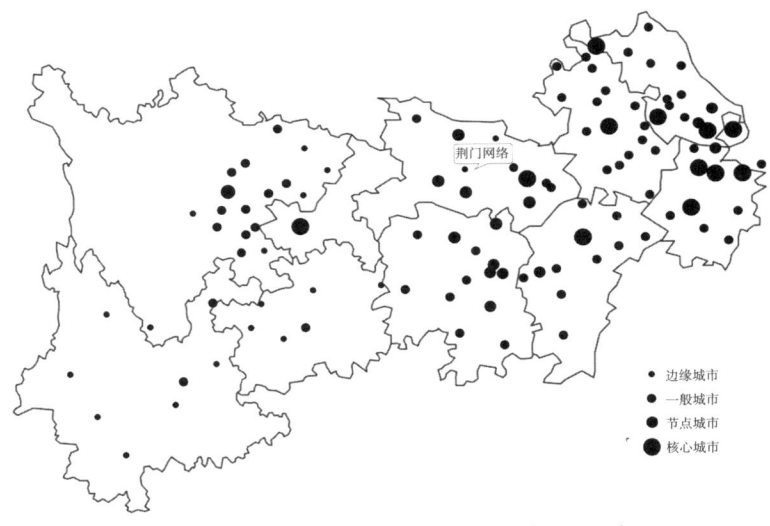

图 8　长江经济带大规模网络中各城市中心性分析

```
*Vertice111
 1 上海市   13 萍乡市    25 池州市  37 淮北市  49 荆州市  61 无锡市    73 咸宁市    85 广元市    97 绵阳市  109 丽江市
 2 武汉市   14 新余市    26 亳州市  38 盐城市  50 荆门市  62 徐州市    74 九江市    86 铜仁市    98 乐山市  110 思茅市
 3 杭州市   15 鄂州市    27 芜湖市  39 湖州市  51 宜昌市  63 湖州市    75 衡阳市    87 玉溪市    99 南充市  111 临沧市
 4 合肥市   16 吉安市    28 宿州市  40 丽水市  52 十堰市  64 丽水市    76 岳阳市    88 毕节市   100 德阳市
 5 苏州市   17 随州市    29 黄山市  41 徐州市  53 襄阳市  65 连云港市  77 孝感市    89 六盘水市 101 眉山市
 6 南京市   18 抚州市    30 常州市  42 南通市  54 金华市  66 六安市    78 永州市    90 遵义市   102 遂宁市
 7 南昌市   19 赣州市    31 滁州市  43 舟山市  55 绍兴市  67 马鞍山市  79 娄底市    91 攀枝花市 103 内江市
 8 长沙市   20 上饶市    32 阜阳市  44 嘉兴市  56 宁波市  68 邵阳市    80 益阳市    92 曲靖市   104 自贡市
 9 重庆市   21 景德镇市  33 扬州市  45 六安市  57 嘉兴市  69 淮南市    81 常德市    93 巴中市   105 泸州市
10 成都市   22 鹰潭市    34 泰州市  46 台州市  58 南通市  70 郴州市    82 张家界市  94 安顺市   106 宜宾市
11 昆明市   23 安庆市    35 镇江市  47 温州市  59 六安市  71 宜春市    83 怀化市    95 达州市   107 广安市
12 贵阳市   24 铜陵市    36 淮安市  48 黄石市  60 舟山市  72 湘潭市    84 邵通市    96 资阳市   108 保山市
*Edges
1 2    1 6    2 27   2 41   3 55   3 69   3 83   4 25   4 39   4 53   5 67   6 61   7 85   4 83   8 74   9 85   9 99
2 3    2 6    2 28   2 42   3 56   3 70   3 84   4 26   4 40   4 54   5 68   6 62   7 86   4 83   8 75   9 86   9 100
3 4    2 15   2 29   2 43   3 57   3 71   4 85   4 27   4 41   4 55   5 69   6 63   7 87   4 83   8 76   9 87   9 101
4 5    2 16   2 30   2 44   3 58   3 72   4 86   4 28   4 42   4 56   5 70   6 64   7 88   4 83   8 77   9 88   9 102
5 6    2 17   2 31   2 45   3 59   3 73   4 87   4 29   4 43   4 57   5 51   6 65   7 89   4 83   8 78   9 89   9 103
6 7    2 18   2 32   2 46   3 60   3 74   4 88   4 30   4 44   4 58   5 52   6 66   7 90   4 83   8 79   9 90   9 104
7 8    2 19   2 33   2 47   3 61   3 75   3 89   4 31   4 45   5 59   5 53   6 67   7 91   4 83   8 80   9 91   9 105
8 9    2 20   2 34   2 48   3 62   3 76   3 90   4 32   4 46   5 60   5 54   7 78   7 92   4 83   8 81   9 92   9 106
9 10   2 21   2 35   2 49   3 63   3 77   3 91   4 33   4 47   5 61   5 55   7 79   7 93   4 83   8 82   9 93   9 107
10 11  2 22   2 36   2 50   3 64   3 78   3 92   4 34   4 48   5 62   5 56   7 80   7 94   4 83   8 83   9 94   9 108
11 12  2 23   2 37   2 51   3 65   3 79   3 93   4 35   4 49   5 63   5 57   7 81   7 95   4 83   8 84   9 95   9 109
1 3    2 24   2 38   2 52   3 66   3 80   3 94   4 36   4 50   5 64   5 58   7 82   7 96   4 83   8 85   9 96   9 110
2 4    2 25   2 39   2 53   3 67   3 81   3 95   4 37   4 51   5 65   5 59   7 83   7 97   4 83   8 86   9 97   9 111
3 5    2 26   2 40   2 54   3 68   3 82   3 96   4 38   4 52   5 66   6 60   7 84   7 98   4 83   8 87   9 98
```

图 9　长江经济带城市群网络图 Pajek 参数

长江经济带各城市的功能定位 表5

下游城市群		中游城市群		上游城市群	
城市名称	城市功能定位	城市名称	城市功能定位	城市名称	城市功能定位
绍兴	铜锡开采、兵器铸造、酿酒、缫丝、绸织、麻织和陶瓷	宜昌	旅游、电力、化工、食品医药、装备制造	泸州	酿酒业、化学工业、机械生产基地
舟山	农林牧渔业、船舶工业	鄂州	冶金、建材、机械、服装、轻工、钢铁	攀枝花	农林牧渔业、农产品加工业、农副产品加工业
镇江	机械、化工、造纸、电子信息、新材料、交通设备、食品、电力、船舶及船用设备	黄石	黑色金属、有色金属、机械制造、建材、能源、食品饮料、纺织服装、化工医药	水富	交通运输、仓储和邮政业
湖州	旅游、化工、机械	荆州	工业、建筑业	宜宾	化工、化纤、机械、造纸、食品、酿酒业、综合能源、旅游业
嘉兴	农林牧渔业、房地产、旅游	铜陵	有色金属冶炼和压延加工业、非金属矿物制品业、电力、热力生产和供应业	涪陵	化工化纤、装备制造、食品医药、重要材料、电子信息、清洁能源
无锡	金融、新兴产业、服务业	黄冈	建筑业、工业	万州	物资集散地、农业、工业
南通	农业、工业	咸宁	有色金属矿采选业、印刷和记录媒介复制业	—	—
常州	教育、冶金、电子、建材、化工、机械、纺织服装、生物医药	恩施	纺织、煤炭、机械、制药、皮革、旅游产业		
—	—	岳阳	石化业、食品业、医药业、造纸业、机械业、建材业、有色及循环业、纺织业、电力行业	—	—
—	—	九江	矿产、建材、服装、纺织、化工、机械	—	—

数据来源：各地区规划局网站

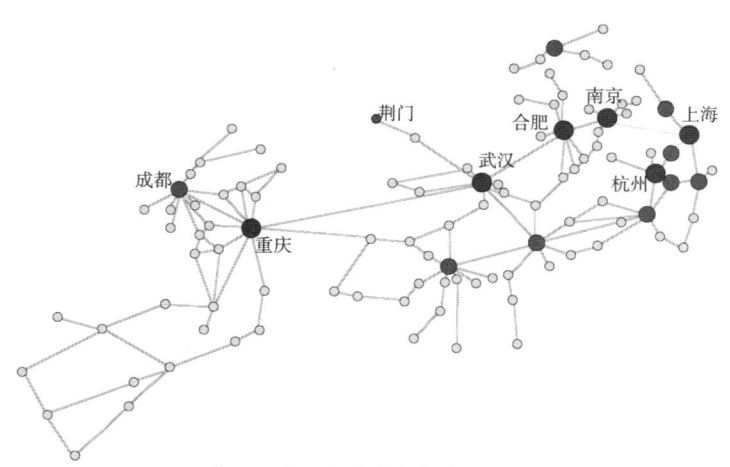

图10 长江经济带城市群网络图

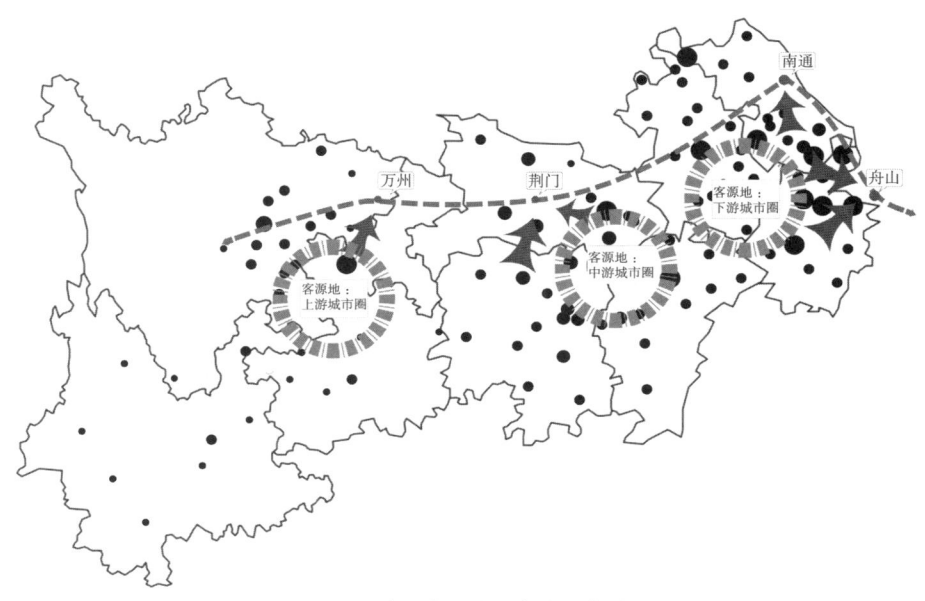

图 11 精品农业旅游线路示意图

图 12 创意农业示意图

精品创意农业旅游线路可以包含现代特色农业、创意农业、时尚农业，突出创意民宿、建构创意村落、培养创意农民，将传统农业发展为融创意生产、创意生活、创意生态为一体的创意农业[19-20]，如图 13 所示，荆门建设为创意农业的重要的一极。创意农业是继观光农业、生态农业、休闲农业后，新兴起的一种农业产业模式，是将传统农业与文化创意产业相结合，借助文创思维逻辑，将文化、科技与农业要素相融合，从而开发、拓展传统农业功能，提升、丰富传统农业价值的一种新兴业态[21-23]。长江经济带是巨型网络,荆门定位为农业产业,势必要将农业产业升级,而发展创意农业是理想的发展方式。

通过社会网络分析方法发现长江经济带引起的城市空间结构具有扁平化发展的倾向,改变了传统树状层级式产业结构,上一层级的城市定位上游产业,下一层级的城市定位下游产业,城市群的半网络结构中,各个城市具有明确的产业定位,城市内部产生具有集群效应,从而促进城市均衡、协调发展,上下游产业的界限趋于融合,产业结构关系拓扑图如图13所示。这样的发现为下一步在网络社会空间下,探求空间结构的模式,对网络内部与网络之间的结构关系的清晰认知,对网络产业的定位研究具有现实的意义。

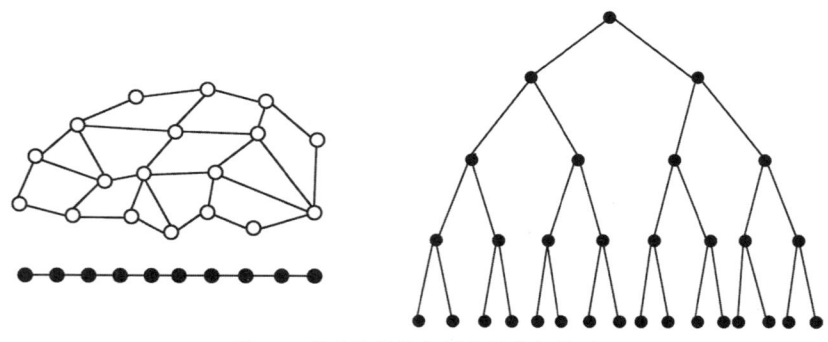

图 13　半网络结构与树状结构拓扑图

4　结论

(1)微观层面中,荆门网络中通过子群凝聚密度指数分析发现,荆门网络内部小团体现象突出,适宜整合现有的产业资源,合理差异化定位为不同的农业发展方向,在荆门网络内部打造一条适宜陆路、水路运输的集农业生产加工和农副产品生产的农业经济带。连接度是确定和评价城市功能定位的有效指标。

(2)中观层面中,通过核心-边缘指数分析中游城市群网络中各城市中心-边缘度,发现荆门位于产业结构中的低位,不宜于定位上游产业,合理的定位为农业产业。通过分析既有的经济圈对荆门网络的在长江经济带的空间格局下的产业定位的影响,通过社会网络连接度的分析,定位中国农谷的概念合理性强。

(3)宏观层面中,通过中心性的分析,发现荆门农业产业辐射能力不能覆盖长江经济带整个空间流域,结合同等级中心性的城市联合打造精品创意农业旅游线路,以此将产业与旅游有机结合,优化和协调网络内部和网络间的产业格局。

(4)基于社会网络空间格局,通过社会网络分析方法发现,在长江经济带战略下,产业模式由传统树状层级式结构向半网络结构演化,半网络结构下城市的产业趋于扁平化,等级化减弱,对研究城市功能定位提供一些新的思路。

参考文献

[1] 甄峰. 基于网络社会空间的中国城市网络特征——以新浪微博为例 [J]. 地理学报：2013，（5）：1031-1041.

[2] 王圣云，翟晨阳. 长江经济带城市集群网络结构与空间合作路径 [J]. 经济地理：2015，（11）：61-70.

[3] 段志生. 图论与复杂网络 [J]. 力学进展：2010，（2）：702-712.

[4] 蔡安宁，庄立，梁进社. 江苏省区域经济差异测度分析——基于基尼系数分解考 [J]. 经济地理，2011，（12）：1995-2000.

[5] 刘良军. 把粮食产业作为荆门"中国农谷"主导产业的思考考 [J]. 粮食加工，2015，（4）：30-50.

[6] 高帆. 我国粮食生产的地区变化：1978—2003年考 [J]. 管理世界，2005，（9）：55-61.

[7] 王信理. 作物生长与温度的关系及其动态变化 [J]. 中国农业气象，1989，（03）：11-15.

[8] 高宜程 等. 城市功能定位的理论和方法思考 [J]. 城市规划，2008，（10）：21-25.

[9] 杨元武，李广志. 荆门市社会组织倾力推进"中国农谷"建设 [J]. 社团管理研究，2012,（06）：8-9.

[10] 吴麟章. 关于"中国农谷"战略的思考和建议 [J]. 荆楚学刊，2013，（01）：8-11.

[11] 龚金龙 等. 灌浆结实期温度对水稻产量和品质形成的影响 [J]. 生态学杂志，2013，（02）：482-491.

[12] 陈振华，陈珊珊. 湖北荆门城市功能转型与空间重构 [J]. 规划师，2012，（12）：28-32.

[13] 黎璟萍. 荆门"中国农谷"的生态文化旅游产业发展研究 [J]. 华中农业大学学报. 2013，（6）：63.

[14] 李崇峰. 辽中南城市群城市功能定位研究 [J]. 中共中央党校学报，2016，（2）：156.

[15] 梁小青. 李卓群与江丽，论"中国农谷"战略（现代农业示范区）荆门实施的政策原则 [J]. 荆楚学刊，2013，（02）：13-17.

[16] 吴淑芳 等. 杨凌区降雨对作物生长适应性的模糊分析 [J]. 灌溉排水，2002，（01）：22-25.

[17] 王圣云，翟晨阳. 长江经济带城市集群网络结构与空间合作路径 [J]. 经济地理，2015，（11）：61-70.

[18] 胡艳，丁玉敏，孟天琦. 长江经济带城市群联动发展机制研究 [J]. 区域经济评论，2016，（3）：91-96.

[19] 周小莉. 长江中下游城市群一体化中合肥投资环境的优化 [J]. 宿州学院学报，2016，（08）：45-47.

[20] 郭巧云，陈发初，杨晖. 中国农谷盈利模式探讨 [J]. 荆楚学刊，2013，（04）：35-38.

宋靖华：武汉大学城市设计学院

张超：武汉大学城市设计学院 826266342@qq.com

长江经济带城市生态、居住空间研究

专题三

大数据视角下的城市微型公共空间布局方法研究

长江经济带城镇化与生态发展水平耦合关系的实证

基于城市规模与集聚的城市圈碳排放研究——以湖北为例

大数据视角下的城市微型公共空间布局方法研究

焦洪赞 吴昊 彭正洪 李志刚

摘 要：城市微型公共空间与城市居民的生活联系紧密，但目前尚无科学的规划布局方法。研究通过手机位置数据获取了真实有效的城市居民时空分布特征，进而根据出行小区对人口数量分布进行划分，在此基础上结合城市公共绿地规划布局，运用两步移动搜寻法从供需两方面对人均实际可用公共绿地进行评价，最终获取了规划范围内的人均绿地分布情况，以之作为城市微型公共空间布局的量化依据。

关键词：手机位置数据，居民时空行为特征，两步移动搜寻法，大数据，微型公共空间

Research on the layout method of urban micro public space with Big Data Perspective

Abstract: Urban micro public spaces are closely connected with people's everyday life, but there are no scientific planning methods. Through mobile location data real and effective spatial and temporal characteristics of urban residents'behavior were acquired, according to further travel cell division of population distribution and public green space were planned, on basis of the use of 2-step floating catchment area (2SFCA) per capita public green space actually was available to be evaluated from both supply and demand. The results can be used as quantitative basis for urban micro spatial layout.

Keywords: Mobile Location Data, Residents' Behavior Characteristics of Time and Space, 2-step Floating Catchment Area, Big Data, Micro Public Space

1 引言

在经历了几十年的高速城市化以后，我国城市化率已突破50%，但多数大中型城市在公共基础设施投入方面却赶不上城市发展。目前国内城市建设转向以存量规划为主导，在高度密集的城市中心区建设新的大型公共空间可行性很小，在此前提下微型公共空间的作用愈发凸显[1]，凭借面积小、布局灵活的优势可广泛分布于用地紧张的城市中，起到改善城市空间

环境、提升城市活力的作用。微型公共空间目前并无确切定义，与之类似的概念有口袋公园、袖珍公园、微型绿地等，城市微型公共空间相关的研究较为少见，已有的研究多半集中在欧美及日本等国家的口袋公园建设及设计上[2]，但更多的是其作用或设计原则的思考，缺乏从宏观视角的布局规划研究。现行的《城市绿地分类标准》CJJ/T 85—2002 及《城市用地分类与规划建设用地标准》GB 50137—2011 中都未就各类公共绿地的规模进行界定，因此微型公共空间在定义及规划方法上都缺乏法定依据。不过，即使借鉴已有的公用设施规划方法，如果依旧回到简单套用服务半径与用地指标的老路上，脱离对城市居民空间行为的分析其成果仍然缺乏科学性。那么，与市民生活息息相关的城市微型公共空间，如何体现城市居民的空间行为特征？依托实际设计项目、我们进行了这样的思考，这也是本文研究的出发点与需要解决的关键问题。

城市规划一直提倡以人为本，但传统的调研方法等不仅耗费大量人力、时间，所取得的样本覆盖率还十分有限，这使得在实际的规划设计中往往无法准确把握城市居民的空间行为特征，规划意图与实际使用需求之间出现偏差。近几年，随着计算机与信息技术的进一步发展、智慧城市概念的推行，通过城市大数据来分析城市居民的空间行为逐渐成为可能。根据工信部的官方报告，截至 2015 年 12 月，我国移动电话总数达 13.06 亿户，这代表着平均每一百人平均拥有 95.5 部手机[3]，因此在目前而言，手机这类移动终端以及依附于智能手机之上的各类 APP 位置服务（LBS）是获取可行性较高、实用价值较大的一种重要城市数据来源。因此，本次研究以大数据视角、通过手机位置数据来发掘城市居民分布特征，进而基于真实的城市公共空间供需关系来进行城市微型公共空间的规划布局。

2 相关研究综述

随着大数据技术的发展及其概念的热度上升，越来越多的将目光投向了城市大数据及数据分析，如 Michael Batty 及 Rob Kitchin 等人的研究[4、5]，以及《城市规划》杂志上刊载的《大数据时代的城乡规划与智慧城市》专题讨论[6]。在众多研究中，手机数据较多的受到关注，从最初 Ahas 介绍的 30 人小样本来进行时空社会行为分析的案例[7]，到后来 Ratti 以及 Reades 等人在米兰及罗马等城市所进行的用户行为特征时空分析[8-9]，不仅样本数据的数量层级发生了巨大变化，在可视化表达方面也越来越完善。而在最近几年的研究中，手机数据除了被用来识别居民的工作通勤特征，还进一步用来识别城市功能区[10、11]，经过与实际普查数据的对比，这些分析结果具备较高的准确性。由于技术进步其数据总量、结果精度都有较大提升，如许宁等人以深圳为例[12]、钮心毅、丁亮等人以上海为例通过手机数据来进行城市的空间结构以及通勤区识别[13-14] 等。

而在城市绿地系统规划的研究上，也可以较为明显地看到从定性研究转向定量研究的趋势，其中 GIS 技术的运用逐步得到推广[15-17]，借助 GIS 的空间分析能力，可以从可达性、防灾避险能力、吸引力模型等多方面来对城市绿地系统进行评估。但此类分析依托基于服务半径的简单缓冲区分析或是面向可达性的道路格网分析[18-20]，既缺乏对城市居民分布特征的考虑，也未加入对绿地面积及服务能力的分析。为应对这一类情况，Wang等人提出并改进了基于两步移动搜寻的可达性评价方法，从供需两方面来对公共设施布局进行分析[21-22]，由于公共绿地系统可以看作是公共设施的一种，因此该方法能适用于城市绿地系统布局规划中。

3 技术方法

3.1 原始数据处理

本次研究采集了武汉市2015年11月的用户通话数据，经过脱敏处理去掉了跟用户隐私相关的内容，其原始格式为时间序列下的多字段表格，记录了用户接打电话的时间点、通话时长以及通话所在的基站。首先对原始数据进行了预处理，即把周一至周五早7点到晚7点视作工作时间，其余时间视作非工作时间，按工作时、非工作时、全时段三个时间段对一个月内的用户通话频率最高的基站进行了统计，最终展现的数据见表1。在表格中，UserID为用户ID，其余worktime、nighttime、alltime代表三个时段的划分（表1）。

手机通话位置分时段基站统计　　　　　表1

UserID	alltime	worktime	nighttime
2700000094870	287305843	287305843	287305843
2700000127588	5760922737	5760922737	5760859194
2700000131734	2872613991	287263991	2872636812
2700000122631	2869945751	2869945751	2893525929
2700000181503	2871037354	2871037354	2871037354
2700000254839	289709182	289709182	2897019183

数据经过预处理以后，已通过用户ID将其时空特征关联到了两个通信基站上，因此基于基站的空间地理位置，即可对城市空间里特定时间段内的用户密度进行分析与表达。从基站的空间分布情况来看，在人口稠密的城市中心区尤其是武汉市这样的特大城市，用户定位的误差基本可以控制在几百米以内。

基于基站的空间地理位置在ArcGIS中构建基站的空间分布图，并形成以基站ID为标识的字段表，进而以基站ID为基础进行用户统计，获取每个基站在工作时间及非工作时间内最常出现的用户数量，再将用户数量依据基站ID赋予各个基站，由此就完成了每个基站在各个时间段的用户量的空间映射（图1）。

基站ID	worktime-v	nighttime-v
286995	420	525
287304	148	241
2871051	495	371
2871052	369	419
2871053	468	665
2871111	1793	1429
2871112	947	592
2871113	760	420
2871131	214	185
2871132	340	235
2871133	174	185
2871641	521	615
2871642	629	512
2871643	574	612
2871891	459	452
2871892	318	414
2871893	482	642

图 1 基站用户分布及空间映射

3.2 居民时空分布与有效性验证

首先，为确保数据的有效性，用统计年鉴中武汉市各行政区的2013年末的常住人口数量来进行了验证。依据行政区边界将基站所在地理位置划入十三个区块，分别统计了各个区块在三个时段的用户数量分布。考虑到采用的运营商数据无法覆盖所有居民，因此用来比较的是各行政区用户占总用户的比例，对比结果如图2所示。

可以看到，在总体比较上，三个时段的统计整体比例基本一致，且都与行政区人口存在很强的比例对应关系，但在具体行政区上则存在不同的偏差。武汉市最为显著的地理特征是城市被两条江划分成三大片区，而如依此三片区来进行基站划分对比的话，偏差进一步降低（表2），这一点在图2中也能发现，将三个片区的比例叠加，按分区存在明显的两条直线。

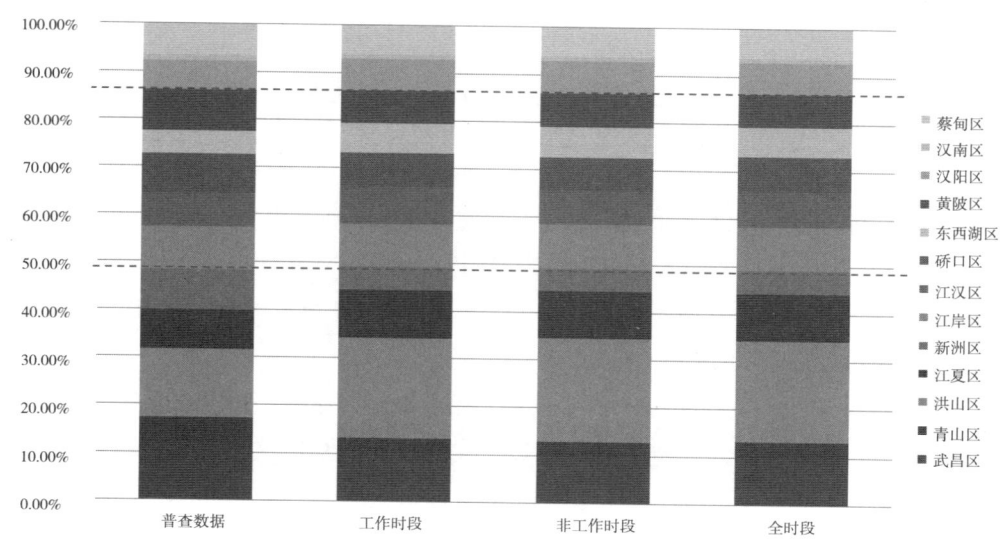

图 2 分行政区人口比例对比图

片区人口统计对比表　　　　　　　　　　表2

片区划分	行政区	人口数量	片区人口（万人）	占比	非工作时段片区用户数(万人)	占比
1	武昌区	124.68	492.65	48%	354.00	49%
	青山区	51.26				
	洪山区	147.74				
	江夏区	83.4				
	新洲区	85.57				
2	江岸区	92.68	388.66	38%	265.48	37%
	江汉区	71.31				
	硚口区	84.83				
	东西湖区	50.06				
	黄陂区	89.78				
3	汉阳区	61.67	140.69	14%	100.13	14%
	汉南区	12.68				
	蔡甸区	66.34				

注：人口数据来源为2014年武汉市统计年鉴.

由以上数据可证明，在受地理因素影响更大的三大片区划分上，人口比例对应关系进一步加强，几乎可视作完全一致，考虑到普查统计数据的时效性问题、调研误差等情况，手机数据与普查数据的细微差异可被接受，可认为在城市中的行政区范围内，手机位置数据可以在宏中观层面较为真实地反映城市居民的时空分布情况。

3.3 基于两步移动搜寻法的空间评价

本文采用两步移动搜寻法进行公共绿地布局评价。两步移动搜寻法的第一步：以公共绿地为供给点 j，运用GIS的简单缓冲区工具，在相应的服务半径（d_0）下建立公共绿地服务范围 C_0，搜索服务范围内的需求点（k），即搜索所有服务范围内的社区并计算社区人口之和，用公共绿地的面积与搜索到的对应社区人口之和相除，计算供需比（R_j）即为公共绿地的服务能力：

$$R_j = \frac{S_j}{\sum_{k|d_{kj} \leq d_{d0}} D_k} \tag{1}$$

式中　R_j——公共绿地的服务能力；

　　　S_j——公共绿地的面积规模；

　　　d_{kj}——k，j 之间的距离；

　　　d_0——公共绿地的服务半径，由公共绿地规模及居民的出行极限距离决定；

　　　D_k——搜索范围内的人口总数。

这一计算过程为分析计算服务的空间覆盖提供基础数据。

第二步，是对每个需求点 i 建立所有以公共绿地服务半径 d_0 为半径的搜寻域，然后统计搜寻域范围内所有的公共绿地 j。将这些范围内的公共绿地面积与人口比值汇总求和得到 T_i^F，即为这一社区可获得公共绿地资源的空间可达性，也是这一需求点可获得的公共绿地资源。

$$T_i^F = \sum_{k(d_{ii} \leq d_0)} R_j = \sum_{j \in (d_{ii} \leq d_0)} \frac{S_j}{\sum_{j \in (d_{ii} \leq d)} D_k} \quad (2)$$

式中　T_i^F——出行小区中居民可获得公共绿地资源的空间可达性；

R_j——搜索域 i 内公共绿地位置 j 的面积与人口比。

在两步移动搜寻法中，最为重要的两个计算变量分别为人口及公共绿地面积。通常而言人口数据统计在年鉴中往往只到行政区级别，也并非实时的真实调研数据，存在一年以上的时间滞后性。因此本次研究中先将对象武昌区分为若干个出行小区，并分别根据出行小区划分电信基站，进而确定各出行小区内的不同时段人口分布，选择非工作时段作为使用人群人口分布时间，最后通过比例反算获取真实人口数量的近似值（图3）。而在公共绿地面积这一数据上，采用了武汉市总体规划中的规划公共绿地作为对象，并依托城市路网构建了抵达绿地的路径分析基底（图4），最终在两者基础上依据两步移动搜寻法计算人均可使用绿地面积。

图3　出行小区划分图及人口数量分布

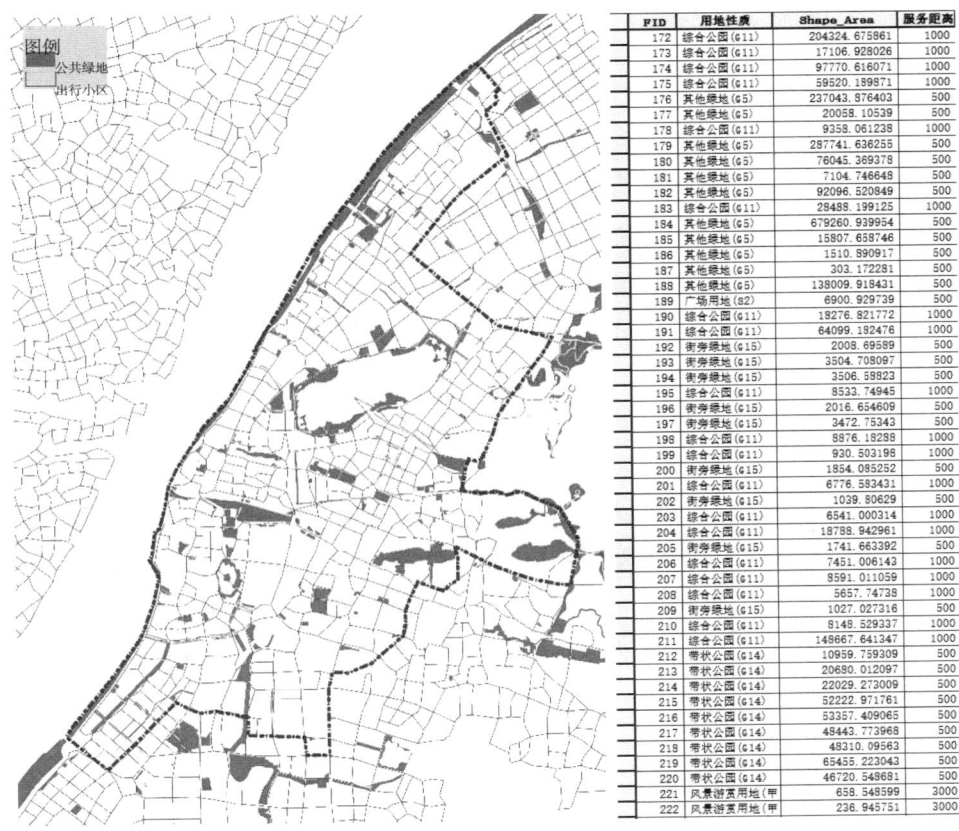

图 4 城市公共绿地规划布局

4 实证结果

最终通过上述方法得到的人均公共绿地面积如图5所示。在图中，图例表达为从颜色深度逐渐降低，人均公共绿地面积依次降低。根据国家标准要求，人均公共绿地面积下限为 $5m^2$/人，即代表在该图中有接近一半的区域绿地真实供需关系不满足该标准。对比本次研究的微型公共空间规划初衷，在城市居民活动越频繁、公共绿地服务面积越缺乏的区域即为对微型公共空间需求最急迫的区域，亦即是本次规划的重点。根据图5，可以很直观地判断出，大部分区域都属于重点需要部署微型绿地区域，这为项目组进行下一步调研及规划设计工作提供了可信度极高的量化依据。

基于两步移动搜寻法，依托（手机位置数据获取）真实人口分布、全市公共绿地布局规划及由城市道路得到的出行小区划分，多方面结合来进行人均公共绿地分析评价，不仅避免了过去规划中仅依托服务半径而忽视人口分布的弊端，也从绿地自身的规模、可达性出发加入了对其真实服务能力的评价，这一从供需两侧来进行综合定量评价的方法将不仅可用于城市公共绿地，亦可推广到其他公共设施的布局决策中。

5 结论

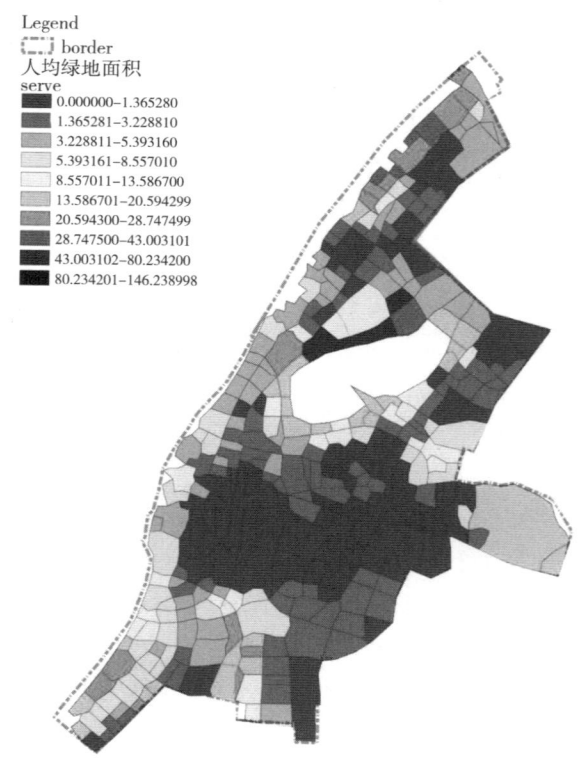

图5 基于两步移动搜寻法的人均绿地评价

著名的留美规划学者张庭伟教授曾详细阐述过定量分析在国外城市规划中的发展：城市规划因为过多的定性分析而被认为不科学，因此更多的学者开始走向定量分析[23]，这一趋势在如今的中国也愈发明显。从定性研究走向定量研究的过程中，一个至关重要的问题就是：如何获取与使用数据？近几年城乡规划或是城市地理学界屡屡将目光投向大数据与智慧城市也正因如此，一个信息数据极大丰富的时代即将或已经来临，而当获取数据难度逐渐下降的时候，怎样在设计研究中使用数据则成了更需要思考的问题。在前期已有的手机位置数据及城市真实可达性模型研究的基础上，结合实际设计项目，最终本次研究在以下两点取得了部分进展，一是手机位置等多源数据所分析得到的居民时空分布在规划中的应用，二是两步移动搜寻法在城市公用设施的真实供需关系分析中的作用。通过本项目可以证明，有效的数据获取结合模型定量分析将进一步提升城市规划前期分析中的科学性，也能为后续的具体设计工作提供方向性的指导建议。

参考文献

[1] 徐忆晴，戴晓玲，徐浩然. 小微型公共开敞空间的实证调查报告 [J]. 建筑与文化，2016，（07）：211-213.

[2] 张文英. 口袋公园——躲避城市喧嚣的绿洲 [J]. 中国园林，2007，（04）：47-53.

[3] 运行监测协调局. 2015年通信运营业统计公报 [DB/OL].2016（2016-01-21）；http：//www.miit.gov.cn/n1146290/n1146402/n1146455/c4611243/content.html.

[4] R. Kitchin. The real-time city? Big data and smart urbanism[J]. GeoJournal，2014.79，（1）：1-14.

[5] M. Batty. Smart cities，big data[J]. Environment and Planning-Part B，2012. 39，（2）：191.

[6] 石晓冬. 大数据时代的城乡规划与智慧城市 [J]. 城市规划，2014，（03）：48-52.

[7] R. Ahas，ü. Mark. Location based services—new challenges for planning and public administration?[J]. Futures，2005. 37，（6）：547-561.

[8] J. Reades，F. Calabrese，A. Sevtsuk，C. Ratti. Cellular census：Explorations in urban data

collection[J]. IEEE Pervasive Computing, 2007, (3): 30-38.

[9] C. Ratti, D. Frenchman, R.M. Pulselli, S. Williams. Mobile landscapes: using location data from cell phones for urban analysis[J]. Environment and Planning B: Planning and Design, 2006. 33, (5): 727-748.

[10] T. Pei, S. Sobolevsky, C. Ratti, S.-L. Shaw, T. Li, C. Zhou. A new insight into land use classification based on aggregated mobile phone data[J]. International Journal of Geographical Information Science, 2014. 28, (9): 1988-2007.

[11] J. Doyle, P. Hung, R. Farrell, S. McLoone. Population Mobility Dynamics Estimated from Mobile Telephony Data[J]. Journal Of Urban Technology, 2014. 21, (2): 109-132.

[12] 许宁, 尹凌, 胡金星. 从大规模短期规则采样的手机定位数据中识别居民职住地[J]. 武汉大学学报(信息科学版), 2014. 6: 23.

[13] 丁亮, 钮心毅, 宋小冬. 利用手机数据识别上海中心城的通勤区[J]. 城市规划, 2015（9）: 100-106.

[14] 钮心毅, 丁亮, 宋小冬. 基于手机数据识别上海中心城的城市空间结构[J]. 城市规划学刊, 2014. 6: 61-67.

[15] D. La Rosa, R. Privitera. Characterization of non-urbanized areas for land-use planning of agricultural and green infrastructure in urban contexts[J]. Landscape and Urban Planning, 2013, 109 (1): 94-106.

[16] A. Van Herzele, T. Wiedemann. A monitoring tool for the provision of accessible and attractive urban green spaces[J]. Landscape and Urban Planning, 2003, 63 (2): 109-126.

[17] B. Thaiutsa, L. Puangchit, R. Kjelgren, W. Arunpraparut. Urban green space, street tree and heritage large tree assessment in Bangkok, Thailand[J]. Urban Forestry & Urban Greening, 2008, 7(3): 219-229.

[18] 徐礼鹏, 刘启蒙, 孙娇娇. 基于GIS的安庆市应急避难场所空间布局特征分析与优化[J]. 测绘与空间地理信息, 2012. 35, (2): 151-155.

[19] 肖实花. 城市绿地系统防灾避险功能评价[D]. 中南林业科技大学 2010.

[20] 李文, 张林. 哈尔滨公园绿地防灾避险功能布局研究[J]. 北方园艺, 2010, (12): 115-118.

[21] F. Wang. Quantitative methods and socio-economic applications in GIS[M]. CRC Press, 2014.

[22] W. Luo, F. Wang. Measures of spatial accessibility to health care in a GIS environment: synthesis and a case study in the Chicago region[J]. Environment and Planning B: Planning and Design, 2003, 30(6): 865-884.

[23] 张庭伟. 实证研究和定量分析: 介绍一个实例[J]. 城市规划, 2001. 25, (9): 57-62.

焦洪赞：武汉大学城市设计学院 jiaohongzan@whu.edu.cn
吴昊：武汉大学城市设计学院
彭正洪：武汉大学城市设计学院
李志刚：武汉大学城市设计学院

长江经济带城镇化与生态发展水平耦合关系的实证

邓明亮　吴传清

摘　要：本文基于 PCA 和 SE-DEA 模型对长江经济带沿线 11 省市城镇化水平和生态效率进行测算，并利用耦合协调模型对城镇化水平和生态效率进行耦合分析，在此基础上采用 δ 和 β 收敛分析方法和 Tobit 面板模型对协调水平的动态演化趋势和驱动因素进行分析。研究结果显示，长江经济带城镇化水平与生态效率的协调度与全国平均水平相当，均为轻度失调，并表现出"M"型演变趋势；11 省市地区差异明显且缩小趋势尚不明显，协调度低的地区表现出弱"追赶"效应；协调发展水平与制造业区位商呈倒"U"型相关关系，与政策环境呈正相关关系。长江经济带沿线 11 省市在城镇化水平与生态保护协调发展过程中一方面需要继续完善城镇化与生态保护政策体系，另一方面还需要促进产业结构优化升级，合理布局制造业发展规模。

关键词：长江经济带，城镇化水平，生态效率，耦合模型

An Empirical Study on the Coupling Relationship between Urbanization and Ecological Development in the Yangtze River Economic Belt

Abstract: Based on the PCA and SE-DEA models, the urbanization level and eco-efficiency of 11 cities along the Yangtze River economic belt are measured. Coupling degree model is used to calculate the coupling degree of urbanization level and eco-efficiency. Analysis method and Tobit panel model were used to analyze the dynamic evolution trend and driving factors of coordination degree in Yangtze economic belt. The results show that the coordination degree of the Yangtze River economic belt is the same as the national average level, which is mildly disordered and shows the trend of "M" evolution. The 11 provinces and cities have obvious differences and the trend of reduction is not obvious. And the low level region showed a weak "catch-up" effect. The coordinated development level had a "U"-related relationship with the manufacturing location business location and had a positive correlation with the policy environment. 11 cities along the Yangtze River Economic Zone in the process of urbanization and ecological protection in the coordinated development of the one hand, we need to continue to improve urbanization and ecological protection policy system, on the other hand also need to promote industrial structure optimization and upgrading, rational distribution of manufacturing scale of development.

Keywords: Yangtze River Economic Belt, Urbanization Level, Ecological Efficiency, Coupling Model

1 引言

长江经济带11省市国土面积占全国的21%，人口和经济总量占比均超过全国的40%，生态地位重要、综合实力较强、发展潜力巨大。伴随工业化发展，长江经济带非农产业在城镇集聚、农村人口向城镇集中，城镇化水平不断提高。随着城镇化发展质量要求的不断提高，绿色发展已成为城镇化发展的必然要求。2014年3月16日，《国家新型城镇化规划（2014—2020年）》中"将生态文明理念全面融入城市发展，构建绿色生产方式、生活方式和消费模式"，提出在城镇化地区合理建设绿色生态廊道，促进城镇绿色发展。"十三五"规划提出在新型城镇化发展中推广绿色建筑，提高城市绿地和森林面积，建设绿色、森林城市。《长江经济带发展规划纲要》提出长江经济带发展必须贯彻绿色发展理念，着力建设沿江绿色生态廊道，在长江经济带发展中做到"江湖和谐、生态文明"，在城市发展中坚持"科技进步、制度创新、产业升级、绿色发展"的发展要求。

长江经济带城镇化与生态发展现状如何？城镇化与生态保护是否协调发展？11省市协调发展水平动态演变趋势如何？城镇化与生态保护的协调发展受到哪些因素的影响？探究长江经济带生态效率与城镇化水平之间的耦合关系，量化分析长江经济带城镇化绿色发展水平的动态演变格局，对于提高长江经济带城镇化质量，进一步挖掘长江中上游广阔腹地蕴含的巨大内需潜力，促进经济增长空间从沿海向沿江内陆拓展，形成上中下游优势互补、协作互动格局，缩小东中西部发展差距，优化沿江产业结构和城镇化布局，培育国际经济合作竞争新优势，促进经济增效升级，具有重要的实践指导意义。

2 相关文献回顾

本文将从以下三个方面对相关文献进行回顾，即：城镇化水平相关研究，生态效率相关研究，城镇化与生态效率关系相关研究。

2.1 城镇化水平相关研究

Kent P.Schwirian 和 John W.Prehn 最先提出城市化既包括人口数量、居民生活方式、思维方式的城市化，也包括城市面积的城市化[1]；"城镇化"的概念最早由我国提出，1988年党中央十五届三中全会报告中首次提出"小城镇、大战略"的方针，温铁军等将城镇化与城市化概念进行对比，提出城乡人口比重上的相似和实现方式上的差异[2]。

在省域城镇化水平的研究方面，赵文英、陈曦等、焦高乐等、金浩等运用主成分分析法（PCA）对我国31个省市区城镇化水平进行测算分析[3-6]；李江苏等、秦青分别运用分段函数评价模型和DEA交叉评价模型对河南省城镇化水平进行测算分析[7-8]。在城际城市化水平研究方面，杜忠朝等、刘萌等、吴建民等、秦青等在城际城市化水平的测算中采用PCA、系统聚类分析、投入产出效率分析、熵权法、DEA交叉评价模型对各县市城镇化水平进行测算[9-12]。在经济地带城镇化水平研究方面，贾琦等、王琴梅等、尤鑫基于PCA等分析方法分别完成我国三大城市群、各经济区、西部地区城市化水平进行分析[13-15]。

2.2 生态效率相关研究

"生态效率"概念由西方学者Schalteggerr和Sturn首次提出[16]，国内学者尹科等从学术史视角对国内外生态效率核算方法及其应用研究成果进行初步总结[17]；史丹等基于生态足迹完成对中国生态压力与生态效率进行测算和分析[18]。

关于行业生态效率的研究中，高迎春等将生态效率分解为预防效率、生产效率和治理效率，完成对吉林省产业系统生态效率的评价[19]；程晓娟等、韩洁平等、谢琨等、王舒鸿等、王宝义等利用PCA-DEA组合模型、AHP分析法、三阶段DEA、SBM-Undesirable模型对我国煤炭、钢铁、环保、农业生态效率进行测算分析[20-24]。关于工业园区生态效率的研究中，刘巍等借助DEA分析方法对中国综合类生态工业园区进行生态效率测算和评价[25]；芮俊伟等依据生态足迹核算方法，对生态工业园区生态效率进行定量描述[26]。

在省域生态效率的研究方面，DEA模型是最主要的研究工具，李胜兰等、李俊峰等、吴鸣然等、邓波等、王恩旭等、王瑾、成金华等、吴井峰、黄建欢等在省域生态效率研究中运用经典DEA、超效率DEA、三阶段DEA分析方法，同时在研究中与Tobit模型、空间杜宾模型相结合[27-35]；胡彪等、任海军等则选取SBM模型对省域生态效率进行测算[36-37]；在其他研究方法的选取上，吕明元等、潘兴侠等、黄建欢等、白彩全等、刘丙泉等分别选取工业结构生态方法、灰色综合评价法、空间计量工具、耦合理论和共同前沿模型对省域生态效率进行比较和分析[38-42]。关于经济地区生态效率的研究，张雪梅、崔玮等、戴志敏等、郭露等借助DEA和SE-DEA模型完成对我国西部地区、东中西三大区域、华东地区、中部6省生态效率进行测算研究[43-46]。

2.3 城镇化与生态效率关系相关研究

关于城镇化与生态效率关系的研究中，罗能生等、马卫等借助DEA、SE-DEA模型和相对发展模型完成我国城镇化进程与生态效率的互动关系进行分析[47-48]；李佳佳等、吴红霞等基于空间计量和门槛面板模型、Critic 方法对城镇化水平与生态效率的相关性进行实证研究[49-50]。

关于长江经济带城镇化和生态效率的相关研究中，彭迪云等、何宜庆等、汪克亮等基于金融集聚和产业机构优化、环境压力视角，运用熵值法对长江经济带城镇化和生态效率进行测度和分析[51-53]；冯兴华等、付丽娜等、吴振华等采用 ESDA、超效率 DEA、三阶段 DEA 和 Bootstrap-DEA 分析方法完成对长江中游城市群、长株潭 "3+5" 城市群、江浙沪地区生态效率和城镇化水平的相关研究[54-56]；凌筱舒等、韩立达等、张晶对江西省、四川省、江苏省生态效率、城镇化率进行测算研究[57-59]。

在现有的研究中，虽然对城镇化水平和生态效率的研究较多，但对于城镇化和生态效率耦合度的研究尚不多见。在研究方法的选择上，城镇化水平主要采用 PCA 方法测量，生态效率则主要基于 DEA 模型进行计算。关于城镇化水平与生态效率相关关系的研究尚不多见。关于长江经济带城镇化水平与生态效率的研究主要集中在城镇化水平与生态效率的测算上，对于城镇化水平和生态效率相关关系的研究并不多见。

3 研究方法

为深入揭示长江经济带城镇化水平与生态保护之间的协调发展状况，本文首先分别基于 PCA 分析方法和 SE-DEA 模型对我国各省市城镇化水平和生态效率进行测算，然后利用耦合协调模型对各省市城镇化水平和生态效率进行耦合度测量，并采用收敛分析方法和面板分析模型对长江经济带城镇化和生态效率耦合水平进行动态分析。

3.1 城镇化水平计算方法

学术界主要从人口城镇化、经济发展、社会发展、基础设施三个方面对城镇化水平进行测算。在现有研究的基础上，本文建立包括人口城镇化、经济发展、社会发展和基础设施四个一级指标的城镇化评价指标体系，并采用 PCA 分析方法和《中国统计年鉴》数据对各省市城镇化发展水平进行测算，见表 1。

3.2 生态效率计算方法

为克服数据包络分析法（简称 DEA）模型在处理具有较强相关性的输入输出数据的不足，进一步解决生态效率值为 1 的决策单元时辨识度低的问题，本文采用超效率 DEA（简称 SE-DEA）模型对我国 31 省市生态效率进行测度。本文在 CCR 模型基础上构建的 SE-DEA 模型将 DMU 从参考效率前言面分离，而生态型效率值大于 1 成为可能，从而能够实现对所有决策单元进行排序。不同于传统 CCR 模型，SE-DEA 模型的测算结果可能 ≥ 1，且生态效率值越大，表明生态效率越高。本文选取基于投入导向的规模报酬不变的 SE-

城镇化评价指标体系   表1

一级指标	二级指标	指标含义
人口城镇化	城镇化率（X_{11}）	城镇人口/总人口
	单位就业人数（X_{12}）	城镇单位就业人数
	私营企业和个体就业人数（X_{13}）	其他经济单位职工人数
经济发展水平	人均GDP（X_{21}）	城镇GDP/城镇人口
	第三产业比重值（X_{22}）	第三产业值/总产值
	地均GDP（X_{23}）	GDP/省市面积
	城镇居民恩格尔系数（X_{24}）	城镇食品消费支出/消费收入
社会发展水平	医疗卫生机构床位数（X_{31}）	医疗卫生机构床位数
	社会保障人数（X_{32}）	最低生活保障人数
	社区服务机构数（X_{33}）	地区社区服务机构数
	居民养老保险（X_{34}）	城镇居民基本养老保险人数
基础设施	城区面积（X_{41}）	各地区城区面积
	供水能力（X_{42}）	各地区城市供水生产能力
	燃气供应能力（X_{43}）	城市液化石油气生产能力
	道路建设（X_{44}）	各地区城市道路长度
	公共交通通达度（X_{45}）	每万人拥有公共交通车辆
	绿地面积（X_{46}）	各地区城市绿地面积

DEA模型，假设有 n 个DUM，每个DUM都有 m 种投入和 s 种产出，对于第 j 个决策单元 DUM_j，x_{ij} 表示第 i 种投入，y_{rj} 表示第 r 种产出，λ_j 表示 n 个DUM的投入产出指标权重，$\sum_{j=1}^{n} x_{ij}\lambda_j$ 为加权处理后DMU的投入量，$\sum_{j=1}^{m} y_{ij}\lambda_j$ 为加权处理后DMU的产出量，如式（1）所示：

$$\begin{cases} \min\left[\theta - \varepsilon\left(\sum_{i=1}^{m} S_i^- + \sum_{i=1}^{m} S_r^+\right)\right] \\ s.t. \begin{cases} \sum_{j=1}^{n} x_{ij}\lambda_j + S_i^- = \theta x_{ij}, i \in (1,2,\cdots,m) \\ \sum_{i=1}^{m} x_{rj}\lambda_j - S_i^+ = y_{rj}, r \in (1,2,\cdots,s) \\ \sum_{j=1}^{n} \lambda_j = 1 \\ \lambda_j \geqslant 0, j = 1,2,\cdots,n \\ \theta \geqslant 0 \\ S_i^- \geqslant 0 \\ {}^+ \geqslant 0 \end{cases} \end{cases} \quad (1)$$

式中　θ——相对效率；

S_i^- 和 S_i^+ ——松弛变量；

ε ——非阿基米德无穷小，通常取 $\varepsilon=0.000001$。

假设式（1）有最优解 θ^*，S_i^{-*}，S_i^{+*}，λ^*，那么 θ^* 即为生态效率值。

在生态效率测评过程中，本文采用《中国统计年鉴》、《中国工业（经济）统计年鉴》、北大法律信息网数据，将环境污染纳入非期望投入建立投入导向型评价指标体系完成生态效率的测算（表2）。

生态效率测算指标体系 表2

指标类型		一级指标	二级指标
投入指标	期望投入	资金投入	资本投入（X_{11}）
			污染治理投资（X_{12}）
			基础设施投资（X_{13}）
		资源投入	森林资源投入（X_{21}）
			草地资源投入（X_{22}）
			建设用地投入（X_{23}）
			水资源投入（X_{24}）
			电力资源投入（X_{25}）
			劳动力投入（X_{26}）
		政策投入	城市发展政策（X_{31}）
			生态发展政策（X_{32}）
			环境保护政策（X_{33}）
	非期望投入	环境污染	碳排放量（X_{41}）
			废气排放量（X_{42}）
			废水排放量（X_{43}）
			固体污染物排放量（X_{44}）
产出指标	期望产出		地区生产总值（Y_1）
			绿色工业销售总值（Y_2）
			造林面积（Y_3）

其中碳排放量（X_{41}）表示以工业行业的碳排放量，估算方程如式（2）所示：

$$E_t = \delta_c E_c + \delta_p E_p + \delta_g E_g \tag{2}$$

式中　E_t ——碳排放量；

E_c、E_p、E_g ——煤炭、石油、天然气消费量；

δ_c、δ_p、δ_g ——煤炭、石油、天然气碳排放转换系数。

本文以各类能源的碳排放系数平均值进行碳排放计算，见表3。

煤炭、石油、天然气碳排放系数　　　　表3

来源	煤炭碳排放系数 $t(C)/t$	石油碳排放系数 $t(C)/t$	天然气碳排放系数 $t(C)/t$
DOE/EIA	0.702	0.478	0.389
IEEJ	0.756	0.586	0.449
SSACCP	0.726	0.583	0.409
Average	0.728	0.549	0.416

资料来源：整理自王恩旭等．基于超效率 DEA 模型的中国省际生态效率时空差异研究[J]．管理学报，2011，3：443-450．

3.3　耦合度分析方法

耦合系数模型首先运用于物理学中，本文借鉴耦合分析模型对城镇化水平与生态效率进行耦合评价，如式（3）所示：

$$C=\left[\frac{U_1 U_2}{(U_1+U_2)}\right]^{\frac{1}{2}} \quad (3)$$

式中　C——城镇化水平与生态效率的耦合度水平，且 $C\in[0,1]$，C 值越大，则城镇化水平与生态效率间的关系越稳定；

　　　U_1——地区城镇化水平值；

　　　U_2——地区生态效率值。

为解决城镇化水平与生态效率各异导致的评价得分较低，反而导致耦合度较高的问题，本文应用协调发展度模型，如式（4）所示：

$$D=\sqrt{(C\times T)}, T=aU_1+bU_2 \quad (4)$$

式中　D——协调发展度；

　　　C——耦合度；

　　　T——城镇化水平与生态效率的协调指数；

　　　a,b——待定系数，本文假设城镇化水平与生态效率存在相同重要程度，因此 a 和 b 均定为 0.5。

将协调发展度 D 取值分为 4 个阶段：0~0.4 表示低度协调；0.4~0.6 表示轻度协调；0.6~0.8 表示中度协调；0.8~1 表示高度协调。

3.4　敛散性分析方法

本文采用 σ 收敛和绝对 β 收敛两种收敛分析方法检验城镇化水平与生态效率耦合度的敛散性。如式（5）所示，本文完成对长江经济带 11 省市城镇化水平与生态效率耦合度的 σ 收敛检验，如式（5）所示：

$$\sigma=\left\{N^{-1}\sum_{i=1}^{n}\left[C_i(t)-(N^{-1}\sum_{i=1}^{n}C_k(t))\right]^2\right\}^{\frac{1}{2}} \quad (5)$$

式中　$C_i(t)$——第 i 个地区在 t 时期的耦合度；
　　　N——省市的个数。

本文中 $N=11$。当 $\sigma_{t+1}<\sigma_t$ 时，各省市耦合度离散系数在缩小，存在 σ 收敛；当 $\sigma_{t+1}>\sigma_t$ 时，各省市耦合度离散系数在扩大，存在 σ 发散。

本文中长江经济带 11 省市城镇化水平与生态效率耦合度的绝对 β 收敛回归模型如式（6）所示：

$$\frac{\ln(C_{i,T})-\ln(C_{i,0})}{T}=\alpha+\beta\ln(C_{i,0})+\varepsilon \quad (6)$$

式中　$C_{i,T}$——$t=T$ 时期的耦合度；
　　　$C_{i,0}$——基期第 i 个省/市的耦合度；
$\dfrac{\ln(C_{i,T})-\ln(C_{i,0})}{T}$——第 i 个省/市在 $t=T$ 时期以前耦合度的平均增长速度；
　　　α——常数项；
　　　β——系数；
　　　ε——误差项。

若存在 $\beta<0$，则存在绝对 β 收敛，各地区耦合度增长率与其初始水平呈反向关系，即耦合度的增长与初始值成反比，后进区域表现出对先进区域的"追赶"趋势；若系数 $\beta>0$，则各地区不存在 β 收敛，即后进区域的"追赶"效应不明显。

3.5　驱动机制分析方法

在完成长江经济带 11 省市城镇化水平与生态效率协调发展度测算的基础上，本文将协调度（C）定义为响应变量，将其他影响因素定义为控制变量，采用两阶段分析法构建实证模型来研究协调发展度（C）的影响因素。因为 $C\in[0,1]$，为"受限因变量"，若仍然使用普通最小二乘法会导致回归参数估计值有偏和不一致。本文采用 Tobit 模型来解决受限或截断因变量的建模问题。其具体形式如式（7）所示：

$$Y_k=\begin{cases}\beta X_k+\mu_k, & \beta X_k+\mu_k>0 \\ 0, & \beta X_k+\mu_k<0\end{cases} \quad (7)$$

式中　Y_k——受限因变量；
　　　X_k——控制变量；
　　　β——参数集，$u_k\sim N(0,\sigma^2)$，$k=1, 2, \cdots$。

根据现有研究，本文采用《中国统计年鉴》数据对协调发展度驱动因素进行分析（表4）。

驱动因素分析　　　　　　　　　　　　　　　　　　　　　　　　　表4

因素名称	标签	预期方向
制造业区位商	PRO	—，+
地区生产总值	GDP	+

续表

因素名称	标签	预期方向
地区人口	POP	+
对外开放水平	OPE	+
政策环境	POL	—

4 实证分析

4.1 城镇化水平测算分析

从城镇化水平绝对值来看，长江经济带沿线 11 省市城镇化水平均值略高于全国平均水平（表5）。在长江经济带内部，上海、江苏、浙江、四川城镇化水平领先于其他地区，而安徽、江西、重庆、贵州、云南等地城镇化水平则相对落后。动态来看，长江经济带和全国城镇化水平平均值相对稳定，动态波动较小。

长江经济带 11 省市城镇化水平统计表　　表 5

省市	2004	2005	2006	2007	2008	2009	2010	2011	2012	2013	2014
上海	0.74	0.74	0.23	0.79	0.69	0.78	0.68	0.6	0.55	0.5	0.5
江苏	1	0.85	1.11	0.82	0.76	0.85	0.98	1.01	0.94	1	0.89
浙江	0.47	0.46	0.41	0.62	0.45	0.52	0.29	0.48	0.43	0.39	0.42
安徽	−0.11	−0.09	0.1	−0.1	−0.09	−0.13	−0.08	−0.12	−0.04	−0.04	0.02
江西	−0.28	−0.3	−0.25	−0.32	−0.32	−0.3	−0.32	−0.36	−0.32	−0.32	−0.31
湖北	0.08	0.06	0.2	0.02	0	−0.01	0	−0.08	0.12	0.15	0.15
湖南	−0.08	0.01	0.02	0.08	−0.03	−0.04	−0.12	−0.26	−0.09	−0.01	0
重庆	−0.35	−0.36	−0.32	−0.38	−0.33	−0.25	−0.25	−0.2	−0.2	−0.15	−0.14
四川	0.07	0.18	0.15	0.16	0.1	0.02	0.02	−0.01	0.11	0.26	0.17
贵州	−0.45	−0.5	−0.39	−0.48	−0.5	−0.43	−0.5	−0.51	−0.53	−0.49	−0.5
云南	−0.34	−0.28	−0.27	−0.29	−0.32	−0.38	−0.43	−0.47	−0.44	−0.44	−0.44
mean1	0.0003	0.0000	0.0010	−0.0006	0.0000	0.0000	0.0000	0.0000	0.0000	−0.0003	0.0003
mean2	0.0682	0.0700	0.0900	0.0836	0.0373	0.0573	0.0245	0.0073	0.0482	0.0773	0.0691

注：（1）mean1 表示全国 31 个省市区城镇化水平平均值；mean2 表示长江经济带 11 省市城镇化水平平均值。

4.2 生态效率测算分析

长江经济带沿线 11 省市生态效率平均值低于全国平均水平（表6），可见长经济带 11 省市还需加大生态发展力度，进一步提高长江经济带生态效率水平。同时长江经济带 11 省市内部生态效率水平也还存在较大地区差距，如江西、湖北生态效率水平相对落后，而上海、云南、贵州等地生态效率则相对领先。

长经济带 11 省市生态效率统计表　　　　　　表 6

省市	2004	2005	2006	2007	2008	2009	2010	2011	2012	2013	2014
上海市	1.78	1.59	1.65	1.61	1.51	1.63	1.47	3.33	1.52	1.59	1.55
江苏省	1.41	1.38	1.40	1.93	1.40	1.43	1.49	1.53	1.80	1.62	1.49
浙江省	1.26	1.03	1.10	1.06	0.97	1.12	1.32	1.22	1.02	1.01	1.01
安徽省	1.00	0.96	0.95	0.90	0.84	0.87	0.85	0.85	1.10	1.33	1.21
江西省	1.04	1.02	1.05	1.14	1.35	1.10	0.99	0.88	0.88	0.88	0.85
湖北省	1.03	1.17	0.94	1.06	0.98	1.19	1.17	0.88	0.91	0.96	0.93
湖南省	1.38	1.22	1.19	1.07	1.11	1.07	1.14	1.32	1.32	1.27	1.45
重庆市	0.98	1.12	0.88	1.13	1.02	0.91	1.37	1.39	1.28	1.30	1.14
四川省	1.44	1.37	1.12	1.14	1.16	1.20	1.23	1.08	1.04	0.98	0.95
贵州省	0.99	1.08	1.00	1.15	1.05	1.23	0.95	1.01	0.91	1.34	1.36
云南省	1.08	1.33	1.34	1.98	2.03	3.26	2.52	2.01	2.19	1.91	1.50
mean1	1.34	1.36	1.30	1.34	1.29	1.34	1.28	1.34	1.33	1.36	1.34
mean2	1.22	1.21	1.15	1.29	1.22	1.36	1.32	1.41	1.27	1.29	1.22

注：mean1 表示全国 31 个省市区生态效率平均值；mean2 表示长江经济带 11 省市生态效率平均值。

4.3　城镇化与生态效率耦合度分析

为使数据平滑，便于协调发展度模型的使用，本文将 11 省市城镇化水平进行标准化处理，如式（8）所示：

$$F'_{ij}=\frac{F_{ij}-\min F_{ij}}{\max F_{ij}-\min F_{ij}} \quad (8)$$

式中　　F_{ij}、F'_{ij}——变换前、后的城镇化水平值；

　　　　$\max F_{ij}$、$\min F_{ij}$——每项指标中的最大值和最小值。

对数据进行变换后，能够使数据全部属于区间 [0，1] 内。

长江经济沿线 11 省市城镇化水平与生态效率的协调度均值与全国平均水平大致相当，均处于低度协调状态（表 7）。动态来看，长江经济带城镇化水平与生态效率协调度波动变化较小，处于 0.3 左右水平。长江经济带 11 省市内部协调度来看，上海、江苏两地协调度高于其他省市，表明城镇化与生态保护协调发展较其他地区效果较好，而江西、重庆、贵州等地城镇化水平与生态效率协调度最低，落后于其他省市协调水平。

11 省市协调度 δ 收敛检验如图 1 所示，长江经济带 11 省市城镇化水平与生态效率协调度区域差异表现出"M"型波动，波动较为频繁，但从绝对值来看，长江经济带 11 省市城镇化水平与生态效率协调度区域差异水平波动较小，且有缓慢下降的趋势，可见近期以来 11 省市协调度省际差异明显，但有缓慢缩小差距的趋势。另外，11 省市城镇化与生态效率协调度 β 收敛结果见表 8，自变量系数为负，可见长江经济带沿线省市城镇化与生态效率协调度值低的省市存在"追赶"效应，显著性水平不高，长江经济带 11 省市城镇化与生态保护协调发展水平存在整体下降的危险。

长经济带11省市生态效率与城镇化水平协调度统计表 表7

省市	2004	2005	2006	2007	2008	2009	2010	2011	2012	2013	2014
上海	0.578	0.572	0.440	0.560	0.535	0.496	0.470	0.591	0.443	0.424	0.401
江苏	0.533	0.530	0.478	0.618	0.520	0.467	0.498	0.460	0.516	0.465	0.420
浙江	0.442	0.331	0.339	0.380	0.334	0.355	0.402	0.357	0.306	0.299	0.277
安徽	0.276	0.190	0.230	0.169	0.168	0.192	0.201	0.253	0.294	0.333	0.301
江西	0.263	0.244	0.242	0.299	0.334	0.245	0.229	0.129	0.140	0.184	0.090
湖北	0.317	0.376	0.228	0.325	0.293	0.319	0.333	0.154	0.216	0.265	0.219
湖南	0.390	0.388	0.325	0.337	0.343	0.279	0.309	0.289	0.340	0.328	0.338
重庆	0.222	0.284	0.097	0.280	0.252	0.165	0.333	0.311	0.317	0.316	0.268
四川	0.431	0.456	0.320	0.374	0.381	0.326	0.350	0.275	0.290	0.277	0.233
贵州	0.193	0.230	0.193	0.254	0.193	0.230	0.173	0.166	0.147	0.263	0.240
云南	0.261	0.365	0.304	0.439	0.413	0.400	0.385	0.294	0.363	0.328	0.271
mean1	0.355	0.384	0.307	0.357	0.346	0.308	0.324	0.292	0.306	0.307	0.282
mean2	0.355	0.361	0.291	0.367	0.327	0.298	0.316	0.275	0.306	0.317	0.278

注：mean1 表示全国31省市协调度平均值；mean2 表示长江经济带11省市协调度平均值。

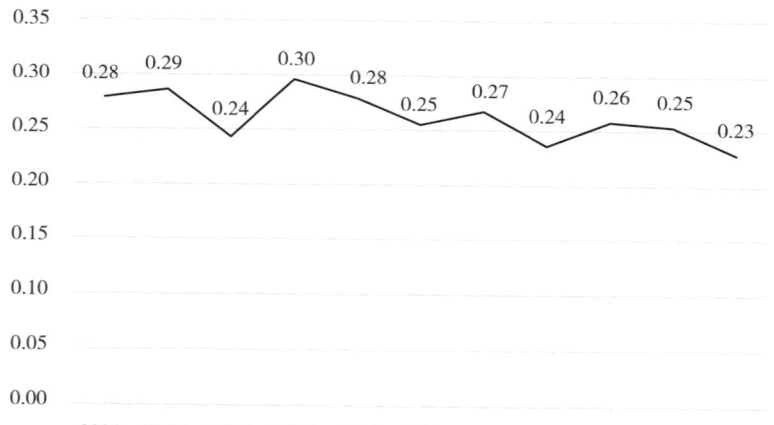

图1 长江经济带11省市协调度 δ 收敛结果图

长江经济带11省市协调度 β 收敛结果统计表 表8

y	Coef.	Std. Err.	t	P>t	[95% Conf. Interval]
x	−0.0613491	0.0253801	−2.42	0.017	[−0.1116569，−0.0110414]
_cons	−0.0871245	0.0291433	−2.99	0.003	[−0.1448915，−0.0293576]

4.4 驱动因素分析

为进一步分析城镇化水平与生态效率协调发展水平的影响因素，本文利用Tobit面板分析模型进行驱动因素分析，如式（9）所示：

$$C = \beta_0 + \beta_1 PRO^2 + \beta_2 \ln GDP + \beta_3 \ln POP + \beta_4 \ln OPE + \beta_5 POL + \varepsilon \quad (9)$$

式中　　　　PRO——制造业区位商；

　　　　　　GDP——地区生产总值；

　　　　　　POP——地区人口；

　　　　　　OPE——对外开放水平；

　　　　　　POL——政策环境；

　　β_j（$j=0$，1，…，5）——参数；

　　　　　　ε——误差项。

基于极大似然方法原理，本文通过计量软件 Stata12.0 得出 Tobit 模型回归结果见表9。

回归结果显示，制造业区位商与协调度值表现出倒"U"型相关关系，即随着制造业区位商的增长，城镇化水平与生态效率协调发展水平先上升，后下降。政策环境与协调发展度为正向相关关系，可见在城镇发展政策、生态发展政策、环境保护政策的影响下，城镇化与生态效率协调发展度上升。

城镇化与生态效率协调发展度影响因素回归结果　　　　表9

c	Coef. Std.	Err.	t	P>t	[95% Conf. Interval]
expro	−10.22464	−0.7944985	−12.87	0.000	−11.78745，−8.661819
lnGDP	0.0763974	0.0061194	12.48	0.000	0.0643603，0.0884346
lnPOP	−0.0144043	0.0039648	−3.63	0.000	−0.0222032，−0.0066054
lnOPE	−0.0023081	0.0014439	−1.60	0.111	−0.0051484，−0.0005322
pol	7.85e−06	1.16e−06	6.78	0.000	0.0000101，5.57e−06
_cons	0.0417513	0.0384173	1.09	0.278	−0.0338175，0.11732

5　结论与讨论

通过长江经济带11省市城镇化水平与生态效率的测算和分析，本文得到以下结论：

（1）长江经济带城镇化水平均值略高于全国平均水平，11省市内部差异较为明显，下游省市城镇化水平整体高于上游省市；生态效率平均值低于全国平均水平，同时地区差异明显，如江西、湖北生态效率水平相对落后，而上海、云南、贵州等地生态效率则相对领先。

（2）长江经济沿线11省市城镇化水平与生态效率的协调度均值与全国平均水平大致相当，均处于高度失调中，动态波动变化较小，地区差异来看，下游地区协调发展度高于上游，城镇化与生态效率的失调更为严重；2004年以来，长江经济带城镇化水平与生态效率的协调发展度区域差异缩小趋势尚不明显，同时协调发展度低的省市表现出较弱的"追赶"效应，11省市城镇化与生态保护协调发展水平存在整体下降的危险。

(3)制造业区位商与协调发展水平表现出倒"U"型关系,城镇化发展和生态保护的政策环境与协调发展水平表现出正相关关系。

基于本文研究结论,本文提出以下政策建议:

(1)加速推进长江经济带11省市新型城镇化建设和生态环境保护,重点提高上游省市城镇化水平和中游省市生态效率水平,缩小长江经济带沿线省市城镇化水平和生态效率水平地区差异。

(2)城镇化发展过程中坚持生态文明,绿色低碳的原则,着力推进绿色、循环、低碳发展,节约利用土地、水、能源等资源,强化环境保护和生态修复,推动形成绿色低碳的生产生活方式和城市建设运营模式,促进城镇化与生态保护的协调发展。

(3)在工业发展过程中,科学规划,转变经济发展方法,调整产业结构,调整制造业发展规模。

(4)落实好城镇化发展与生态保护政策,完善城镇化与生态保护政策体系,充分发挥政策环境在提升城镇化与生态效率协调水平中的作用。

在后期研究中,本文还可从以下方面进行突破:首先是指标选取,城镇化水平生态效率测度指标还需要进一步检验,在影响因素指标方面是否存在其他变量未纳入分析范围,还需进一步考察;其次是研究方法,耦合模型能够检验城镇化水平与生态效率的耦合水平,后期研究中还可借助工具变量实证分析城镇化水平与生态效率的互动关系。

参考文献

[1] Kent P.Schwirian & John W.Prehn. An axiomatic theory of urbanization[J].American Sociological Review,1962(6).

[2] 温铁军 等.中国的"城镇化"与发展中国家城市化的教训[J].中国软科学,2007,7:23-29.

[3] 赵文英.基于主成分——灰色关联度的黑龙江省城镇化水平综合评价[J].数学的实践与认识,2014,6:43-50.

[4] 陈曦 等.城镇化水平与制造业空间分布——基于中国省级面板数据的实证研究[J].地理科学,2015,3:259-267.

[5] 焦高乐 等.中国城镇化水平与碳生产率耦合度测度[J].城市问题,2016,8:32-38.

[6] 金浩等.中国新型城镇化水平空间格局演变与地区差异分析[J].学术交流,2016,6:142-148.

[7] 李江苏 等.城镇化水平与城镇化质量协调度分析——以河南省为例[J].经济地理,2014,10:70-77.

[8] 秦青.基于DEA交叉评价的新型城镇化水平研究——以河南省为例[J].湖北农业科学,2014,8:1959-1964.

[9] 杜忠潮 等.区域新型城镇化水平及其空间差异综合测度分析——以陕西省咸阳市为例[J].西北大学学报(自然科学版),2014,1:141-149.

[10] 刘萌 等.中国城市土地投入产出效率与城镇化水平的耦合关系——对286个地级及以上城市行政单元的分析[J].中国土地科学,2014,5:50-57.

[11] 吴建民 等.县域城镇化水平综合测评及其动力构成分析——以河北省为例[J].地理与地理信息科学,2015,3:81-86.

[12] 秦青 等.基于DEA交叉评价的中国三线城市新型城镇化水平研究[J].工业技术经济,2015,2:151-160.

[13] 贾琦 等.城市群土地利用效益与城镇化水平的时空耦合分析——我国三大城市群的实证分析[J].现代城市研究,2014,8:9-13.

[14] 王琴梅 等.关天经济区新型城镇化水平综合评价——基于PCA分析法[J].西安财经学院学报,2015,1:30-36.

[15] 尤鑫.西部地区城镇化水平与经济人口发展变化研究——基于2000—2010年西部地区十二个省区面板数据[J].地理科学,2015,3:268-274.

[16] Schaltegger & Sturm. Okologische Rationalitat: Ansatzpunkte zur ausgestaltung yon okologieorienttierten management instrumenten[J].Die Untemehmung,1990,44:273-290.

[17] 尹科 等.国内外生态效率核算方法及其应用研究述评[J].生态学报,2012,11:3595-3605.

[18] 史丹 等.基于生态足迹的中国生态压力与生态效率测度与评价[J].中国工业经济,2016,05:5-21.

[19] 高迎春 等.吉林省产业系统生态效率评价[J].中国人口·资源与环境,2011,11:106-111.

[20] 程晓娟 等.基于PCA-DEA组合模型的中国煤炭产业生态效率研究[J].资源科学,2013,06:1292-1299.

[21] 韩洁平 等.基于DEA模型的我国工业生态创新效率评价研究[J].生态经济,2016,05:102-105.

[22] 谢琨 等.基于灰色评估的钢铁企业生态效率评价[J].生态经济,2016,05:111-116+142.

[23] 王舒鸿 等.基于三阶段DEA的环保行业上市公司效率评价[J].中国海洋大学学报(社会科学版),2016,03:78-84.

[24] 王宝义 等.中国农业生态效率测度及时空差异研究[J].中国人口·资源与环境,2016,06:11-19.

[25] 刘巍 等.基于DEA的中国综合类生态工业园生态效率评价方法研究[J].中国人口·资源与环境,2012,S1:93-97.

[26] 芮俊伟 等.生态工业园区生态效率评估方法研究及应用[J].生态与农村环境学报,2013,04:466-470.

[27] 李胜兰 等.地方政府竞争、环境规制与区域生态效率[J].世界经济,2014,04:88-110.

[28] 李俊峰 等.中国区域经济的生态效率研究[J].统计与决策,2016,05:132-136.

[29] 吴鸣然 等.中国区域生态效率测度及其影响因素分析——基于DEA-Tobit两步法[J].技术经济,2016,03:75-80+122.

[30] 邓波 等.基于三阶段DEA模型的区域生态效率研究[J].中国软科学,2011,01:92-99.

[31] 王恩旭 等.基于超效率DEA模型的中国省际生态效率时空差异研究[J].管理学报,2011,03:443-450.

[32] 王瑾.工业技术与资源环境协调发展的实证研究——基于超效率DEA生态效率和区域面板数据[J].科技管理研究,2014,22:208-212.

[33] 成金华 等.中国生态效率的区域差异及动态演化研究[J].中国人口.资源与环境,2014,01:47-54.

[34] 吴井峰.金融集聚与地区生态效率的空间计量实证研究[J].统计与决策,2016,03:149-153.

[35] 黄建欢 等.金融发展影响区域绿色发展的机理——基于生态效率和空间计量的研究[J].地理研究,2014,03:532-545.

[36] 胡彪 等.中国生态效率测度与空间差异实证—基于SBM模型与空间自相关性的分析[J].干旱区资源与环境,2016,06:6-12.

[37] 任海军 等.资源依赖视角下环境规制对生态效率的影响分析——基于SBM超效率模型[J].软科学,2016,06:35-38.

[38] 吕明元 等.中国区域工业结构生态化水平的测度与比较——基于福建、江西、宁夏37个行业2006—2012年数据[J].生态经济,2016,04:93-99.

[39] 潘兴侠 等.区域生态效率评价及其空间计量分析[J].长江流域资源与环境,2013,05:640-647.

[40] 黄建欢 等.中国区域生态效率的时空演变和提升机制[J].湖南大学学报(社会科学版),2016,01:60-70.

[41] 白彩全 等.省域金融集聚与生态效率耦合协调发展研究[J].干旱区资源与环境,2014,09:1-7.

[42] 刘丙泉 等.基于共同前沿模型的中国区域生态效率差异研究[J].科技管理研究,2016,05:211-214+253.

[43] 张雪梅.西部地区生态效率测度及动态分析——基于2000—2010年省际数据[J].经济理论与经济管理,2013,02:78-85.

[44] 崔玮 等.基于碳排放约束的城市非农用地生态效率及影响因素分析[J].中国人口.资源与环境,2013,07:63-69.

[45] 戴志敏 等.华东地区工业生态效率面板数据研究——基于整合超效率DEA模型分析[J].软科学,2016,07:35-39.

[46] 郭露 等.基于超效率DEA的工业生态效率——以中部六省2003—2013年数据为例[J].经济地理,2016,06:116-121+58.

[47] 罗能生 等.中国城镇化进程与区域生态效率关系的实证研究[J].中国人口.资源与环境,2013,11:53-60.

[48] 马卫 等.2003—2012年中国城市化效率与生态效率的动态耦合研究[J].资源开发与市场,2014,12:1425-1428.

[49] 李佳佳 等.城市规模对生态效率的影响及区域差异分析[J].中国人口·资源与环境,2016,02:129-136.

[50] 吴红霞 等.基于Critic的生态文明视角下新型城镇化水平测度——以河北省为例[J].企业经济,2016,02:143-147.

[51] 彭迪云 等.长江经济带新型城镇化水平评价与时空演变分析[J].统计与决策,2016,18:87-90.

[52] 何宜庆 等.长江经济带生态效率提升的空间计量分析——基于金融集聚和产业结构优化的视角[J].生态经济,2016,01:22-26.

[53] 汪克亮 等.环境压力视角下区域生态效率测度及收敛性——以长江经济带为例[J].系统工程,2016,04:109-116.

[54] 冯兴华 等.长江中游城市群县域城镇化水平空间格局演变及驱动因子分析[J].长江流域资源与环境,2015,6:899-908.

[55] 付丽娜 等.基于超效率DEA模型的城市群生态效率研究——以长株潭"3+5"城市群为例[J].中国人口·资源与环境,2013,04:169-175.

[56] 吴振华 等.江浙沪地区城市建设用地生态效率评价——基于三阶段DEA与Bootstrap-DEA方法[J].生态经济,2016,04:105-110.

[57] 凌筱舒 等.江西省县域城镇化水平测度及其分异研究[J].人文地理,2014,03:89-94.

[58] 韩立达 等省域城镇化水平实证研究——以四川省为例[J].经济问题探索,2015,9:88-95.

[59] 张晶.产业生态系统发展的评价指标体系与实证[J].统计与决策,2016,07:65-67.

邓明亮:武汉大学经济与管理学院 Sunshine.D@whu.edu.cn
吴传清:长江大学长江经济带发展研究院

基于城市规模与集聚的城市圈碳排放研究
——以湖北为例

张思齐　陈银蓉

摘　要：运用赛尔指数、回归分析和LMDI等方法，研究了鄂东武汉城市圈和鄂西生态文明旅游城市圈2004—2013年城市规模和集聚对城市圈碳排放及其区域差异的影响。结果显示湖北省城市规模、集聚和碳排放整体呈上升趋势；城市圈城市集聚与碳排放空间分布基本适应；城市圈城市集聚与碳排放区域差异相关性较强；同一碳排放水平城市集聚程度趋于逐期增大，低集聚度城市碳排放趋于逐期增大，高集聚度城市碳排放趋于逐期减小；城市规模和集聚的增排效应较强，能源消费强度减排效应较强，城市集聚具有提高碳排放效率的作用，因此控制城市圈城市规模扩张，提升城市圈城市集聚水平，尤其是低集聚度城市集聚水平，加大技术投入和产业升级，提高能源利用效率，对城市圈碳排放管理具有积极效应。

关键词：碳排放，城市圈，城市规模，集聚

Study on Carbon Emission of City Circle in Hubei Based on City Size and Agglomeration

Abstract: In this paper, Theil index, regression analysis and the Logarithmic Mean Divisia Index (LMDI) method are used to study the effect of city size and city agglomeration on carbon emissions and its regional differences in eastern Hubei Wuhan city circle (ECC) and western Hubei eco-culture tourism city circle (WCC) from 2004 to 2013. The results indicated that the overall trend of city size, agglomeration and carbon emissions was on the rise in Hubei. The spatial distribution of city agglomeration and city carbon emissions was similar in city circles. ECC had a greater influence on the regional differences of province carbon emissions. The regional differences of city agglomeration and city carbon emissions showed significant correlation in city circles. At the same carbon emission level, the city agglomeration increased gradually. Carbon emissions of low-agglomeration cities had an increasing trend, and carbon emissions of high-agglomeration cities had a decreasing trend. The effect of city size and city agglomeration led to the increase of carbon emissions, but city agglomeration could improve the efficiency of carbon emissions. The effect of energy consumption intensity led to the decrease of carbon emissions. So it is good for the management of city circle carbon emissions to control city size expansion and reasonably enhance city agglomeration, especially for low-agglomeration city. Technology investment, industrial upgrading and energy use efficiency should be improved.

Keywords: Carbon Emissions, City Cicle, City Size, Agglomeration

1 引言

随着中国经济快速发展，城市规模和集聚程度逐步加大，城市成为碳排放的主要来源地。作为世界最大碳排放体，中国城市逐步成为国际城市碳排放高度关注的重点区域[1]。受交通布局和要素流动等因素影响，区域经济正由传统的省域经济与行政区经济向城市集群经济转变，城市集群现象日趋显著，城市圈（带）的形成已成为城市化发展的新模式，城市圈低碳减排的压力也不断加重。因此基于城市规模与集聚，展开城市圈碳排放研究，对推动区域低碳发展具有重要意义。

近年来碳排放影响因素研究主要集中于影响因素研究和计量分析研究两方面。其中碳排放因素分解主要有拉氏和迪氏两种指数分解方法[2]，其中对数平均迪氏分解（LMDI）较为常用。如宋杰鲲[3]，董锋等[4]均运用该方法对中国碳排放展开了分解研究。碳排放计量分析的研究方法更为多样化，自相关分析方法、面板计量模型[5]、空间相关与空间溢出模型[6]、地理加权回归[7]等方法均有运用。在碳排放研究中部分考虑了城市规模和集聚变化的影响，如王桂新等[8]利用数据包络（DEA）分析法验证城市规模、空间结构与碳排放强度存在相关关系。李炫榆等[9]通过研究集聚与二氧化碳排放的内生关系和空间交互影响，得出集聚与二氧化碳排放存在倒U型曲线关系。沈能等[10]研究得出集聚外部性是降低碳排放的重要机制，不同集聚程度和集聚方式对应不同的碳排放行为。

目前碳排放相关研究较多集中于探讨国家[11-12]、省市[13-14]层面经济发展与碳排放的相关关系，关于城市规模与集聚等空间特征变化和城市圈等城市集群现象对碳排放影响的研究较少，少数如冯碧梅等[15]，冯占民[16]等以武汉城市圈为对象展开了相关研究。随着城市集群现象的加剧，城市圈碳排放是城市碳排放的集中，是区域碳排放的局部反映。研究城市圈碳排放对城市及区域碳排放管控具有重要意义。本文利用湖北省武汉城市圈和鄂西生态文化旅游城市圈的相关数据，在研究城市规模和集聚的基础上，运用赛尔指数、回归分析和LMDI探讨城市圈碳排放的时空变化，为低碳减排提供一定借鉴与参考。

2 方法与数据来源

2.1 方法

2.1.1 碳排放与能源消耗量计算方法

依据国际通用的IPCC碳排放系数估算法，计算城市碳排放，利用能源折标煤系数计算城市能源消耗（折标煤）。城市碳排放和能源消耗（折标煤）计算公式分别为：

$$C = \sum_{i=1}^{n}(\lambda_i \times \beta_i \times E_i) \tag{1}$$

$$E = \sum_{i=1}^{n} \beta_i \times E_i \tag{2}$$

式中 C、E、λ_i、β_i、E_i 分别为某城市碳排放、能源消耗量（折标煤）、第 i 种能源碳排放系数、第 i 种能源折标煤系数和第 i 种能源消耗量。

2.1.2 城市规模、集聚与空间差异测度方法

城市规模与集聚经济的规模互为因果[17]。在前人研究基础上，本文选择建成区面积作为城市规模的衡量指标[18]，本文选择地均非农产出作为城市集聚程度的衡量指标[9,19]，定义为非农产出与建成区面积的比。

另外，赛尔指数最初被用于研究国家间的收入差距，指数越大，表示收入差距越大。之后该指数逐步被运用于其他领域[20-21]。本文将该指数用于地均非农产出与地均碳排放（即城市集聚和碳排放）的区域差异研究中，不同于其他区域差异测度模型，塞尔指数可以把总体的区域差异拆分为不同空间尺度的内部和外部差异，从而评估各空间尺度下的区域差异对整体区域差异的作用，找出空间差异的主要来源[21]。

赛尔指数计算公式如下：

$$T = \sum_{i}\sum_{j}(\frac{F_{ij}}{F})\ln(\frac{F_{ij}/F}{S_{ij}/S}) \tag{3}$$

$$T_i = \sum_{j}(\frac{F_{ij}}{F_i})\ln(\frac{F_{ij}/F_i}{S_{ij}/S_i}) \tag{4}$$

$$T_0 = \sum_{i}(\frac{F_i}{F})\ln(\frac{F_i/F}{S_i/S}) \tag{5}$$

$$T = \sum_{i}(\frac{F_i}{F})T_i + T_0 \tag{6}$$

式中 T、T_i、T_0——城市总体区域差异，局部区域差异和区域间差异；

i、j——城市圈 i 和城市 j；

F_{ij}——城市圈 i 中城市 j 的非农产出或碳排放；

F_i——城市圈 i 的非农产出总和或碳排放总量；

F——城市总体的非农产出总和或碳排放总量；

S_{ij}——城市圈 i 中城市 j 的建成区面积；

S_i——城市圈 i 的建成区面积总和；

S——城市总体的建成区面积总和。

2.1.3 LMDI 指数分解法

本文借助 LMDI 指数分解法将城市碳排放总效应分解为城市规模、集聚、能源消费强度、平均碳排放系数四大效应，具体分解过程如下：

$$C = S \times \frac{F}{S} \times \frac{E}{F} \times \frac{C}{E} = s \times f \times e \times k \tag{7}$$

式中　C——城市碳排放；

　　　S——城市建成区面积；

　　　F——城市非农产出；

　　　E——城市能源消耗总量（折标煤后）；

　　　s——建成区面积，代表城市规模；

　　　f——地均非农产出，代表集聚水平；

　　　e——单位非农产出能耗，代表能源消费强度；

　　　k——单位能耗碳排放，代表平均碳排放系数水平。

$$\Delta C_{it} = \Delta C_{its} + \Delta C_{itf} + \Delta C_{ite} + \Delta C_{itk} \tag{8}$$

$$\Delta C_{its} = \frac{C_{it} - C_{i(t-i)}}{\ln C_{it} - \ln C_{i(t-i)}} \times \ln(\frac{s_{it}}{s_{i(t-i)}}) \tag{9}$$

$$\Delta C_{itf} = \frac{C_{it} - C_{i(t-i)}}{\ln C_{it} - \ln C_{i(t-i)}} \times \ln(\frac{f_{it}}{f_{i(t-i)}}) \tag{10}$$

$$\Delta C_{ite} = \frac{C_{it} - C_{i(t-i)}}{\ln C_{it} - \ln C_{i(t-i)}} \times \ln(\frac{e_{it}}{e_{i(t-i)}}) \tag{11}$$

$$\Delta C_{itk} = \frac{C_{it} - C_{i(t-i)}}{\ln C_{it} - \ln C_{i(t-i)}} \times \ln(\frac{k_{it}}{k_{i(t-i)}}) \tag{12}$$

式中　　　　　ΔC_{it}——碳排放总效应，即城市 i 在 t 年的碳排放变化量；

ΔC_{its}、ΔC_{itf}、ΔC_{ite} 和 ΔC_{itk}——依次为城市规模效应，集聚效应，能源消费强度效应和平均碳排放系数效应。

2.1.4　回归模型构建

为研究城市集聚对城市碳排放的影响，建立城市碳排放与地均非农产出分期平均水平截面数据之间的半对数回归模型：

$$C_{iq} = \alpha f_{iq} + \beta \ln f_{iq}^2 + \lambda_q \tag{13}$$

式中　C_{iq}，f_{iq}——城市 i 在 q 期（前、中、后期）的年均碳排放和年均地均非农产出；

　　　λ_q——随机扰动项；

　　　α 和 β——分别表示当自变量本身和其变化率变化时，因变量的变化。

2.2　数据来源

本文所选样本为2004—2013年鄂东武汉城市圈（以下简称鄂东圈）和鄂西生态文化旅游圈（以下简称鄂西圈）。其中天门2006年之后的能源消耗数据缺失，且通过现存2004—2006年数据计算得天门2004—2006年每年碳排放占全省比重不足0.4%，神农架不属于城市地区，两者碳排放在全省占比很小，因此本研究中不考虑这两个地区。城市圈具体对应城市分别为，鄂东圈：武汉、黄石、黄冈、孝感、咸宁、鄂州、仙桃和潜江；鄂西圈：宜昌、襄阳、荆门、十堰、恩施、随州和荆州。

2.2.1 城市规模与集聚相关数据

作为城市规模衡量指标，城市建成区面积数据来源于 2004—2013 年《中国城市建设统计年鉴》。在前人研究的基础上本文将非农产出定义为第二、三产业产出之和[9]，数据来源于 2004—2013 年各城市统计年鉴。为消除价格影响，通过平减指数将第二、三产业生产总值转化为以 2004 年为基期的实际价格。

2.2.2 碳排放及能源相关数据

为计算碳排放，结合公式（1），使用了城市规模以上工业主要化石能源消费量，数据来源于 2004—2013 年湖北省各城市统计年鉴。能源转换系数来自于《中国能源统计年鉴》，碳排放系数来自于《2006 年 IPCC 国家温室气体清单指南》。另外个别城市存在单个年份能源消耗数据缺失，与其相关的碳排放数据难以获得，在此均通过前后一年的平均值拟合补充。

2.2.3 LMDI 分解相关数据

在碳排放因素分解的过程中，除使用了前文中的非农产出、建成区面积、碳排放外，还用到了城市碳排放总能耗（折标煤），依据公式（2），碳排放总能耗（折标煤）可由 2.2.2 中得到的规模以上工业主要化石能源消费量和能源转换系数计算得来。

3 结果与分析

3.1 城市规模与集聚变化

为减小由单一年份波动带来的影响，更好地研究城市规模与集聚的变化趋势，本文选择对研究区间（2004—2013）进行分期研究，由于研究区间未超过十年，所分区间不宜过多，综合分析城市规模与集聚的数据变化情况，以及湖北省城市发展相关背景资料，将研究区间分为前期（2004—2007），中期（2007—2010），后期（2010—2013）。图 1 为城市规模与城市规模年均变化速度的分期统计图。结合图 1 得出：2004—2013 年间湖北省城市规模整体呈逐期上升趋势；两大城市圈城市规模空间分布具有明显差异，鄂东圈（图 1 中左 8 个城市）以武汉为唯一的城市规模中心，与其他城市规模差距较大，且前期增长速度较快超过 27%；鄂西圈（图 1 中右 7 个城市）以宜昌、襄阳和荆州为城市规模中心，其中宜昌和襄阳城市规模扩张较快，扩张速度逐期递增，城市规模中心与其他城市规模差距较小。

城市规模表现为建成区面积的大小，城市集聚程度表现为非农产出与建成区面积的比值大小，因此，建成区面积越大，城市规模越大，城市集聚程度越弱，反之亦然。城市规模对城市集聚具有直接的影响，在城市规模研究的基础上，结合非农产出数据得出各时期城市集聚变化情况如图 2 所示，分析图 2 得出：2004—2013 年两大城市圈中，除武汉中期集聚程度有所下降以外，其他城市集聚程度均不断增加；武汉是鄂东圈的城市集聚中心，鄂西圈宜昌、襄阳和荆门集聚程度均较突出，三者并为鄂西圈城市集聚中心。

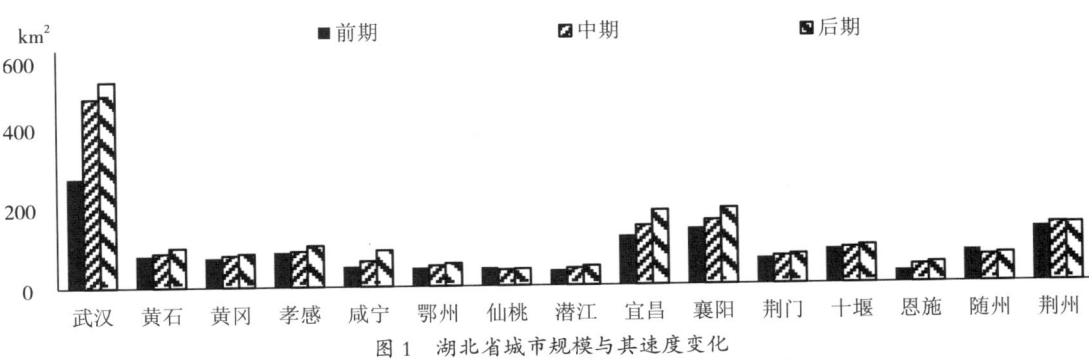
图 1 湖北省城市规模与其速度变化

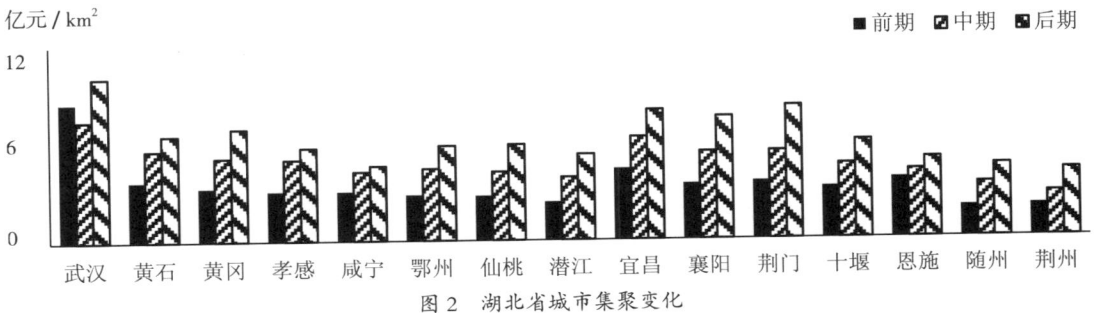
图 2 湖北省城市集聚变化

3.2 城市碳排放变化与空间差异分析

3.2.1 城市碳排放变化情况

结合公式 1 和能源消费相关数据,计算得 2004—2013 年各城市碳排放,同时计算前期、中期和后期的年均碳排放和年均碳排放变化速度,统计如图 3 所示,分析发现:城市总体碳排放规模呈增长态势,城市碳排放呈现东西两大空间集聚区域;鄂东圈以武汉市为碳排放中心,鄂西圈以宜昌、襄阳和荆门三者为碳排放中心,碳排放空间分布与城市集聚分布情况基本适应。

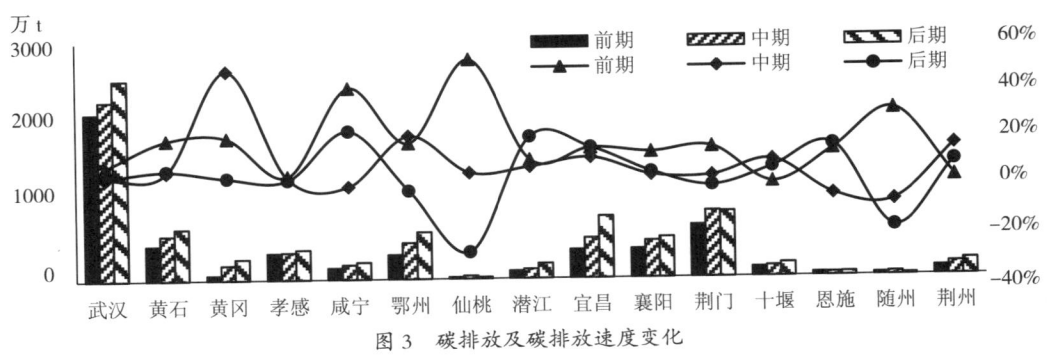
图 3 碳排放及碳排放速度变化

3.2.2 城市碳排放区域差异情况

基于赛尔指数可反映出某指标的区域差异,本文中用该指数分析城市碳排放和集聚的区域差异,用 T、T_1、T_2 和 T_0 分别表示城市总体区域差异,局部区域差异(本文指鄂东圈和鄂西圈)和区域间差异(两大城市圈间差异)。

结合 2.2.1 中城市规模相关数据和 2.1.2 中城市碳排放相关数据,运用公式(3)~公式(6)得 2004—2013 年城市总体、鄂东圈、鄂西圈和东西区域间碳排放的赛尔指数变化情况。计算结果如图 4 所示。该指数反映了在城市规模变动下城市总体、局部和局部间的碳排放区域差异,即地均碳排放差异,从而反映碳排放的空间差异变化,赛尔指数越大,城市碳排放强度差异越大,赛尔指数越大。整体上碳排放区域差异:鄂西圈 > 城市总体 > 鄂东圈 > 东西城市圈之间;且四种差异均有缩小趋势,但城市总体与鄂东圈缩小幅度较大,鄂西圈和东西城市圈之间缩小幅度较小,总体、鄂东圈和东西城市圈之间差异在前期缩小较明显,中后期变化较小,鄂西圈差异在前期缩小较不明显,中后期变化较大;城市总体和鄂东圈的赛尔指数曲线具有较大的相似性,计算城市总体赛尔指数和鄂东圈赛尔指数的 person 相关系数达 0.969,显示二者具有极大的正相关性,结合赛尔指数计算公式(6),判断城市总体的碳排放赛尔指数的波动主要受鄂东圈的影响。

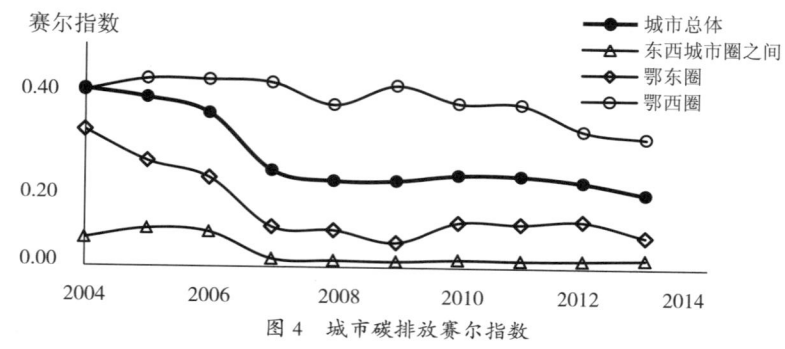

图 4　城市碳排放赛尔指数

3.2.3　城市集聚区域差异情况

在上述分析基础上,结合各城市非农产出和建成区面积相关数据,运用公式(3)~公式(6)计算城市集聚的赛尔指数,结果如图 5 所示。比较城市集聚与城市碳排放的赛尔指数,发现城市总体、鄂东圈、鄂西圈和东西城市圈之间的城市集聚与碳排放的赛尔指数的波动情况相似,分别计算城市总体、鄂东圈、鄂西圈和东西城市圈之间两种赛尔指数的 person 相关系数,结果分别达 0.974、0.968、0.941 和 0.667,显示城市集聚与碳排放的区域差异具有较强的相关性。

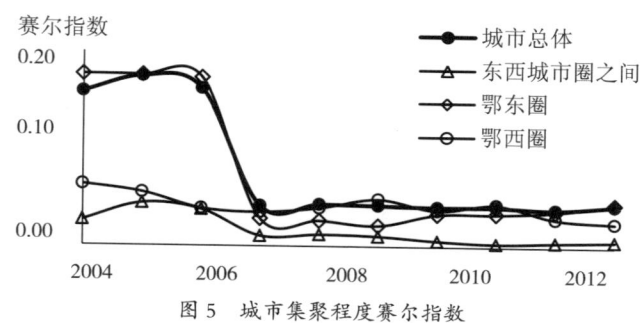

图 5　城市集聚程度赛尔指数

3.2.4 结果分析

通过上述分析发现鄂东和鄂西具有以下几大差异：①鄂东圈城市集聚和碳排放的区域差异相对鄂西圈变化较大，赛尔指数波动较显著。2004年起"中部崛起"正式提出，鄂东圈应运而生，城市圈内产业分工和转移加快，武汉市辐射作用迅速扩大，周边城市发展速度加快，导致前期鄂东圈多数城市碳排放速度均大于武汉，鄂东圈碳排放区域差异缩小，赛尔指数快速下滑。2007年武汉开始构建"两型社会"，鄂东圈也成为两型社会改革试验区，一般认为碳排放是工业和城市发展的非期望产出，由于城市逐步加强节能减排政策，高碳排放产业逐步从高碳排放地区转移到低碳排放地区，或者逐步被市场淘汰，因此武汉减排压力扩大，中期碳排放增速放缓，周边城市减排压力较小，多数城市碳排放速度依然快于武汉市，导致中期鄂东圈碳排放区域差异继续缩小，但缩小幅度有所减缓，后期鄂东圈一体化发展趋于稳定，碳排放区域差异波动较小。但鄂西圈发展重点为生态文化旅游业，其城市集聚和碳排放的区域差异波动较小。②鄂东圈与城市总体碳排放赛尔指数相关性较大。鄂东圈集中了湖北省六成以上GDP和过半人口量，是湖北经济和工业发展的核心区域，因此对全省城市集聚和碳排放的区域差异均能产生显著影响。③鄂东圈城市集聚区域差异相对鄂西圈较大，碳排放区域差异相对鄂西圈较小。赛尔指数在周边城市差距不大的情况下，其值很大程度受中心城市的影响，中心城市越突出，则赛尔指数越大，因此鄂东武汉市集聚程度突出，导致鄂东圈城市集聚区域差异更大；但鄂东圈受上述政策影响，节能减排压力相对较大，武汉的产业转移与淘汰速度更快，并考虑到节能减排可能具有规模经济的性质，这样城市集聚程度高反而会提升城市的减排效率[18]。导致中心城市集聚程度较大时，其与周边城市碳排放的差距反而越小。

3.3 城市集聚与碳排放的相关性分析

3.3.1 不同时期城市集聚与碳排放的相关性

在研究城市集聚和碳排放强度区域差异的基础上，构建城市集聚（即地均非农产出）与碳排放间的相关模型公式（13），运用SAS软件对前期、中期和后期的城市地均非农产出和碳排放进行回归分析，结果见表1，回归方程如图6所示（本研究中前期、中期、后期城市集聚程度的最小值和最大值分别为[1.78，7.99]，[2.74，7.49]，[4.19，10.09]）。估计结果表明：前期、中期和后期城市集聚和碳排放间的相关性较强，同一时期内城市碳排放随城市集聚程度增大先减小后增大；随时间变化，前中后期碳排放最低点的横坐标位置逐步后移，依次约为2.16、3.72、5.23，即达到碳排放最低程度所需的地均非农产出逐期增大；同一碳排放水平下，城市地均非农产出即城市集聚具有逐期增大的趋势；如果将各个时期年均地均非农产出水平低于碳排放最低点对应的地均非农产出的城市视为低集聚度城市，高于碳排放最低点对应的地均非农产出的城市视为高集聚度城市，那么在同一集聚水平下，低集聚度城市碳排放有逐期增大的趋势，高集聚度城市碳排放有逐期减小的趋势。

模型估计结果　　　　　　　　表1

	模型 F 值	模型 Pr>F	模型 Adj R-sq	参数 t 值		参数 P 值		城市碳排放分期计量回归方程
				F_{iq}	$\ln F_{iq}^2$	F_{iq}	$\ln F_{iq}^2$	
前期	55.03	<.0001	0.8853	5.53	−2.89	0.0001	0.0135	$C_{iq}=6.58F_{iq}-7.09\ln F_{iq}^2$
中期	29.31	<.0001	0.8018	4.85	−3.79	0.0004	0.0026	$C_{iq}=16.27F_{iq}-30.23\ln F_{iq}^2+19.09$
后期	43.55	<.0001	0.8587	5.34	−4.26	0.0002	0.0011	$C_{iq}=15.28F_{iq}-39.98\ln F_{iq}^2+53.41$

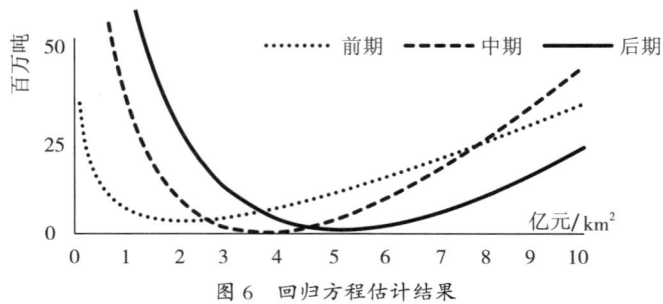

图6　回归方程估计结果

3.3.2　不同城市圈城市集聚与碳排放相关性

在上述分析基础上选择后期城市地均非农产出和碳排放对两大城市圈进行分别研究，结果见表2，回归方程如图7所示（散点图表示城市圈城市地均非农产出和碳排放的对应关系，曲线图表示二者的回归曲线），估计结果表明：东西侧城市圈内的地均非农产出和碳排放相关性较强，东侧城市圈碳排放最低点对应地均非农产出高于西侧（5.27>5.14）；相同集聚水平下，东侧城市圈碳排放整体高于西侧；相同碳排放水平下，相比于鄂西圈，鄂东圈低集聚度城市集聚程度相对较强，高集聚度城市集聚程度相对较弱，且鄂东圈低集聚度城市占比较小（13%），高集聚度城市占比较大，鄂西圈低集聚度城市占比较大（43%），高集聚度城市占比较小，显示鄂东圈城市具有相对较高的碳排放效率。

城市圈估计结果（后期）　　　　　　　　表2

	模型 F 值	模型 Pr>F	模型 Adj R-sq	参数 t 值		参数 P 值		城市碳排放分期计量方程
				F_{iq}	$\ln F_{iq}^2$	F_{iq}	$\ln F_{iq}^2$	
东侧	30.27	0.0016	0.8932	3.44	−2.52	0.0185	0.0532	$C_{i3}=16.25F_{i3}-42.80\ln F_{i3}^2+58.80$
西侧	93.74	0.0004	0.9687	4.85	−3.79	0.0004	0.0026	$C_{i3}=11.75F_{i3}-30.18\ln F_{i3}^2+38.79$

3.3.3　结果分析

由于经济发展是碳排放的主要促进因素，而能源效率和能源结构是碳排量的主要抑制因素[22]。本文中集聚程度反映的是非农产出与建成区面积的比值，前文分析已显示城市规模整体呈现逐期扩张的趋势，那么在同一碳排放水平下，城市集聚程度逐期增大，就表示非农产

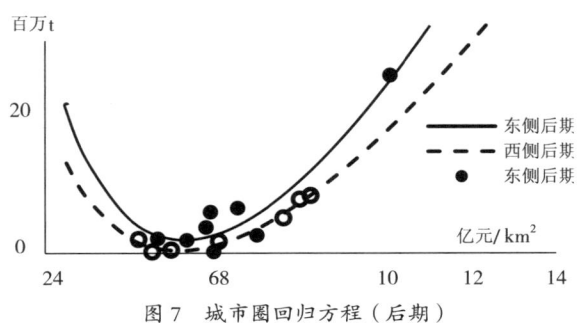

图7 城市圈回归方程（后期）

出正在快速增长，且增速大于城市规模增速，单位非农产出所带来的碳排放逐期减小，其原因主要随着技术的进步和产业结构调整，带来能源结构和能源效率的提升，导致城市碳排放效率不断提升，单位非农产出所带来的碳排放逐期减小；而在同一集聚水平下，城市非农产出保持与城市规模相同的增长速度，低集聚度城市碳排放效率没有提升或者提升幅度不足以抵消由于经济增长带来的碳排放增长，高集聚度城市碳排放效率显著提升，因此集聚水平不变，低集聚度城市碳排放趋于增大，高集聚度城市碳排放趋于减小。

3.4 城市碳排放影响因素分析

3.4.1 碳排放效应分解

依据1.1.3中的公式，运用LMDI模型对15个城市的碳排放效应依次分解为城市规模、城市集聚、能源消耗强度和平均碳排放系数等四大效应，分别表示了城市规模即建成区面积、城市集聚即地均非农产出、能源消耗强度即单位非农产出能耗和平均碳排放系数即单位能耗碳排放变化时带来的碳排放的变化。结果见表3，并单独统计研究后期两大城市圈的四种碳排放效应如图8所示。

湖北省碳排放因素分解结果　　　　表3

因素	前期	中期	后期
城市规模效应	540.14	218.12	360.16
集聚效应	25.74	716.90	562.93
能源消费强度效应	−36.28	−589.91	−555.33
平均碳排放系数效应	−4.65	9.44	−56.62
总体年均碳排放效应	524.95	354.55	311.14

3.4.2 结果分析

从表3可得，城市总体城市规模效应和城市集聚效应始终为正，即随着城市规模扩大或城市集聚程度扩大，不断带来碳排放的增加；中后期城市规模效应带来的碳排放相对减少，城市集聚效应带来的碳排放显著增加，说明目前城市集聚的增排效应最为严重。能源消费强

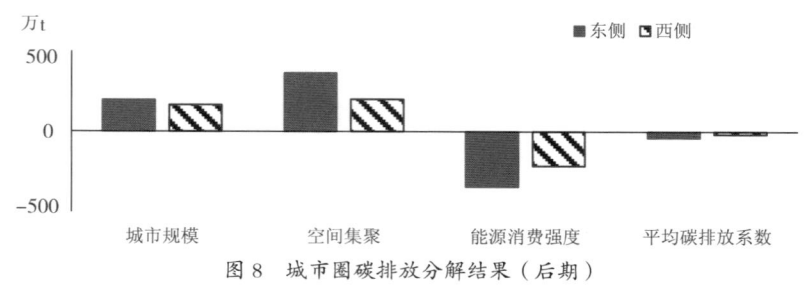

图 8 城市圈碳排放分解结果（后期）

度效应始终为负，即随着能源消费强度的降低，不断带来碳排放的减少，且中后期该效应显著增大；平均碳排放系数效应较小，前期、中期、后期依次为年均碳排放 –0.01、0.03、–0.18 倍；由此看出降低能源消费强度对节能减排具有显著效果。能源消费强度效应为负，平均碳排放系数效应较小，城市圈各效应作用效果与城市总体保持一致性，但鄂东圈各效应作用大小均强于鄂西圈。

城市建成区承载了城市的人口、经济和工业，城市规模扩大在一定程度上反映了城市人口、经济和工业规模的增长，集聚程度扩大反映了非农产出的快速增长即经济的迅速发展，两者增长均带动大量的能源消耗，导致碳排放进一步增加；能源消费强度降低主要是因为能源利用效率提升和产业结构调整；本研究中各能源碳排放系数一定，因此平均碳排放系数效应主要取决于能源结构，若原煤、焦炭等高碳排放系数的能源消费相对减少，天然气、煤气等低碳排放系数的能源消费相对增加，平均碳排放系数效应为负，碳排放减少，反之则增加。

4 结论与讨论

（1）湖北省城市规模整体呈上升趋势；鄂东圈以的武汉为城市规模中心和集聚中心，鄂西圈以宜昌和襄阳为城市规模中心，以宜昌、襄阳和荆门三者为集聚中心。鄂东圈中心城市与周边城市的差距较大于鄂西圈。城市总体碳排放规模不断增长，由于发展观念转变，多数城市中后期碳排放增长速度有所减缓。碳排放呈现东西两大集聚区域：鄂东圈以武汉为碳排放中心，鄂西圈以宜昌、襄阳和荆门为碳排放中心，碳排放与城市集聚空间分布情况基本适应。

（2）鄂东圈在城市圈快速发展与两型社会构建的双重作用下，鄂东圈城市集聚和碳排放的区域差异相对鄂西圈变化较大；与鄂西圈相较而言，鄂东圈城市集聚区域差异较大，但碳排放区域差异较小，同时对城市总体的碳排放区域差异带来较大影响。由此可见，鄂东圈碳排放管理对于湖北省低碳减排具有重要的作用。

（3）城市总体、鄂东圈、鄂西圈和东西城市圈之间城市集聚与碳排放的区域差异相关性较强；两大城市圈碳排放的赛尔指数和地均非农产出赛尔指数的比值均大于1，但鄂东圈比值相对较小；鄂东圈在较大的节能减排压力下，中心城市的产业转移与淘汰速度更快，且由于节能减排可能具有规模经济的性质，这样城市集聚会带来减排效率的提升，导致中心城市集聚程度越大，其与周边城市碳排放强度的差距相对越小，在城市圈体系中就反映为中心城市集聚程度越突出，城市圈城市集聚的区域差异越大，但其碳排放强度的区域差异相对反而较小。由此可见，提升城市圈城市集聚水平，尤其是中心城市，对缩小城市圈碳排放强度的区域差异，减小中心城市减排压力具有重要意义。

（4）同一时期城市碳排放随城市集聚程度的增大先减小后增大；各时期要达到碳排放最低点所需的城市集聚程度逐期增大；同一碳排放水平下，城市集聚程度逐期增大；同一集聚水平下，低集聚度城市碳排放具有逐期增大的趋势，高集聚度城市碳排放具有逐期减小的趋势，其变化主要受城市碳排放效率变化的影响，低集聚度城市碳排放效率提升较慢，高集聚度城市碳排放效率提升较快。湖北省城市圈的碳排放和城市集聚之间具有一个良性的发展趋势，相对城市集聚而言，各城市圈碳排放效率均在不断提高，但鄂东圈碳排放效率持续高于鄂西圈，鄂西圈城市集聚程度有待进一步提高，其中低集聚度城市是重点发展对象。

（5）城市总体碳排放和研究后期两大城市圈的碳排放城市规模和城市集聚均具有较强的正效应，能源消费强度均具有较强的负效应，平均碳排放系数效应均较小，主要由于经济发展能促进碳排放，能源效率和结构能抑制碳排放；但鄂东圈各个效应值均大于鄂西圈。综上所述，城市规模和城市集聚是重要的增排效应，但城市集聚具有提高碳排放效率的作用，能源消费强度是重要的减排效应之一；因此在经济不断增长的同时，控制城市圈城市规模扩张，加大技术投入和产业升级，不断提高能源利用效率，充分发挥能源消费强度的减排效应。

参考文献

[1] 李宇，王喆，王菲 等. 城市碳排放的评估方法——影响要素和过程研究 [J]. 自然资源学报，2013，28（9）：1637–1648.

[2] B. W. Ang. Decomposition analysis for policymaking in energy：Which is the preferred method?[J]. Energy Policy, 2004, 32（9）：1131–1139.

[3] 宋杰鲲. 基于 LMDI 的山东省能源消费碳排放因素分解 [J]. 资源科学，2012，34（1）：35–41.

[4] 董锋，杨庆亮，龙如银 等. 中国碳排放分解与动态模拟 [J]. 中国人口·资源与环境，2015，25（4）：1–8.

[5] 程叶青，王哲野，张守志 等. 中国能源消费碳排放强度及其影响因素的空间计量 [J]. 地理学报，2013，68（10）：1418–1431.

[6] 刘佳骏，史丹，汪川. 中国碳排放空间相关与空间溢出效应研究 [J]. 自然资源学报，2015，30（8）：1289–1303.

[7] 王雅楠，赵涛. 基于 GWR 模型中国碳排放空间差异研究 [J]. 中国人口·资源与环境，2016，02：27–34.

[8] 王桂新，武俊奎. 城市规模与空间结构对碳排放的影响 [J]. 城市发展研究，2012，03：89–95+112.

[9] 李炫榆，宋海清，李碧珍. 集聚与二氧化碳排放的空间交互作用——基于空间联立方程的实证研究 [J]. 山西财经大学学报，2015，05：1-13.

[10] 沈能，王群伟，赵增耀. 贸易关联、集聚与碳排放——新经济地理学的分析 [J]. 管理世界，2014，01：176-177.

[11] 朱俏俏，孙慧，王士轩. 中国资源型产业及制造业碳排放与工业经济发展的关系 [J]. 中国人口·资与环境，2014，11：112-119.

[12] 鲁万波，仇婷婷，杜磊. 中国不同经济增长阶段碳排放影响因素研究 [J]. 经济研究，2013，04：106-118.

[13] 刘竹，耿涌，薛冰等. 中国低碳试点省份经济增长与碳排放关系研究 [J]. 资源科学，2011，33（4）：620-625.

[14] 王莉雯，卫亚星. 沈阳市经济发展演变与碳排放效应研究 [J]. 自然资源学报，2014，29（1）：27-38.

[15] 冯碧梅，刘传江. 全球价值链视角的武汉城市圈产业体系构建——推动武汉城市圈低碳经济发展 [J]. 中国人口·资源与环境，2010，03：67-72.

[16] 冯占民. 城市群低碳发展的区域合作研究 [D]. 华中科技大学，2012.

[17] 王桂新，武俊奎. 产业集聚、城市规模与碳排放 [J]. 工业技术经济，2012，06：68-80.

[18] 陆铭，冯皓. 集聚与减排：城市规模差距影响工业污染强度的经验研究 [J]. 世界经济，2014，07：86-114.

[19] 张可，汪东芳. 经济集聚与环境污染的交互影响及空间溢出 [J]. 中国工业经济，2014，06：70-82.

[20] Alcantara V，Duro J A. 2004. Inequality of energy intensities across OECD countries：a note. Energy Policy，32（11）：1257-1260.

[21] 朱凤凯，张凤荣，李灿 等 .1993-2008年中国土地与人口城市化协调度及区域差异 [J]. 地理科学进展，2014，05：647-656.

[22] 杨欣，蔡银莺，张安录. 武汉城市圈碳排放的时空格局及影响因素分解研究——基于2001~2009年市级面板数据的实证 [J]. 长江流域资源与环境，2013，11：1389-1396.

张思齐：华中农业大学公共管理学院 z347z347@163.com
陈银蓉：华中农业大学公共管理学院 chyinrong@126.com

后记

为了助力长江经济带城镇化建设，探讨当前形势下长江经济带城镇化的创新与发展，武汉大学、南京大学于2016年11月18—20日共同主办了"长江经济带城镇化创新"学术研讨会暨首届武汉大学城乡规划论坛。本次大会取得了圆满的成功，与会的领导、嘉宾分别来自北京、上海、天津、重庆、辽宁、江苏、广东、湖北等20多个省（市）共260多人，收到论文80余篇，举行了城镇化模式创新与评估、空间规划与智慧城市、区域交通与网络、国土规划与多规合一、产业发展与规划、社区规划与住房等十个主题的平行会议，规模很大，内容也很广泛。会后，我们决定编辑出版纪念文集，希望能以高水平的研究成果向学院、学校和社会献礼，同时也真实地反映城乡规划及各界同仁为国家新型城镇化战略、长江经济带研究坚持奋斗及由此所取得的成果。会后的稿件征集得到与会人员的积极响应，使本书得以如期面世。

本书有幸邀请到南京大学的崔功豪教授为本书作序，崔先生梳理了长江经济带的发展历程、空间格局、战略地位、发展瓶颈，并对研究者提出殷切期望。正文部分共收录22篇论文，分为三个专题：长江经济带城市群发展；长江经济带大都市区发展；长江经济带城市生态、居住空间研究。文章涉及的地区包括大尺度的长江经济带整体，中层尺度的长三角城市群、长江中游城市群、成渝城市群，以及微观尺度的武汉城市圈、鄂西圈等，基本覆盖了整个长江经济带范围；内容广泛，包括区域协调、产业布局、空间管治、人口流动、城镇发展、生态环境等，从各个层面较好地展示了对长江经济带近年来的研究成果。

武汉大学城市设计学院会务组从2016年9月开始着手筹备会议及本书出版，历时8个月，期间得到了以下机构、人员的热情支持与帮助，在此表示感谢。感谢谈广鸣校长、石楠秘书长、常贤波处长、洪盛良处长、刘奇志局长在会议上的精彩致辞；感谢崔功豪教授、顾朝林教授、石楠秘书长、陈雯研究员、王振院长、秦尊文院长、罗震东教授、于涛方教授、赵万民教授、黄贤金教授、黄正东教授、杨震教授、钱紫华教授等专家学者们激情洋溢、精彩纷呈的报告；感谢彭正洪院长、程世丹院长、黄经南院长、周婕教授、詹庆明教授、童乔慧教授、王国恩教授、彭建东教授、杜宁睿教授、楚东晓教授发人深省的点评；感谢张仁杰书记、魏伟教授、黄春晓教授、王磊教授、徐轩轩教授、李雪松、张军、杨刚强、牛强、罗巧灵、蒲向军、谢波、李瑞等的专业主持；感谢《城市规划学刊》《国际城市规划》《上海城市规划》《长江流域资源与环境》《城乡规划》《人与城市》等有益的分享；感谢武汉市规划研究院、武汉市土地利用和城市空间规划研究中心、武汉大学中国中部发展研究院、武汉市规划编制研究和展示中心等协办单位的大力支持；同时，感谢学院肖俊主任、陈彩章老师、段鹏老师、焦洪赞老师、刘凌波老师。特别感谢郭炎老师及众多志愿者们不辞辛苦地筹备与组织！

　　作为首届武汉大学城乡规划论坛，本次会议及论文集仍有许多不足的地方需要改进，希望广大同仁不吝赐教，继续支持。我们也会精益求精，争取将武汉大学城乡规划论坛打造为一个重要的交流平台，借此积极提出新的研究方向、创新理念，促进学术交流，推进城乡规划学科不断向前发展！

李志刚　周婕　郭炎

2017.3